中国“一带一路”跨境园区发展报告

（2020）

沈桂龙 等 / 著

前　言

中国跨境园区是中国经济发展和对外开放的重要成果。中国经济发展中的地方锦标赛和园区的多模式探索，为中国经济注入地方自主性和摸着石头过河的渐进改革提供了相对宽松的政策边界和载体空间。特别是有着不同功能的各类园区，其在招商引资和产业振兴上走出了一条非常具有中国特色的发展之路，对中国经济曾曾经出现的长期高速增长产生较大的贡献。中国跨境园区建设一定意义上是国内园区的国际化，是中国把中国经验与跨境园区所在国优势结合的有效方式。

中国跨境园区与国内园区一样都到了向高质量发展的转型阶段。国内园区已从粗犷式发展转型高质量发展阶段，园区的产出效率和产业结构都瞄准更高目标，这在一定程度上为中国高质量发展开辟道路和空间。中国跨境园区同样从早期的雏形初现，寻求原材料和低端产业转型，经历政府引导、企业自主的快速发展，转到管理创新、产业互补和互利共赢的高质量发展阶段。中国跨境园区建设与"一带一路"对外投资一样，需要成为构建人类命运共同体的最好样板，并收获中国塑造良好国际形象的早期成果。

中国"一带一路"跨境园区是国际社会共建"一带一路"的重要组成部分。截至 2020 年 11 月，中国累计已与 138 个国家和 31 个国际组织签署了 201 份共建"一带一路"合作文件，"一带一路"跨境园区是中国与"一带一路"国家合作的重要内容，是国际社会共建"一带一路"的重要组成部分，是中国在"一带一路"友好国家践行"亲诚惠容"理念的具体实践，有利于加强政策沟通、设施联通、贸易畅通、资金融通和民心相通。

中国"一带一路"跨境园区需要学习和借鉴其他国家跨境园区建设经验。发达国家作为对外投资的引领型国家，其跨境园区建设也有着许多值得学习的经验,特别是在全球产业转移和价值链构建方面。中国"一带一路"跨境园区在向高质量发展过程中需要好把握趋势,并努力和发达国家跨境园区建设形成合作。此外,中国也应该向一些新兴经济体和发展中国家学习,在发挥和运用比较优势方面不断汲取经验。这也是中国"一带一路"倡议共赢理念的体现。

中国"一带一路"跨境园区应通过模式创新不断转型升级。人类社会正从后工业社会向信息社会转型,数字化浪潮不断奋勇向前,数字技术正在更广领域、更大范围、更深层次上不断拓展渗透,数字产业化和产业数字化交互迭代革新,对产业分类、产业边界产生了非常重大影响,产业拓展、行业细分、边界融合已经成为新时代的产业发展趋势。园区转型升级必须抓住这个前所未有的大趋势,从以工业为主的跨境园区过渡到电子商务、数字贸易的跨境园区,特别是在新冠肺炎疫情的重大变量冲击下,中国"一带一路"跨境园区应向具有数字特征的新型园区转型。

中国"一带一路"跨境园区究竟对东道国经济发展和投资贸易产生怎样的影响?从理论上讲,作为组合要素投资的跨境园区建设,为要素在更大空间寻找更为有利的组合创造了条件,对于要素收益和回报的最大化有更积极的作用,对于促进"一带一路"国家投资贸易的自由化和便利化也有着推动作用。从实践上看,中国与"一带一路"国家更良好的经济互动和更稳定的经贸发展,更容易抵御重大变量的冲击,一定程度上也反映了中国"一带一路"跨境园区的作用。

中国"一带一路"跨境园区研究需要创新突破。相对于中国"一带一路"跨境园区建设的实践,相应的理论阐释还存在一定程度的滞后,现有研究还停留在经济学理论的解释和运用上,无论是国际投资理论的视角,还是国际贸易理论的角度,近年来都未能有更大的突破和进展。从决策咨询角度看,中国"一带一路"跨境园区建设研究也需要适应新的国际形势和经济发展态势,进行跨学科研究,提出更加有针对性的适用性建议。

目　录

第一章 中国“一带一路”跨境园区的历史变迁和实践探索

随着中国对外开放的不断深化，中国跨境园区正在成为“一带一路”倡议下推动中国境外市场开发以及全球企业网络及价值链构建的重要平台。依托这一平台，越来越多的合作共识圆满达成、合作领域不断扩展、合作项目落地落实。截至 2020 年 11 月，中国累计已与 138 个国家和 31 个国际组织签署了 201 份共建“一带一路”合作文件①，沿线国家和地区已成为全球最重要的外资流入地，为世界经济的增长开辟了新空间，为国际投资与贸易的发展搭建了新平台，为全球经济治理的完善积累了新经验。然而，近年来国际政治经济形势中不可测、不确定、不稳定的因素增多，国内发展也处于爬坡过坎的关键阶段，尤其是 2020 年初新冠肺炎疫情席卷全球，全球经济在未来仍将持续呈现低迷状态，这都对“一带一路”跨境园区建设提出了新的要求和挑战。面对这样的情况，中国宏观经济政策以及战略思维重新调整、重新定位，在 2020 年 5 月 14 日的中央政治局常委会上提出构建国内国际双循环相互促进的新发展格局。“双循环”的提出对中国企业意味着，应充分认识“走出去”面临的种种困难，努力提升生存韧性，开展国内外市场的一体化布局和运营。

总结中国跨境园区高速发展经验，才能更好地谋划下一步高质量发展新篇章。本章通过系统梳理中国“一带一路”跨境园区的历史变迁和实践探索，将 20 世纪 90 年代以来的境外园区发展历程分为企业自发探索下的雏形初现阶段（1990—2005 年）、政府扶持引导下的快速发展阶段（2006—2015 年），以及“一带一路”倡议提出后的管理模式创新下的高质量转型阶段（2013 年至今）三个发展阶段，相应厘清中国跨境园区的阶段特征和发展逻辑，总结园区开发

① 资料来源：《中国已与 138 个国家、31 个国际组织签署 201 份共建一带一路合作》，http://www.mofcom.gov.cn/article/i/jyjl/j/202011/20201103016788.shtml。

建设经验，以期为未来中国“一带一路”经贸合作提供更切实可行的历史借鉴和对策性建议。

第一节　企业自发探索下的雏形初现阶段(1990—2005年)

20世纪90年代，个别有实力的企业就基于自身发展需要在境外购置或租赁土地、自筹资金完成园区基础设施建设并吸引企业入驻，并逐渐从企业在境外建设自用的生产贸易基地转向制造、物流、贸易多功能、综合性园区发展，形成主导产业明确、公共服务齐全、具有集聚和辐射效应的产业园区。这些“走出去”的企业也成为中国境外产业园区的先期探索，为相关政策的出台提供了范本和思路，也为部分项目转型为境外产业园区建设奠定了基础。

一、中国跨境园区建设的缘起背景

(一) 中国跨境园区建设的先期实践

中国跨境园区的创设缘起于中国企业“走出去”的实践探索。新中国成立后，中国企业就开始在海外开展贸易性的直接投资活动，各专业外贸公司在海外投资创办海外分支机构，并相继创办了一些远洋运输和金融企业。尽管这批中国企业海外投资规模相对较小，大多分布在重要港口及大型城市，但其为新中国国际贸易发展进行的有益尝试以及积累的先期经验不容忽视。改革开放以来，国内企业的海外投资活动得到了迅速发展。1979年8月，国务院提出“允许出国办企业”，第一次把鼓励中国企业“走出去”上升到国家政策层面。从经贸企业到工业、商贸物流、金融保险以及科技等不同性质的企业纷纷加入海外投资的行列，投资领域也得到进一步扩展，资源开发、机械制造加工、工农业生产加工、交通运输业、服务业等行业中均有中国企业的身影。这些海外企业分布的国家和地区也更加广泛，尤其以亚洲居多①。然而，这一时期中国企业在“走出去”的实践中投资失败的现象频发，反映出对外投资的单兵作战模式对于国际市场风险的抵御能力有限。自20世纪90年代开始，为改革和创新对外投资模式，中国企业开始探索跨境产业园区的建设。

---

① 蓝庆新、夏占友：《中国企业“走出去”》，对外经济贸易大学出版社2007年版，第107—110页。

（二）中国跨境园区建设的学理论证

跨境产业园区，或称跨境经贸合作区，在探索建设初期便引发了当时学界的广泛关注，围绕园区的设立背景、可行性以及必要性开展了大量论证。学者普遍认为20世纪90年代国际局势呈现出全球化和地区化平行发展、相互促动的特征，欧洲联盟、北美自由贸易区以及拉美经济合作成为经济地区化发展的重要表现，这些跨国（跨地区）的经济合作区，通过加强区内贸易、投资和产业等领域的相互合作，从而形成一个内部市场。对于中国所在的亚太地区，早在20世纪60年代，就由日本率先提出建立“亚洲太平洋经济圈”的设想，并在此基础上倡导组建了“太平洋盆地经济理事会”“亚洲共同投资公司”等协调组织。东盟内部的政治合作也逐渐向寻求外部经济合作的方向发展。80年代后，中国香港、中国台湾，以及韩国等地区和国家都开始寻找区域合作机会，相继提出“华人经济区”“大中华经济区”以及“东北亚经济区”的设想。然而，同欧洲、北美等地区相比，亚太地区的经济合作进程则相对缓慢，这与亚太地区合作参与者经济发展水平和规模的差异有着密切关系①。但也正是基于这种合作者之间的不平衡性和多层次性，使得中国可以充分利用这种巨大的互补性发展跨境经贸合作，东北亚经济圈、华南经济圈、大西南经济区、西北经济区都有着潜在的经贸合作对象及相应的发展空间。因此，中国更应积极参与和推动亚太地区经济合作的发展，以深化跨境贸易改革、缩小内陆边境与沿海地区间发展差距、打开发展中国家的市场②。

（三）中国跨境园区建设的政策支持

推动对外贸易发展的政策和举措对中国跨境园区的起步发展也起到了重要的支持和引导作用。中国共产党十一届三中全会拉开了改革开放的伟大序幕，对外开放作为一项与改革并重的基本国策，于1982年12月纳入中国宪法。中国由此积极融入世界分工体系，不断探索沿海开放城市、经济特区等“飞地经济”试点，制定完善《中华人民共和国对外贸易法》等外贸法律制度，尤其是2001年加入世界贸易组织（WTO）后，中国在放开外贸经营权、削减关税、清理修订外贸法规、降低外资准入门槛等领域进行了进一步的改革③，中国市场对外资的吸引力大大增强。与此同时，规范中国企业“走出去”进行海外

---

① 陈耀庭、雷达：《亚太地区经济合作前景及中国的作用》，《世界经济》1994年第8期。

② 汤敏：《论亚太区域经济合作的新趋势及中国应采取的策略》，《特区与港澳经济》1995年第4期。

③ 盛斌、魏方：《新中国对外贸易发展70年：回顾与展望》，《财贸经济》2019年第10期。

投资的政策制度也不断改进。1983 年开始,海外企业设立的审批和管理部门由国务院调整为原外经贸部,外经贸部相应对中国对外投资开办企业的资金筹措、税收减免、设备材料供应、产品返销以及外汇留成等管理办法进行了完善。1991 年,国家计划委员会出台关于加强海外投资项目管理的意见,规定由原外经贸部会同国家计委有关部门对中国海外投资企业进行审批立项,国家计委负责审批建议书与可行性研究报告,外经贸部负责审批合同、章程。商务部成立后,于 2004 年发布《关于境外投资开办企业核准事项的规定》及其细则,由商务部及省级商务部门负责境外投资的中央和地方企业审批,明确中国鼓励和支持海外投资的领域和方向。除海外投资审批制度的完善外,中国政府还通过总结前期海外投资经验教训,提出了完善海外投资外汇、税收、财务管理、信贷、保险、信息支持制度的法规①,给予海外投资全方位的政策保障。同时加大国际合作,自 1982 年于瑞典签订首个投资保护协定后,至 2005 年 7 月已与 112 个国家签订 115 个两国双边协定②。还相继加入国际公约以及各类国际经济组织,以此营造有利的国际投资环境。在这些政策法规的鼓励下,中国海外投资在 20 世纪 90 年代开始稳步进入发展轨道。

(四) 中国跨境园区建设的经验模板

基于中国企业“走出去”的先期探索,学术界对于跨境经济贸易合作的学理论证,再到政策层面的有效引导,中国资本输出不断加快,并开辟出“建设园区”这一中国海外投资模式。国际直接投资可以划分为三个版本:1.0 版以欧美发达国家的跨国公司在东道国设厂投资为代表,通过优化资源配置降低生

---

① 注:这一时期海外投资外汇管理制度领域的法规主要包括,1989 年国家外汇管理局《海外投资外汇管理办法》及其实施细则,1996 年国务院《中华人民共和国外汇管理条例》、中国人民银行《结汇、售汇及付汇管理规定》,2002 年国家外汇管理局《关于清理境外投资汇回利润保证金有关问题的通知》,2003 年国家外汇管理局《关于简化境外投资外汇资金来源审查有关问题的通知》,2005 年国家外汇管理局《关于扩大境外投资外汇管理改革试点有关问题的通知》等;海外投资税收管理制度领域的法规主要包括,1991 年七届人大四次会议《中华人民共和国外商投资企业和外国企业所得税法》及其国务院颁布的实施细则,1994 年国务院《中华人民共和国企业所得税暂行条例》、财政部《中华人民共和国企业所得税暂行条例实施细则》,2003 年国务院《中华人民共和国进出口关税条例》,海关总署《海关进出口税则》等;海外投资财务管理制度领域的法规主要包括,1996 年财政部《境外投资财务管理暂行办法》,2005 年国家外汇管理局《关于调整境内银行为境外投资企业提供融资性对外担保管理方式的通知》等;海外投资信贷制度领域的法规主要包括 2004 国家发改委、中国进出口银行《关于对国家鼓励的境外投资重点项目给予信贷支持的通知》;海外投资保险制度领域的法规主要包括 2005 年商务部和中国出口信用保险公司《关于试行出口信用保险专项优惠措施支持个体私用等非公有制企业开拓国际市场的通知》;海外投资信息支持制度领域的法规主要包括,1995 年原外经贸部《关于发送〈关于加强内外沟通、相互配合,做好海外企业管理工作的意见〉的通知》等。

② 蔡晓鸣:《论中国鼓励和促进海外投资法律制度的完善》,暨南大学,2006 年。

产成本、便利贸易往来；2.0 版以 20 世纪 60 年代，日本海外工厂投资中通过某一大型跨国公司引导相关配套零部件企业的跟进集聚为代表，实现投资和生产的规模效应；20 世纪 90 年代，新加坡在苏州建立工业园区并取得显著成效，中国开始利用园区建设经验在海外设立跨境工业园区，不仅加快了中国资本的输出，更开辟了国际直接投资的 3.0 版①。与以往工厂投资相比，以中国为代表的跨境产业园区建设，作为中国特色的新型对外直接投资方式，有利于形成更大的集聚效益，通过大规模一揽子投资组合，为园区内企业提供上下游供应以及产品分销途径，并在市场机制下实现企业合作及配套的最佳组合方式，可以更好地促进国际贸易发展，带动工厂性投资。

如前文所述，中国海外产业园区建设模式的雏形来自新加坡苏州产业园区。新加坡工业重建于 1979 年，形成了由跨国公司主导的出口型战略模式，并为新加坡积累了资本、管理、技术以及市场经验。20 世纪 80 年代末 90 年代初，为突破新加坡缺乏直接、可控的港口腹地的制约，也为了抓住亚洲新兴工业化国家投资机遇，新加坡开始在亚洲选取有巨大市场发展潜力的国家，用以转移本土低附加值的生产环节，为总部经济和知识密集型产业腾出发展空间。为此，新加坡政府出台海外投资税收减免、管制放松等政策，与东道国合作并依照新加坡本土园区标准开发海外工业园区，推动新加坡企业"走出去"。苏州作为资源丰富的中国长三角地区的重要城市，在区位、交通、劳动力、生活配套等方面成为吸引新加坡进行园区建设的优选标的城市。新加坡苏州工业园区的发展经验不单局限于资本投资，还涉及土地使用、公司管理乃至城市规划建设等方面。自 1994 年 5 月苏州园区投入运行以来，在新加坡本土园区实践影响下，取得了显著成效：建立国际招商网络，强化为客商服务观念；超前规划城市建设，高标准开展环境保护；完善园区内部人才培训、流动及保障体系；重视科技应用，建立贸易信息电子系统等②。苏州工业园区作为全球最具有国际竞争力的开发区之一，可以说是中、新两国经济发展互惠共利的结果，因此也成为中国开展直接投资的重要示范和经验来源。

二、中国跨境园区的初期探索实践

20 世纪 90 年代至 2005 年，这一阶段跨境园区在企业自发探索下，初具雏

---

① 沈桂龙、张晓娣：《跨境建工业园区为何成新动向》，《解放日报》2017 年 8 月 22 日。

② 国家发改委国际合作中心中国投资环境课题组：《苏州工业园区对新加坡发展模式之经验借鉴》，《财经界》2008 年第 7 期。

形。出于自身发展需求,以出口及产品外销为主的中国企业开始在境外建设园区,打造生产、贸易、服务基地。以下将对这一阶段不同建设模式的跨境园区进行列举介绍。

(一) 以参建“经济特区”模式推进跨境园区建设

以越南铃中加工出口区以及埃及苏伊士湾西北经济区为代表,两个园区都是中国企业通过参与东道国“经济特区”的合作开发,创办工业园区,吸引更多“走出去”的中国企业抱团入驻,提升企业国际竞争力①。

1. 越南铃中加工出口区

中国在越南合资经营开发的铃中加工出口区被誉为走出国门“第一区”②,也是越南建立最早、规模最大的加工出口区。所谓出口加工区,指的是为发展加工贸易而专门开辟的经济特区,其产生和发展是国际分工的必然结果。第二次世界大战之后,在相对稳定的经济发展环境中,借助科学技术的巨大进步,西方工业国家的生产力与对外贸易得到巨大发展,出现资本与技术过剩的现象。一些工业发达的国家和地区开始由输出产品转为输出资本,大多选择赴发展中国家(地区)开设工厂。20 世纪 60 年代,发展中国家(地区)开始大力发展出口加工制造业,以此实现外汇收入的增加,出口加工区应运而生③。越南铃中加工出口区的开设是顺应出口加工区建设浪潮的产物。1992 年中国电气进出口联营公司胡志明市西贡工业区开发公司,在胡志明市守德郡筹办铃中加工出口区。作为中方投资者的中国电气进出口联营公司,隶属于原中国机械工业部,成立于改革开放初期,以经营机电产品进出口为主业,兼营其他行业产品的进出口业务④。铃中加工出口区项目注册资金 600 万美元,双方各拥有 50%股份。中方以现汇出资 300 万美元,越方以 62 公顷土地 25 年租金折合 300 万美元参与合作⑤。加工区于 1995 年初正式运行,合资期限为 50 年,期满后联营公司的全部固定资产和基础设施将无偿交给越南政府。

---

① 林拓、蔡永记:《打造“一带一路”前行航标　新时代中国海外园区再出发》,中国社会科学出版社 2018 年版,第 11 页。

② 《走出国门“第一区”——记中越合资经营开发的铃中加工出口区》,《经济日报》2005 年 4 月 13 日。

③ 郑俊田编著:《国际物流与运输》,中国海关出版社 2018 年版,第 245 页。

④ 《越南铃中加工出口区成功秘笈》,《中国—东盟博览》2007 年第 4 期。

⑤ 《越南胡志明市玲中加工出口区第三区破土动工》,http://vn.mofcom.gov.cn/aarticle/jmxw/200305/20030500094005.html。

越南铃中加工出口区分为三个部分，分别于1995、2000、2003年开建，加工区内平均每公顷土地吸收投资额、创造出口产值以及增加的就业机会在越南国内工业区遥遥领先①。三区招商完成后，约1/3是中国大陆企业，是越南各工业区中中国大陆企业最密集的园区，主要以轻工业类企业为主。

表1-1　越南铃中加工区三区概况

区域	面积（公顷）	总投资（万美元）	开发建设情况	运营概况
一区	62	2 650	采用滚动开放方式，在1995年到2000年间完成区内动迁、公共基础设施建设，区内厂房全部出租完毕。	目前有32个国内和国外项目已投资生产，总投资资金为2.48亿美元，生产各类出口和内销产品，如电子、精密仪器、鞋业、制衣、木业产品等。2011年，总进出口金额达13亿美元，有4.9万名劳动者在此工作。
二区	61.7	8 554	2000年开建，区内厂房出租率接近100%。	目前有40个国外项目投资生产，总投资资金为1.3亿美元，生产各出口和内销产品，如电子、精密仪器、鞋业、制衣、木业产品等。2011年，总进出口金额达10亿美元，为2.9万名劳动者解决就业。
三区	203.8	2 900	2003年开建，区内厂房出租比例达80%。	目前有69个国内外项目投资，已租105公顷的土地用于建设生产工厂，总投资资金为3.1亿美元，生产各种产品，如电子、机器、工具、制衣、木业、塑料和胶膜产品、化工产品等。2011年，总进出口金额达8.05亿美元，为1.4万名劳动者解决就业。

资料来源：《走出国门“第一区”——记中越合资经营开发的铃中加工出口区》，《经济日报》2005年4月13日；铃中出口加工区网站，http://cn.vnone.com/htm/642.html。

2014年，三个区出口额共计25亿美元，产值达27亿美元②。铃中加工出口区作为越南最成功的工业区之一，在亚洲多个国家、地区的投资商中享有较高的知名度和口碑，先后于2006、2011年获得越南国家主席授予的三级、二级

---

① 《中越经贸合作的典范——访胡志明市铃中出口加工区》，http://www.cctv.com/news/financial/20020810/84.html。

② 《中越合资铃中加工出口区总经理：越南是东南亚国家中最佳投资地点》，http://column.chinadaily.com.cn/a/201505/12/WS5bee6824a3101a87ca93e426.html。

劳动勋章[①]。铃中加工出口区的成功案例中,土地滚动开发、股份制合作开发、政府大力支持、海关灵活管控、管理科学高效等方面都对中国跨境园区建设贡献了宝贵经验。

2. 埃及苏伊士湾西北经济区

埃及苏伊士湾西北经济区是埃及重要的区域开发项目,地处亚非欧三大洲交界处,区位交通优势明显,能源、劳动力资源丰富,致力于打造现代化生产基地和国际贸易中枢[②]。1997 年,中埃两国签署谅解备忘录,由中国提供经济特区建设经验,帮助埃及在苏伊士地区建立自由区。埃及政府投入大量资金用于改善经济区配套公共设施和外部环境,包括对道路、港口、机场、铁路、通信、水电、天然气等设计进行了完善,使之初步具备了接纳投资者来区内进行投资的条件。1998 年,国务院指派天津开发区成立苏伊士国际合作有限公司承担该项目,不久后苏伊士公司与埃及国民银行、阿拉伯承包商公司、国家投资银行以及苏伊士运河管理局等单位共同组建埃中合营投资股份公司。埃中合营公司购买了经济区 13 个区块中的 3 号区块,面积为 21.85 平方千米[③],并按照“整体规划、合理布局、分期实施、滚动开发”为开发原则着手开发。

而真正推动埃及苏伊士湾西北经济区发展的关键措施则是埃及国内有关经济特区的立法。在西北经济区建设初期,因埃及经济发展迟缓以及经济区初期定位不明确等原因,致使其建设一直处于自行、分散开发的局面,总体进展缓慢。因此,参照中国经济特区建设经验,埃及政府对苏伊士特区出台一系列优惠政策,1999 年 9 月将苏伊士特区定位为新工业区,享受 1997 年 8 号投资保障和鼓励法规定的各项政策优惠。2002 年 6 月埃及政府正式颁布经济特区法。2003 年 2 月埃及又正式宣布苏伊士特区为经济特区,设立经济区管理机构和开发控股公司,制定统一的经济区发展规划,实施示范区滚动开发模式。同时中埃双方达成共识,将对入驻经济区的中资项目给予大力支持,苏伊士合作区的“走出去”模式,作为中埃、中非合作的典范,将中国特色的特区制度经过改良后向外移植,通过具有中国建设开发区经验的国有企业进行跨境园区建设,配以东道国政策扶持,为中国中小企业的海外投资提供一个统一的

---

① 《越南主席授予铃中加工出口区二级劳动勋章》,http://vn.mofcom.gov.cn/aarticle/jmxw/201106/20110607602932.html。

② 《走进中埃苏伊士经贸合作区》,http://epaper.gmw.cn/gmrb/html/2013-04/29/nw.D110000gmrb_20130429_4-08.htm。

③ 《商务部西亚非洲司投资促进事务局.埃及苏伊士湾西北经济区投资指南》,2005 年 2 月。

支持性平台①。

(二)以自建加工贸易区模式推进跨境园区建设

境外加工贸易指的是中国企业通过现有设备、技术在国外开展直接投资的同时,利用东道国的劳动力开展加工装配业务,带动和扩大国内原材料、技术、设备以及零配件等出口的一种国际经济合作方式②,也是中国跨境园区探索发展阶段较为常见的园区类型。1997年亚洲金融危机后,国家为扩大出口、鼓励企业开展境外加工装配业务,出台《关于鼓励企业开展境外带料加工装配业务的意见》,明确了中国企业以境外加工贸易方式“走出去”的具体措施,进一步带动了跨境加工贸易区的建设。

1. 古巴小区

古巴小区成立于2000年,是福建省第一个境外加工贸易小区。90年代初,作为一家集塑料制品、纺织、玩具、建筑材料、机械、国际贸易为一体的具备综合进出口权的大型国有企业,福建华侨实业集团公司开始涉足古巴市场,开展一些简单的鞋服、日用品货物出口贸易。在与古巴进行了长达4年的贸易往来与市场考察后③,1998年华侨实业开始在古巴创办合资企业,针对古巴市场空白点和轻工业产业链的薄弱环节,选择将拖鞋作为主打产品。该企业与古巴轻工部鞋业协会联合组建合作加工企业,总投资达213万美元,建成后直接带动中国每年300万美元的原料和半成品出口④。2000年,在福建省内多方面的支持下,华侨实业兴办了6万多平方米的古巴小区,园区以沙滩拖鞋、皮鞋、旅游鞋为主要项目,其中沙滩拖鞋在2005年便已占据古巴80%的市场份额。同时,园区一经开办便带动多家福建省内企业落户园区,成为福建产品进入拉美市场的桥头堡。

2. 美国海尔工业园

1999年4月30日,海尔在美国南卡罗来纳州建立了海尔工业园,以美国市场作为其推行国际化战略的首站。海尔园区占地47公顷,2000年正式投产,凭借高质量和个性化特点逐步打开市场。海尔这种通过贸易带动投资的

---

① 冯维江、姚枝仲、冯兆一:《开发区“走出去”: 中国埃及苏伊士经贸合作区的实践》,《国际经济评论》2012年第2期。

② 黎孝先、石玉川、王健:《国际贸易实务(第6版)》,对外经济贸易大学出版社2017年版,第339页。

③ 《“走出去”,福建企业大步流星》,http://fjcio.newcio.cn/Article/ShowArticle.asp?ArticleID=6725。

④ 邓莉莉:《华侨实业的古巴经: 贸易先行》,《大经贸》2007年第1期。

模式为美国当地经济发展带来了巨大贡献,因此获得园区所在地的南卡州政府颁布的社会贡献奖和创造就业奖,并被给予优惠的工资税返还待遇。2002年3月海尔成立美国总部,洛杉矶、纽约和南卡罗来纳州分别是其设计、营销和生产中心,实现三位一体的海外发展模式[①]。海尔在美国并没有同美国知名品牌直接竞争,而是找准美国市场间隙,从小冰柜和酒藏柜的细分市场入手,逐步击破从而占据市场优势。在美国取得一定经验之后,海尔的国际战略目标开始转向中东地区。2001年4月,海尔在巴基斯坦成立继美国之后的第二个海外工业园,园区占地面积15公顷,主要生产冰箱、空调、洗衣机等家电产品,其大家电生产能力居于当地市场前列,已成为名副其实的本土化知名家电品牌,直接拉动了巴基斯坦当地经济的发展,并提升了当地的基础设施建设水平。2005年,海尔的约旦工厂“海尔中东电器有限公司”落成投产,标志着海尔在中东市场开发中取得的又一进步。

3. 美国天津商贸园

天津商贸园2004年7月设立于美国南卡罗来纳州,这是由天津港保税区牵头成立的园区,旨在突出天津优势产品,为国内企业“走出去”、开拓美国市场搭建的服务平台。工业园由保税区投资公司与美国太平洋发展有限公司合作开发经营,占地30公顷,可为企业提供标准厂房、生产装配场地和仓储;园区设有6 000平方米的天津商贸中心,分为咨询服务区、会议谈判区、办公区、俱乐部等;2 000平方米展厅可为近200家国内企业的产品提供展示空间,采取常年展销方式,帮助企业扩大对美出口[②]。参展企业第一年每个展位只需交纳综合运费和展费3 000元人民币,低廉的价格、巨大的潜力,吸引了大批企业广泛参与,国内120多家企业的近2 000种产品常年参展。同时,商贸园所在的南卡罗来纳州是美国重要的加工制造基地,主要产业包括纺织服装、烟草、汽车制造以及木材家具,与天津形成很强的产业互补性[③]。因此,该商贸工业园依托保税区的政策功能、网络信息优势,为天津以及其他国内企业在美开展加工贸易、物流配送以及招商引资提供了巨大便利,简化了贸易环节,降低了汇兑风险及企业成本,也标志着天津在推动优势企业和民营经济“走出去”的探索中取得了重要进展。

---

① 刘娜:《海尔集团拓展东南亚市场战略研究》,黑龙江大学,2014年。
② 《保税区商贸工业园开到美国》,《天津日报》2005年12月21日。
③ 《天津商贸园在美启动》,《天津日报》2004年8月1日。

(三) 以合建海外科技园模式推动跨境园区建设

20世纪50年代科技产业园区在美国兴起,有力推动了高科技产业的发展以及高新技术产业创新能力的提升。中国科技型企业尤其是中小企业,在"走出去"的过程中,通过海外科技园区的平台,不仅能够降低投资费用,而且便于园区内企业开展协作,享受优质服务①。

2002年开始建设的中美马里兰科技园是中国在海外设立的第一个科技园。科技园由国家科技部火炬中心、中关村科技园以及美国马里兰大学共同设立,总投资人民币1 000万元,区内主要吸纳中国国内的生命科技、农业以及环保等领域的企业入驻,这些领域也正是马里兰大学的强项。园区选址时除了考虑到马里兰州政府和马里兰大学的积极支持这一因素,还因其所在的大华盛顿地区的优势以及巨大潜力。大华盛顿地区是美国快速增长型公司数量最多的地区,也是风险投资增长最快的地区②,这对科技园内企业孵化大有裨益。园区提供的服务包括三类:一是公共商务服务,开展入驻企业交流、培训、考察、信息咨询等活动,对于有意来到中国发展的企业,还可以申请中关村留学生归国创业扶持基金;二是专业服务支持,通过与技术服务提供商、财务服务提供商、人才中介机构、房产提供商等专业服务机构合作,提升入驻企业专业服务水平;三是投资支持,联合中美两国的投资公司、投资基金,争取当地政府的资金支持,对符合条件的入驻企业以及产业化项目进行投资。基于中美马里兰科技园的经验,截至2006年,中国已在美国、新加坡、英国、俄罗斯等地建立了5个海外科技园③,通过在海外设立研发中心、与当地学术科研机构合作等形式,及时吸收国际前沿科技成果,集聚高精尖科技人才,为中国企业和科研机构实施"走出去"战略搭建了有效平台。

(四) 以培育出口贸易平台模式推动跨境园区建设

出口贸易平台的培育,需要通过跨境园区吸引特定产业聚集发展,培育和打造一批进口商品集散地和分拨中心。

迪拜龙城作为中国最大的海外商品集散贸易中心,是向阿拉伯海湾、阿拉伯国家、中东以及北非提供中国商品和产品的重要供应源,见证了中国与中东各国之间的贸易往来,也推动了中阿跨境园区的发展壮大。2002年3月,

---

① 靳茂勤:《海外科技园:提升战略性新兴产业创新能力》,《国际经济合作》2013年第1期。
② 罗利元:《中美马里兰科技园》,《中国科技成果》2004年第11期。
③ 《中国已建立5个海外科技园》,http://www.most.gov.cn/ztzl/qgkjgzhy/2007/2007gjkjhz/200701/t20070122_39841.htm。

中国和阿联酋达成合作意向，由中国商务部和迪拜世界集团共同投资3亿美元兴建中国城，由迪拜酋长私人公司Nakheel开发公司负责开发。“龙城”2000年正式开业，占地33公顷，商家800多户，店铺超过3 950家，每年商品成交量达到800亿至900亿美元，经营数万种中国产品，从建筑材料、机械产品，到电子元件、家电百货、箱包鞋袜、服装衣料等，价廉物美，应有尽有①。龙城也因其独具中国特色的购物氛围吸引着周边国家顾客，市场每天接待访客总数超过25 000人次，在输出中国产品的同时，也弘扬了中国传统文化。为配合商城的中国商人开展生意，中国远洋航运公司在附近还建立了一个物流中心，拥有大片仓库，专门协助商铺对中国产品的运输和储存。Nekheel公司也在附近开发了大型居住区，依托此居住区衍生出很多中国超市、餐馆等配套生活设施，大大提升中国商人的生活便利度。

第二节　政府扶持引导下的快速发展阶段(2006—2012年)

建立境外经济贸易合作区，对中国跨境园区的发展具有重要意义。伴随着企业境外园区发展步伐加快，以及中国外汇储备的增加、双边经贸合作需求的扩大，中国综合国力日益提升、比较优势加速凸显，政府对设立境外开发区日益重视，在政策层面进行引导和扶持，在境外不同地区设立若干由中资企业控股的投资园区，吸引国内企业进入园区投资，从而为国内企业赴境外投资搭建平台，政府引导的公共型境外经贸合作园区平台开始兴起。2006年6月商务部发文《境外中国经济贸易合作区的基本要求和申办程序》，宣布要建立50个国家级合作区，政府主导、企业申报，并将推动建设境外经济贸易合作区列为重点工程，中国跨境园区的发展由此形成一次高潮。

一、中国跨境园区发展高潮的成因剖析

(一) 中国跨境园区战略高度再提升

进入21世纪，中国企业“走出去”实践随着加入世贸组织不断深入，并逐

① 《迪拜人喜逛“龙城”　中国货物美价廉受欢迎》，http://news.cntv.cn/world/20111205/116241.shtml?ej9ce。

渐引起国家政策层面的重视,跨境园区遇到了大好的机遇。在全球经济一体化浪潮下,境外园区建设和企业“走出去”战略不断推动中国经济融入世界经济的发展,资金流向从单向的“引进来”朝着“引进来”和“走出去”相结合转变,对外直接投资呈现出强劲的增长势头。1990 年中国对外投资仅为 9 亿美元,而 2006 年这一数字就达到 211.6 亿美元,位列全球国家排名第十三位,成为境外投资大国之一。但是在对外贸易快速增长的背后,企业发展及国家战略也面临着一系列亟待突破的瓶颈制约,包括推进企业国际化经营战略,升级出成熟的对外输出理论和模式,避免国际贸易摩擦激化,转移过剩产能,提升贸易地位和比较利益以及有效使用外汇储备等方面,企业“走出去”的压力与动力并存。中国也在政策层面持续探索。早在 2000 年 3 月九届全国人大三次会议期间,中国正式提出了“走出去”战略。党的十五届五中全会上,最终明确了“走出去”战略,将它与西部大开发战略、城镇化战略、人才战略一同列为四大新战略之一。“十一五”期间“走出去”战略得到全面落实,党的十六大提出应坚持“引进来”和“走出去”相结合,全面提升对外开放水平。党的十七大又明确支持企业在研发、生产、销售等方面推进国际化经营。这些政策的提出标志着中国“走出去”“引进来”的双向开放不断向纵深发展。

2006 年,跨境园区建设被作为中国企业“走出去”的新模式正式被国家层面纳入重点发展领域。境外经济贸易合作区是指在中华人民共和国境内(不含香港、澳门和台湾地区)注册、具有独立法人资格的中资控股企业,通过在境外设立的中资控股的独立法人机构,投资建设的基础设施完备、主导产业明确、公共服务功能健全、具有集聚和辐射效应的产业园区①。早在 2005 年底,商务部就提出建立境外经贸合作开展对外投资合作的具体举措,促使广大中小企业集群式走出海外,并在此过程中提供国家的多项配套政策措施。境外经贸合作的运作流程,不同于以往企业的对外直接投资,首先由中国商务部确定基本的扶持政策文件后,对外发出招标文件,再由国内符合条件的企业参与投标,经商务部考核后确定境外经贸区名单。通过审批的境外合作区由政府支持、企业主导,跨境园区牵头企业在和东道国合作规划建设时,可争取政府的优惠政策,并以市场化方式向国内产业链相关企业开展招商,从而形成产业集群。这些具体举措于 2006 年 6 月 18 日被商务部列入《境外中国经济贸易合作区的基本要求和申办程序》文件,明确合作区招标规程、考核办法以及评

① 《“走出去”公共服务平台》,http://fec.mofcom.gov.cn/article/jwmhzq/。

标细则等。切实推进境外经济贸易合作区建设成为当年商务部十三项重点工程之一,境外经济合作区辅助对象申报和评标工作正式开启。根据安排,从2006年开始,中国将兴建50个经贸合作区,鼓励有条件的省市和企业率先进行探索,每一个经确认的对外经济贸易合作区,可以获得2亿—3亿元的财政支持,以及多达20亿元的中长期人民币贷款①。2008年,国务院颁发《关于同意推进境外经济贸易合作区建设意见》,意味着以海外园区建设推动中国企业“走出去”上升为国家战略。自此,境外经济贸易合作区成为政府鼓励和辅助有条件的国内企业开展对外直接投资的重要途径和平台。

商务部基于对贸易安排、市场容量以及投资环境的大量调研,按照市场规则、平等互利、循序渐进、注重实效的原则,2010年4月制定了较为全面的境外经贸合作区政策配套支持体系。政府支持的主要政策措施包括:凡是经过政府确认的合作区,在符合商务部、财政部关于《境外经贸合作区资金管理办法》以及《境外经贸合作区合作、考核暂行办法》前提下,可以享受合作区发展资金的支持;相关金融机构应配合符合政策规定和贷款条件的建区及入区企业提供配套金融服务;对投资到合作取得原材料、设备和散件,按照政府统一规定办理退税,落实关于企业境外所得额的所得税政策;简化项目审批、外汇审查以及相关业务人员出国审批;合作区内所需的生产生活物资,以及其他从国内运出返回的物资给予免检或优先检验检疫的进出境通关便利;在双边框架下,就合作区的土地、税收、劳工政策,以及基础设施配套以及贸易投资便利化措施等方面加强与东道国政府磋商,维护中国企业及其办事人员的合法权益,全力支持合作区建设;针对合作区建设特点,增加相关险种,为建区和入区企业提供国别风险分析咨询、出口信用保险、投资保险和担保等一揽子的保险服务;围绕合作区建设的有关知识、中国对外投资合作的方针政策、东道国法律制度、风俗习惯以及企业社会责任等提供培训服务②。同年6月,为进一步完善政策配套支持体系,有效规避合作区建设中的投资及信用风险,商务部和中国出口信用保险公司共同建立合作区风险防范机制,出台《关于加强境外经济贸易合作区风险防范工作有关问题的通知》,商务部将风险防范措施纳入合作区确认考核内容,并及时向中国信保通报合作区建设、招商进展以及企业名

---

① 《境外经合区成新方式 中国快速挺进投资大国之列》,http://news.cctv.com/financial/20070726/107414.shtml。

② 《中国政府对境外经贸合作区的支持政策措施》,http://hzs.mofcom.gov.cn/article/zcfb/jwjmhz/201506/20150601024637.shtml。

录。中国信保提供风险管理培训、行业风险分析、承保模式定制、保险费率优惠，并定期向商务部通报合作区利用投资保险等政策性金融工具进行风险防范的情况。这一系列政府配套支持体系为中国跨境园区的建设提供了全方位的保障，也推动中国企业“走出去”建区和入区的热情不断高涨。

（二）中国跨境园区理论研究再深化

境外经贸合作区作为一张美好蓝图已经正式进入公众的视野，中国企业通过这种全新的方式走出国门开展对外直接投资已经驶入快车道，然而随着所面临的贸易环境、贸易冲突的日趋复杂，还有诸多问题亟待在实践中解决，社会各界对境外设立合作区的认识不断深化，也希望通过理论研究引领实践走向深化。这一阶段的学者更多基于跨境园区的经济作用和战略地位，聚焦园区的发展规划、区位选择、产业选择等实践层面的问题开展研究。

境外经贸合作区作为一种区域合作方式，是中国企业更主动地分享和开拓国际市场的重要创新，并可以为中国企业“走出去”提供很好的支持平台①。跨境园区可以对国家综合经济利益带来积极影响，具体包括：大小企业均可受益、争取到更优惠的东道国政策、放大产业集聚效应，以及实现中国与东道国的互利共赢②。但在开展跨境园区建设过程中仍然存在一定的问题和风险，比如合作区建设方式属于一次性投入再逐步招商，建设步伐较大，而且大部分东道国是欠发达国家，存在一定盲目性和风险③。因此跨境园区建设应明确发展战略规划，一方面应加强国家的宏观指导，由政府履行服务和扶持职能，落实审查和监督职能，协助企业争取东道国政府和企业的最大支持；另一方面“出海园区”应充分发挥比较优势，致力于产业链的整体打造，精准园区定位，慎重出战，做好项目的可行性分析与调研，注重东道国本土化工作，充分了解东道国市场状况，促进可持续发展。

在中国跨境园区建设和运行过程中，其区位选择形成了自己的特色。投资区位按照四类导向分布：一是以转移国内剩余产能、扩大企业生产规模为导向的园区；二是以利用投资目标国丰富资源、进行资源开发产业链相关产业投资为导向的园区；三是以促进中国传统优势产业多元化为导向的园区；四是利用投资目标国先进技术与管理、进行资本技术密集型产业投资的园区。导向不同决定了跨境园区的区位分布不同。具体可以概括出四个区位影响因

---

① 钟正岩：《境外经贸合作区、为中国对外投资合作打造新的平台》，《中国评论》2007 年 3 月号。
② 徐强：《中国吸引外资政策的模式转换与格局调整》，《经济管理》2006 年第 1 期。
③ 李春顶：《境外经济合作区建设与中国企业“走出去”》，《国际经济合作》2008 年第 7 期。

子,分别是投资吸引因子、工业及消费水平因子、投资支持因子、人力资源因子。政府对于投资环境优良的发达国家应努力促成企业与东道国之间的合作,对于投资环境一般的发展中国家则应该落实配套政策并加大扶持力度。跨境园区集群式对外直接投资要求从国情出发,依据不同的区位确定跨境园区区位,进而选择对外直接投资的产业及其模式。为充分发挥中国比较优势或挖掘潜在比较优势来增强国际竞争力,跨境园区产业选择应该基于四个基准,包括选择与中国经贸关系密切的发展中国家和地区,产业内垂直贸易量基准,与国内产业结构升级同步基准,产业组合区位比较优势基准;不同基准对应不同地区和产业选择,促使企业在走出去的过程中不仅获得自身利益的增加,也有利于国内宏观经济目标的实现。

二、中国跨境园区的快速发展实践

2006 年以来,商务部会同有关部门开展了 2 次招投标,共有 19 个国家及境外经济贸易合作区中标。2006 年第一轮招标中,共有 60 多家企业提交申请,约有 30 家企业被批准正式递交包括市场前景、投资环境以及投资目标国支持力度的提案,在此基础上有 12 家企业被选为最终竞标者参与专家评审,最终 8 家企业脱颖而出。2007 年第二轮评审,相较于第一轮,本次招标门槛有所提升,企业的提案水平也明显进步。本轮共有 50 余家企业提出申请,12 家正式上交提案,最终 11 家企业的提案获准通过①。经过两轮筛选,获批的 19 家境外经贸合作区开建,采取政府主导、企业主体、市场化经营的原则。国内牵头企业主要来自四个直辖市以及浙江、江苏、山东等省份实力较强的央企、民企,合作区投资目标国主要是政局稳定并与中国保持友好关系的地区,包括东南亚、亚洲、拉美等发展中地区以及俄罗斯、韩国等与中国经贸往来比较密切的邻国。具体行业涉及传统能源、建筑、资源、农业、电子、轻工、机械、五金等传统领域,园区形态包含工业园区、出口加工区、科技园区、境外资源开发合作园区以及自由贸易区。园区投资规模大小不一,但基本都在 1 亿美元以上,规划面积从 1 平方千米到 165 平方千米。2007 年获批的 19 家国家境外经贸合作区,后因国际金融危机爆发、企业投资决策改变等因素,实际启动建设的只有 16 家境外经贸合作区,分布在 13 个国家。截至 2013 年 10 月底,合作区

① 林拓、蔡永记:《打造“一带一路”前行航标　新时代中国海外园区再出发》,中国社会科学出版社 2018 年版,第 19 页。

建设实际投资金额 44 亿美元，协议入区企业 390 家，创造产值达 129 亿美元[①]。以下对亚洲和非洲这一阶段具有代表性的跨境园区进行介绍，着重考察不同园区享有的优惠政策。

（一）亚洲的中国跨境园区建设及其政策支持

1. 巴基斯坦海尔—鲁巴经济区

以巴基斯坦海尔工业园为基础进行扩建的海尔—鲁巴经济区揭牌，这是中国在境外正式挂牌成立的首个经济贸易合作区，也是巴基斯坦政府批准建设的“巴基斯坦中国经济特区”，是巴中五年规划的重点项目之一。2006 年 11 月 26 日，时任国家主席胡锦涛及巴基斯坦总理阿奇兹亲自为经济区揭牌。巴基斯坦人口超 2 亿，但工业基础比较薄弱，对基础设施的投资需求高、潜力巨大。园区所在的拉合尔是巴基斯坦旁遮普省的首府，该省是巴基斯坦经济发展中心，具有稳定的投资环境。园区由海尔集团和巴基斯坦鲁巴（RUBA）集团共同建设，以现金方式出资购买土地开展园区建设，投资总金额为 2.5 亿美元，中巴股比为 55∶45。规划面积为 1.03 平方千米，分为三期建设，五年完成[②]。海尔—鲁巴经济区的产业定位以家电及相关配套产业为起步，依托海尔集团先期在巴基斯坦建立的生产、销售渠道以及物流基础，为入区企业在巴基斯坦以及周边南亚市场搭建跨国通道，逐步拓展中资企业制造产业及供应链配套产业集群。为推动园区发展，中巴两国制定了一系列支持优惠政策。

表 1－2　中巴两国优惠政策汇总

中国支持政策	巴基斯坦优惠政策
投资手续便利化：海外投资审批简化，相关部门服务到位，积极推进便利化。 金融支持：国内金融机构提供授信支持和配套金融服务、中长期低息贷款。 贴息补助：符合国家规定条件的境外投资贷款，可申请给予贴息补助支持。 外汇审批简化：外汇局将继续深化境外投资外汇管理制度改革，支持境内企业“走出去”对外投资。	所有经济领域向外商直接投资（FDI）开放。 外国和当地投资者享有同等待遇。 允许 100%外资股权。 无需政府审批；允许全部资本、收益、利润、红利、特许权和技术使用费的汇出。 享受巴政府提供的免费咨询和一站式服务。 经济区内设独立海关（干港）。 免除园区建设及工程项目所需机器、设备的进口关税。

① 商务部：《中国企业已在 13 国建 16 个境外经贸合作区》，http://www.chinanews.com/gn/2013/12-03/5575963.shtml。

② 丘文敏：《走近海尔—鲁巴经济区物》，《大经贸》2007 年第 3 期。

续表

中国支持政策	巴基斯坦优惠政策
税务总局：支持企业个人境外直接投资，企业境外投资所得的税收抵免制度得到进一步改善。 人员出境便利：经济区相关业务人员经外事部门同意后，出国审批手续实行一年内一次审批多次有效。 国内通关便利：对检验检疫、货物出关、出口退税等实施便利和优惠政策。 保险：国家提供国别风险分析咨询、投资保险、出口信用保险和担保等保险服务，并适当给予保费优惠。 双边磋商：中国将通过双边途径就土地、税收、劳工等政策、基础配套及贸易投资便利化与巴政府磋商。 地方支持政策：许多地方政府也纷纷出台各种政策为企业"走出去"提供支持及服务。	入区企业自运营之日起5年内免缴企业所得税。 巴政府出台的更优惠政策将自动适用于本经济区。 巴政府承诺更多的优惠措施将滚动出台。 经济区企业的进出口商品还将享受进一步降税。

资料来源：《巴基斯坦投资机会暨巴基斯坦海尔—鲁巴经济区介绍》，https://wenku.baidu.com/view/54a224cadc36a32d7375a417866fb84ae55cc358.html。

在两国政府的大力推动基础上，经济区本身也制定了一系列具有针对性的指导规划。首先是园区为国内具有竞争力的企业提供海外发展平台，带动家电及相关配套企业来巴发展，借助聚集效应实现互利共赢。为此园区为入区企业提供投资咨询、生产经营、商务服务一站式服务，同时园区除制造工厂外，还规划设立了高水平研发中心和国家级实验室，为员工开展相关培训以提升员工素质，促使园区由制造中心向创新创牌合作区发展，也带动了巴基斯坦家电行业的升级。一期工程完成招商时入区企业7家，营业额4亿美元，年利税约9 000万美元，年产家电150万台，带动直接就业岗位约5 000个，海尔成为巴基斯坦第一家电品牌①。海尔从开拓海外市场到建立海尔工业园，再到开创境外经济区的历程，其经验为后来者提供了一条宝贵的境外发展之路。

2. 泰中罗勇工业园

泰中罗勇工业园是东南亚最大的中资工业园区，自2005年启动开发建设工作，2006年被确定为首批境外经贸合作区。泰国在东盟国家中经济稳步增

① 《青岛市商务代表团考察海尔鲁巴经济园区》，http://qingdao.mofcom.gov.cn/article/dongtai/201509/20150901125988.shtml。

长，拥有巨大的市场空间。而且泰国位于东南亚中心，依托便利的航空、公路、港口交通条件，产品辐射东盟成员国。园区是由杭州华立集团与泰国安美德(Amata)集团合作开发的现代化工业区，主要面向中国投资者，以“为中资企业搭建平台，鼓励中资企业抱团出海”为导向。华立集团对外投资经验丰富，2004年位列国内民企对外投资第五名，安美得集团是泰国最大的工业地产开发商。园区建设于泰国东部海岸，靠近曼谷和廉差邦深水港，规划面积12平方千米，计划投资1.96亿美元。园区主要产业包括汽摩配零部件、新材料、新能源、机械、五金、电子，并在区内首创性地布局了一般工业区、保税区，并设物流仓储区以及商业生活区。园区的发展目标是建成年生产规模15亿美元，集转口贸易、仓储物流、制造以及商业生活一体的现代化综合园区①。

中泰两国国家到省级地方政府的战略合作为工业园的发展提供了坚实的保障。早在2003年时任国家主席胡锦涛访问泰国时便提出在泰设立经贸合作区的构想，杭州华立集团积极响应建立泰中罗勇工业园。杭州华立集团地处浙江，浙江省政府与泰国罗勇府保持着密切的合作关系，省政府及相关机构也积极搭建宣传平台，对泰国及泰中罗勇工业园的投资环境进行推介，推动国内资本的投资。一批浙江企业也因此成了入区企业的主力军，打通了浙江企业在泰出口的市场渠道。与此同时，泰国政府也给予了泰中罗勇工业园区优惠的政策，包括园区可享受泰国最优惠的第三区政策，配以高标准的基础设施；中资企业享受企业所得税最高八年全免、以外销为目的的进口原材料免缴关税五年、免缴进口机器关税八年、可携入外籍技工或专家及其配偶、外籍人士可拥有土地所有权等②。园区层面推出24小时全天候免费服务，投资前的考察咨询、投资中的流程办理、投资后的资源共享等全方位覆盖，增强了园区招商引资的吸引力。这次自上而下的政策保障为泰中罗勇工业园发展为具有一定影响力和知名度的中国跨境园区奠定了基础，使其成为中国传统优势产业在泰国乃至东盟最大的产业集群中心和制造出口基地。

(二) 非洲的中国跨境园区建设及其政策支持

1. 赞比亚中国经济贸易合作区

2006年中非合作论坛北京峰会上，中国提出加强对非务实合作的八项举措，其中包括在非洲设立3—5家经济贸易合作区，赞比亚中国经济贸易合作

① 韦朝晖、陈万华：《共建经贸合作区增强区域经济合作新动力》，《东南亚纵横》2012年第11期。

② 《泰国泰中罗勇工业园》，http://www.cocz.org/news/content-243504.aspx。

区就是规划的首家。中国对非洲国家的直接投资开始于20世纪80年代,特别是2000年中非合作论坛机制建立以来,中非经贸合作关系进一步加强。2008年国际金融危机重创非洲经济,严重依赖外部市场的弊端充分暴露。泛非组织和各国开始规划"非洲南北经济发展走廊",一致呼吁国际社会为非洲国家提供援助度过金融危机。对中国而言,正值从过去"引进来"向"引进来"和"走出去"并重转变的节点,中国企业需要寻找新的海外市场,因此非洲就成为一个重要投资目标区域。通过建设经贸合作区,吸引更多的中国企业到非洲投资设厂,打造中国在非洲的制造业基地,加强能源资源领域的合作,同时推动非洲的工业化进程。

赞比亚中国经济贸易区成立于2007年1月,由中国有色集团负责开发、建设、运营及管理,既是中国在非洲第一个境外经贸合作区,也是赞比亚政府批准的第一个多功能经济区。赞比亚地处非洲中南部,矿产资源丰富,是世界第四大产铜国、第二大钴生产国。赞中经贸合作区实行一区两园,包括谦比希园区和卢萨卡园区,谦比希园区一期规划11.58平方千米,以有色金属工业为主导,以铜钴开采为核心,形成有色金属矿冶产业群延伸有色金属加工产业链,兼顾发展配套产业及服务业。卢萨卡园区总规划面积5.7平方千米,以首都卢萨卡及国际机场为依托,产业类型主要是轻工产品生产加工、食品加工、建材加工及贸易、药品生产、物流服务等①。

在赞比亚设立经贸合作区作为中国实施对非"走出去"战略的重要开端,得到了两国政府的大力支持。中国商务部与赞比亚政府达成一致后,中国有色集团与赞比亚相关政府部门签约开建合作区。在合作区建设中,在获得审核授权基础上,中国给予一定的财政支持和中长期贷款,并以中非发展基金形式支持中非企业的投资合作。中非发展基金在投资经贸合作区的同时,针对园区内的优质项目进行投资,为园区开发建设提供了有力支持。这种基金形式也填充了传统模式下介于贷款与无偿援助之间的空白地带,在运作模式、资金性质以及业务范围等方面都有了明显创新。同时赞比亚政府为了招商引资,对于投资额大于50万美元且属于优先行业内的企业,制定一系列支持政策,涵盖公司所得税、关税及增值税优惠。具体包括:对五年内新入区企业免征所得税,入区原材料和货物设备五年内免征进口税,园区开发者或投资者进口的资本性货物和机器设备免征增值税。同时,在赞比亚和中国设立了多个

① 《赞比亚中国经济贸易合作区》,http://www.cocz.org/news/content-243508.aspx。

投资服务机构，包括合作区规划招商部及其北京办公室、卢萨卡办事处、北京代表处，提供考察、咨询、融资等一系列园区配套服务。成立仅五年，便实现了投资累计超过 1.3 亿美元，吸引 17 家企业入驻，实际完成投资近 9 亿美元，累计实现销售收入 43.5 亿美元，利税近 5 亿美元，创造了 1.2 万个就业机会①。赞中经贸合作区使赞比亚丰富的铜钴矿产资源得到更有效的开发利用，延展基础资源加工深度，促进赞比亚加快进入国际市场，带动经济发展。尤其是谦比希园区粗铜冶炼厂，能够为国内解决紧缺铜原料 30 万吨，有效促进了两国产能合作，为国家资源战略保障和经济安全做出了巨大贡献。

2. 尼日利亚莱基自由贸易区

莱基自由贸易区自 2006 年启动，2007 年 1 月被中国商务部批准为境外经济贸易合作区。尼日利亚地处西非，南临大西洋几内亚湾，拥有优越的地理位置和丰富的自然资源，20 世纪 70 年代就已成非洲最大产油国，目前是非洲第二大经济体和第一大人口国家，市场规模巨大。自 1981 年起中国生产制造、工程建设以及贸易服务类企业陆续赴尼日利亚投资设厂，至 2006 年，已有 300 多家在尼中资企业，累计投资额接近 2 亿美元②。但此时的中资企业大多各自为战，风险抵御能力不强。2006 年 3 月，由中国铁建股份有限公司、中非发展基金有限公司、中铁建中非建设有限公司和南京江宁经济技术开发总公司组建成立的中非莱基国际投资有限公司，与拉各斯州政府与莱基全球投资有限公司共同投资和建设莱基自贸区，中、尼两国分别占股 60%、40%。自贸区选址在莱基半岛，是拉各斯新兴卫星城市，也是尼日利亚发展最快的都市新区之一，年经济增长率 16.8%。莱基自贸区主要产业有装备制造、通信产品为主的高端制造业，以交通运输车辆和工程机械为主的产品装配业，以商贸物流为主的现代物流业，以旅游、宾馆酒店、商业等为主的城市服务业与房地产业。总体规划面积 30 平方千米，总投资额预计超过 20 亿美元，采用"一带三片"的规划结构，"一带"指沿经四路北段形成拥有专业市场、商贸会展、酒店、娱乐、文化、体育、高尔夫、医院、学校等功能的综合商业服务带；"三片"指合作区从北向南划分为三大主导功能区，即产业开发区、综合开发区以及仓储物流区。

为了鼓励和支持企业进入尼日利亚投资，中尼两国政府制定了一系列合作政策。在莱基自贸区启动之前，时任中尼两国领导人就合作开发莱基自贸

① 《赞比亚中国经济贸易合作区成效显著》，http://news.163.com/12/0208/08/7PNR30RE00014JB5.html。

② 董琪：《中国境外经贸合作区的建设与发展研究》，江苏大学，2009 年。

区交换意见,尼方明确表示欢迎中国企业参与、投资尼日利亚交通、电力等基础设施建设以及油气资源开发,并对两国合作伙伴关系的建立给予高度重视和充分支持,这为莱基自贸区的建立提供了有力的政治保障。在2007年被确认为国家经济贸易合作区后,莱基自贸区又于2010年通过商务部和财政部的确认考核,同年4月获得国家发改委的境外投资核准批复。为鼓励和支持中方企业赴尼投资,中国政府为莱基自贸区设立了一系列优惠政策,包括设立专项资金用于支持有实力中资企业赴尼投资办厂,在非设立中国投资开发贸易促进中心以为中国企业开展具体经贸业务提供信息、技术等配套服务,同尼日利亚签订《双边投资保护协定》保护在非中国企业投资权益。另外中国企业可以充分利用国家相应的资金、税收及外汇管理政策优惠。同时尼日利亚政府为莱基自贸区的投资者制定了一系列优惠政策和便捷服务,区内免除所有联邦、州、地方政府税收(包括关税),所有用于再出口产品的原材料、零部件免除进口关税,允许外资独资运营企业,企业所得可自由汇出境外,区内分租的土地使用期限为99年等①。同时,尼日利亚莱基自贸区企业还可以享受尼日利亚与其他国家、组织之间的优惠贸易政策,例如世贸组织成员的世贸组织协定、欧洲国家的科托努协议、美国的非洲增长与机会法案、西非国家的西共体等政策,尼日利亚还是《解决投资争端国际公约》《联合国关于承认并执行外国仲裁裁决的公约》以及世界银行多边投资保障机构的签字国,为中国投资者提供了一定的风险对冲保障。优惠的政策极大增加了中资企业投资的兴趣,2013年已有30多家企业入区。莱基自贸区作为引导中国企业"走出去"的重要平台必将发挥更为重要的作用,也有利于提升尼日利亚工业水平、增加就业、提高税收,有利于中非合作纵深发展,莱基自贸区成为中国境外经贸合作区的标杆以及中非经贸合作的典范。

第三节 管理模式创新下的高质量转型阶段(2013年至今)

党的十八大以来,随着中国改革开放向纵深推进,在国内外复杂政治经济

① 《莱基自由贸易区》,http://www.acfic.org.cn/zzjg_327/nsjg/llb/llbgzhdzt/2019zhinan/2019zhinan_3/202002/t20200229_158708.html。

形势下,习近平总书记发出共建"一带一路"的倡议。"一带一路"是推进中国经济、社会、文化全方位对外开放格局,实现中国与"一带一路"沿线国家优势互补展开全方位合作,促进"一带一路"沿线各国经济繁荣和区域一体化的重大战略举措。"一带一路"倡议为中国跨境园区的战略升级提供了宝贵的机遇条件,建立和发展跨境园区成为新形势下贯彻"一带一路"倡议的关键抓手和具体措施。随着"一带一路"倡议的不断推进以及跨境园区建设经验的深厚积累,沿线国家和地区中跨境园区的数量和质量显著提升,园区布局也趋于更科学、更合理、更全面,为中国企业对外投资提供了坚实载体,日益成为中国拓展境外市场、构建全球企业网络及价值链的全新动能,更为跨境园区"中国模式"在海外生根发芽奠定了基础。

一、中国跨境园区高质量转型的动因探析

(一) 中国跨境园区顺应"一带一路"更高要求

"一带一路"倡议在中国特色社会主义新时代背景中提出,基于对中国国情的深刻理解和对国际局势的清醒认识,充分体现了当今时代的特点和要求。从国内实践来看,"一带一路"倡议适应了中国新时代主要矛盾的变化,是中国改革开放再出发,将对中国新时代对外开放新格局带来深远影响。从国际格局演变来看,"一带一路"建设是应对当前世界和平赤字、发展赤字、治理赤字严峻挑战而提出的中国主张和中国方案,旨在增进各国理解互信,推进和平合作与全方位交流,实现中国与沿线国家发展战略充分对接,促进各国共同发展、共同繁荣。特别是 2020 年,新冠肺炎疫情沉重打击了全球经济,然而 1—7 月中资企业对"一带一路"国家新增非金融类直接投资却实现了逆势增长,较上年提升 4.5 个百分点[①],进一步说明了"一带一路"对中国企业"走出去"发挥了越来越重要的作用。

在"一带一路"效应带动下,中国跨境园区建设也将迎来新一轮的黄金发展期。共建"一带一路"总体布局的关键任务是全力推动合作项目的积极进展,而跨境园区就是项目落地的重要载体。2014 年 12 月 29 日,商务部在一年一度的全国商务工作会议上提出要将境外经贸合作区建设为"一带一路"的重要承接点,并预计在"一带一路"沿线 23 个国家投入建设 77 个合作区。"一带

① 《商务部召开例行新闻发布会(2020 年 8 月 20 日)》,http://www.mofcom.gov.cn/article/ae/ah/diaocd/202008/20200802994433.shtml。

一路”部分沿线国家经济发展水平还相对落后，对引进外资推动本国工业化进程、实现互利共赢合作的愿望日趋强烈。通过跨境园区的建设，可以充分发挥中国与沿线国家的比较优势，依托中国的产能、资金、技术、经验等优势与东道国的资源、市场、劳动力等优势，促进经济要素有序流动，协助打造东道国的特色产业体系，在契合对方工业化发展需求的同时，带动国内产业结构的转型升级，促进高效顺畅的区域价值链连接，从而使中国与沿线国家利益更加融合、合作更加紧密。然而，“一带一路”发展机遇期的到来，也为跨境园区建设提出了新要求、施加了新压力。跨境园区建设在这个重要的转折关口，应该从更高层次、更大规模的角度出发，将“一带一路”沿线国家资源禀赋、产业基础、投资环境、发展诉求、合作意愿统筹考虑，明确跨境园区建设的重点国别及其主导产业，按照分类施策、因地制宜的思路布局规划跨境园区发展，引领园区的合理布局和可持续发展。

这一阶段，中国政府对跨境园区的管理模式开始创新，由直接干预转向发挥企业和市场在跨境园区建设中的关键主体作用。在2006—2012年的6年间，中央政府制定并实施了系统的国家境外经济贸易合作区建设计划，并相继配套出台多项政策措施，形成了以政府推动为主导的中国跨境园区建设模式。“一带一路”倡议发出后，随着国家简政放权的大形势推动，商务部放弃了招标考核的建区审批管理模式，调整为由商务部制定公布建区标准，企业达到标准后提出申请，经商务部考核验收后成立合作区。从侧重管理扶持企业逐步转向指引服务企业，这一管理模式转变使得跨境园区的建设更加市场化，也为中国“一带一路”倡议的落实提供了更多的支撑点。为此，2013年商务部、财政部联合颁布的《境外经济贸易合作区确认考核和年度考核管理办法》，按照加工贸易制造型园区、资源利用型园区、农业产业型园区、商贸物流型园区等不同类型的建区标准，重新审核原有19个海外园区，取消中途夭折或发展停滞的园区补贴。2015年商务部出台《境外经贸合作区服务指南范本》，从信息咨询服务、运营管理服务、物业管理服务以及突发事件应急服务四个方面提升跨境园区的服务能力和水平，推动高质量发展。2017年，商务部制定对外投资合作“双随机一公开”监管工作细则，深化对外投资合作管理体制改革，进一步规范对外投资合作事中事后监管。2018年，发改委、商务部等28部门联合发文《关于加强对外经济合作领域信用体系建设的指导意见》，旨在加快推进对外经济合作信用记录建设，规范对外经济合作秩序，提高对外经济合作领域参与者的诚信意识，营造良好的对外经济合作大环境。此外，大力开展公共信息服务与平台建设,通过完善的国别产业指引、境外投资指南,加强引导合作区制定科学合理的产业发展规划。

国家层面对于海外产业园区的顶层设计日臻成熟的同时,各地政府也纷纷将建设跨境园区列入落实"一带一路"倡议的重点任务。许多地方着手有计划地对跨境园区整体发展进行系统性规划,促进跨境园区工作机制建设。江苏、山东、浙江、安徽、湖南率先开展省级境外经贸合作区考核认定;河南、浙江设立专项资金鼓励省内企业建立境外合作区;辽宁、浙江、山东、江苏牵头成立了多家国家级境外经贸合作区,升级境外经贸合作;江苏加大"走出去"企业在税收方面的优惠力度;浙江引导建立地方性的海外产业投资基金,拓宽建区企业和入区企业的融资渠道;山东对企业进行境外合作区建设前的考察研究、勘探设计、合同费用等环节产生的费用进行补贴;宁夏、广东、黑龙江举办招商推介和投资促进活动,加大境外合作区的招商引资宣传;厦门建立多处海外联络处,进一步增强与不同国家的交流协调机制①。

(二) 中国跨境园区服务"一带一路"路径探讨

中国"一带一路"跨境园区建设是一项理论与实践紧密结合的重大工程,不仅应在规划建设、资源利用、市场开拓、服务完善等环节上科学谋划实现高质量发展,也需要加强相关的学术研究和理论支撑,为"一带一路"跨境园区可持续发展提供明确导向。这一阶段学者们侧重于剖析跨境园区的合作现状,发现问题并提出解决途径。

"一带一路"倡议发出以来,中国跨境园区发展已经初具规模,步入良性循环的发展轨道。跨境园区已经成为中国对外直接投资的重要名片,是推动国际产能和装备制造合作的重要平台和载体,推动产业链向外延伸,集聚效应初步显现,建立起了合作共赢开发利用境外能源资源的有利方式,承担社会责任的同时树立了大国形象②。跨境园区已经完成了从经贸合作载体到战略合作平台的功能转型、从圈层扩散到梯度扩展的布局转变、从嵌入带动到集群联动的模式转换,形成了加工制造型、资源利用型、农业开发型、商贸物流型、技术研发型、多元综合型等多种功能定位的跨境园区。

中国"一带一路"跨境园区在取得进展的同时,不可避免地会出现一些问题。在认识分析园区各种问题的基础上规范引导各种功能的跨境园区建设,

① 付江:《境外经贸合作区现行支持政策分析》,《中国经贸导刊》2020 年第 7 期。

② 邹昊飞、杜贞利、段京新:《"一带一路"战略下境外合作区发展研究》,《国际经济合作》2016 年第 10 期。

是“一带一路”建设中亟待解决的理论和实践问题。“一带一路”沿线国家涉及范围广，各个国家之间政治环境复杂、经济社会特征迥异，存在多重风险，包括东道国政局变动、政府法规政策等政治风险，企业投融资和交易过程中的经济风险，兼容自身发展和区域发展的社会文化风险，以及园区建设运营中的市场风险。这些风险的产生与顶层设计管理机制的配套措施缺乏、企业前期战略规划不明确、区位选择不恰当、商业模式和运营管理不明确、发展要素集聚不充足等有关。同时，跨境园区建设中还存在建设苗头过热，盲目投资建厂的急躁现象，认识理念误区亟待克服。基于中国跨境园区的建设经验，应对“一带一路”跨境园区风险，应秉持创新、协调、绿色、开放、共享的新发展理念，推动中国跨境园区转型升级①。从中国角度来看，应加强海外园区战略规划、统筹推进，由国家相关部门牵头实施具有战略或示范意义的海外园区，探讨建立开放包容性园区发展模式。从东道国角度来看，应深入研究分析东道国现有境外经贸合作区的成功案例及其发展经验，发挥东道国企业的市场主体作用，促进跨境园区经济动机与产业发展定位的有序转换与融合，协调多方共同发展的区域经济平衡格局。从企业角度来看，境外经贸合作区内的入驻企业应该优先打造一个互补性的产业公共服务集群，明确园区的主导产业，设立上下游供应链产业并构建完善的产业公共服务体系，对企业的投资方向进行政策引导，纠正园区先导优势产业过于超前的问题，提升园区与入区企业之间的服务关联度。这些对策建议对于推动中国跨境园区建设、促进中国企业“走出去”开展投资具有重要意义，也有助于跨境园区积极参与“一带一路”建设，推动“一带一路”倡议的发展。

二、中国跨境园区的转型发展实践

近年来，全球经济疲软，国际市场需求持续低迷，“一带一路”沿线国家成为中国跨境园区建设的重点投资对象。截至 2019 年底，中国共建立了 113 个跨境园区，其中有 82 家位于“一带一路”沿线国家，为当地创造了将近 30 万个就业岗位，给各国带去了充分的发展机遇，也使普通民众有了明显的参与感、获得感和幸福感②。在中国政府的科学统筹规划下，企业和市场在中国“一带一路”跨境园区建设中日益发挥着关键主体地位，在继续深耕国际产能与装备

① 刘志成：《境外园区服务“一带一路”建设的战略思考》，《开发性金融研究》2018 年第 5 期。

② 《推动“一带一路”实现高质量发展　六廊六路多国多港合作格局形成》，http://world.people.com.cn/n1/2019/0419/c1002-31039502.html。

制造、能源资源综合开发利用以及农业资源生产加工园区建设的同时，创新打造商贸物流节点体系、技术性创新与研发基地等形式，推动境外园区开始向多元化、高级化趋势发展。以下按照中国"一带一路"跨境园区中商贸物流园、科技合作园这两种主要创新形式，选取具有代表性的跨境园区进行介绍。

（一）中国跨境商贸物流园区

1. 匈牙利中欧商贸物流合作园

中欧商贸物流合作园是中国在欧洲建设的首个国家级境外经济贸易合作区和首个国家级商贸物流型境外经贸合作区。2012 年，在中国企业"走出去"、外贸出口结构性转变的大背景下，根据国家商务部统一部署，由山东省政府承建、山东帝豪国际投资有限公司投资 2.64 亿美元建设中欧商贸物流园区。中欧商贸物流园区占地 0.75 平方千米，建筑面积 48 万平方米，位于欧洲"一带一路"重要节点国家匈牙利首都布达佩斯，距布达佩斯首都国际机场 35 千米，紧邻交通枢纽 M3 高速公路，距市中心 15 分钟，具有十分优越的区位优势。匈牙利政府依托欧洲中心的优越区位条件，制定了将本国打造成为欧洲物流枢纽中心的国家发展规划，不断在航空、物流、工业制造、金融、旅游等多个行业加大对外合作力度。目前该园区基本完成"一区三园"的布局建设，已建设完成匈牙利中国商品交易展示中心、切配尔港和德国不莱梅港物流园，集商品展示、运输、仓储、集散、配送、信息处理、流通加工等功能为一体，逐步建立起了商贸、物流两大平台，为进入欧洲的中国企业服务。园区目前已吸引来自中国和欧洲的 134 家企业入驻，提供了 650 个就业岗位。目前园区物流强度能力达到 129.44 万吨/平方千米·年，每年带动货物进出口贸易额 2.45 亿美元①。

中欧商贸物流合作园区作为一个民营企业运营和管理、一个市场运作的境外合作区，致力于把务实的经营理念传递给园区企业，构建一个服务、务实、融合、发展的园区平台。招商原则定为"企业为主体、政策支持、市场化运作、内商外商一齐招"，通过搜集企业信息，完善潜在入区商贸、物流服务企业数据库，整合各方资源，通过商品会展、招商会、座谈会、经贸洽谈会、境外园区工作会议及产业专题会议等方式，有计划、有步骤、有目的地开展招商②。企业进驻后，可以享受到园区在货物进出口、报关商检、仓储、物流配送、金融等全流程服务，通过各类营销活动积极为入区企业提供商机、扩大贸易额，降低国际化

---

① 《中欧商贸物流合作园区官网介绍》，http://www.cecz.org/menu_1.html。

② 《匈牙利中欧商贸物流合作园区》，http://www.cocz.org/news/content－253952.aspx。

运作成本和风险成本。

2. 易单网“跨境电商+海外仓”项目

易单网(okorder.com)是由中国建材集团的中建材国际贸易有限公司通过整合出口供应链资源,将生产、报关报检、出口结算、跨境物流、保险金融各环节集中在跨境电商平台上而打造的外贸综合服务平台。中建材国贸2016年被纳入外贸综合服务试点企业,以助力探索有利于外贸综服企业发展的管理模式。基于中国跨境电商巨大的市场潜力,传统外贸企业纷纷转型跨境电商平台与供应链整合方向,对于跨境电商企业来说,物流和仓储是其必须攻克的要点,2011年易单网“跨境电商+海外仓”的全新外贸综合服务模式应运而生,这是对中国传统跨境商贸物流园模式的创新。易单网跨境电商平台聚焦材料与设备行业,包含1 500个品类、20多万件产品,并与国内3万多家工厂合作,为全球客户提供一站式采购服务,国外买家可以在易单网搜索所需产品、确认需求、进行在线询价、谈判、确认订单、跟踪物流运输等,易单网依托分布于全球的海外仓,实现产品快捷运输配送,以及高效的售后服务。根据不同业务,易单网可为客户节约30—90天运输时间,并缩短资金占压期,增加产品的国际竞争力①。海外仓在这种全新模式下发挥着越来越重要的作用,从简单的本地化仓储、本地化配送等基础功能不断完善为一个集海外仓储、平台贯通、资源共享、人才培养等功能于一体的指挥平台,预计在2021年建设完成100个海外仓②,重点布局在“一带一路”沿线国家,为中国制造企业在“一带一路”沿线国家发展业务提供便利服务。中建材易单网的建立,也将会引领越来越多的传统贸易公司以及境外商贸物流园走上科学发展的转型之路。

(二)中国跨境科技合作园区

1. 中白工业园

中白工业园坐落于丝绸之路经济带中贯通欧亚重要枢纽的白俄罗斯明斯克州,是中白共建丝绸之路的标志性工程。中白工业园区2011年正式规划建设,总规划面积112.5平方千米,截至2020年5月入园企业总数达60家,协议投资总额12亿美元。园区主导产业为电子信息、机械制造、精细化工、新材料、生物医学、大数据储存与处理等,未来将以产业化、国际化、数字化和生态

---

① 易单网:《“跨境电商+海外仓”模式 助力国内优质企业走出去》,https://baijiahao.baidu.com/s?id=1615645493133398475&wfr=spider&for=pc。

② 易单网:《海外仓重点布局“一带一路”》,http://finance.china.com.cn/roll/20160703/3794918.shtml?_da0.3849746841005981。

化为方向，以科技研发和高端产业制造为布局重点，在园区内打造中白科技成果产业创新中心。中白科技成果产业创新中心位于中白工业园一区 M2 地块，总建筑面积 18 931 平方米，建设成本 1.6 亿元人民币，2020 年 5 月 12 日投入运营①，带动中白工业园完成向科技园区的转型。不同于传统类型的跨境园区，科技园区建设有着特殊要求，相较于传统工业园在大车间内集中众多工人开展生产活动，科技园区所需的员工数量相较更少，办公环境也趋向轻松绿色以激发创意灵感。而在“一带一路”沿线国家开设科技园区，则有进一步的要求，需要以“一带一路”沿线国家合作需求、投资环境、资源禀赋、产业体系为基础，以科技园、高新区、科技机构以及企业为主体，促进产业对接，加强人才培养交流，推动产业链上下游企业形成区域空间集聚并构建价值链。根据科技部统计资料，目前埃及、蒙古、伊朗、老挝、泰国等多个“一带一路”沿线国家已经明确提出科技园区合作需求。

中白工业园科创中心的设立也充分考虑了“一带一路”沿线国家科技园区的特殊性，依托中白工业园“一带一路”优势地理位置和产业布局，打造五大功能平台进行科技产业孵化。一是项目孵化平台，引进具有产业化前景的项目及专业服务机构，对研发项目进行孵化和培育，就地转化、进入规模化生产；二是产融研结合平台，引进金融投资者、企业投资者、科技研发机构；三是展示交易平台，依托中白工业园在“一带一路”上的重要节点优势，设立展示交易中心，展示交易高精尖产品、研发成果、科技项目；四是科技合作平台，中白工业园作为高科技研发生产制造园区，是中白两国经贸合作重要抓手，园区面向国际，在发展中白合作的同时，积极推动第三方合作；五是研发项目试生产。为支持科技创新小微企业发展，进一步培育和发展中白工业园高技术产业，中白工业园开发股份有限公司发起 2 000 万美元专项资金的“星火计划”，并联合投资基金，对遴选出的高科技项目开展转向投资，加速项目孵化培育以及科技研发项目国际化的步伐。

2. 中法经济贸易合作区

中法经济贸易合作区是中国首个设立在发达国家的综合型产业园区，定位于中法科技创新合作基地。该园区由北京首都创业集团有限公司下属子企业首创置业股份有限公司于 2012 年开始建设，是《北京市推进共建“一带一路”三年行动计划（2018—2020 年）》重点推动项目，计划总投资 20 亿欧元，占

---

① 参见中白工业区官网，http://www.zbgyy.cn/cn/index_89.aspx?itemid=693。

地约 470 公顷，所在区夏斗湖市位于巴黎南 220 千米处，地处法国及欧洲地理位置中心，与欧洲各主要城市之间有着发达的交通系统。合作区以“高科技，高聚集，产业化，生态城”为主旨，将建设国际高教园(中法国际大学城)、国际创新研发园、中欧商品博览园以及相关配套设施，打造成为“一带一路”欧洲支点上集产、学、研、商为一体的一区多园式生态高科技经贸园区。法国作为欧洲传统发达国家，在航天、飞机制造、原子能等领域拥有多项世界领先的高新技术，在欧洲拥有科技园区数量与建设规模仅次于德国①。中国企业在法国开发跨境科技园，首先要学习法国科技园区的成功经验。法国有三个典型的科技园区，巴黎南部高科技工业园区、索菲亚特高科技工业园区和格勒诺布高科技工业园区。三个园区成功的关键是充分利用了大学、科研院所和企业的互动。中法经济贸易合作区以奥尔良大学为核心的中央大区教育、研发资源为依托，联合全法中国科技工作者协会，以此作为其国际创新研发园的院校和科研两大支柱。在招商引资环节，合作区特别为中国企业向法国政府申请扶持政策，包括税收减免政策、政府补助政策、“研发抵税”政策(即按照发生相应研发支出基数抵扣企业所得税)。此外，法国政府还为入园企业提供签证、居留便利，外籍员工家属亦可享受免费就业培训和上学的福利，进一步鼓励外商进驻园区。中法经济贸易合作区作为中国企业投资的跨境科技园区，有利于中国科技企业在“走出去”的过程中有效整合欧洲创新资源，为中国提供技术创新的平台。

中国跨境园区的实践探索历程，无疑是中国对外开放史的重要篇章。20 世纪 90 年代起，中国企业开始探索跨境园区建设经验，园区大多基于自发自用平台建设，跨境园区呈现出数量少、布局散、效益低等特征。2006 年以后，原本依托个别的、自发的企业开展的跨境园区建设被整合进国家开发的系统规划中，商务部相继出台多项配套政策措施，并制定相关建设标准，鼓励企业“抱团走出去”建立境外经济贸易合作区。这一阶段的跨境园区是以政府推动进行公共平台建设为主，步入规范化发展的深入阶段。2013 年起，随着“一带一路”倡议发出、落实及推进，中国政府开始强调企业和市场在跨境园区建设中的主体作用，给予企业在园区规划、开发、定位、建设和运营中的充分自主权并为其保驾护航。“一带一路”沿线国家的中国跨境园区的数量、规模以及效益

① 《法国科技园区探秘：中国境外科技园不走弯路》，http://chanye.focus.cn/news/2015-06-26/6224413.html。

明显增长，在"一带一路"布局中发挥着节点和引领作用，发展成为中国企业"走出去"的重要平台和有力载体。

通过对三个阶段历程的回溯，研究得出中国跨境园区的发展特征呈现如下四点：一是跨境园区功能定位的多元化、高级化，中国跨境园区早期建设大多集中在特定单一领域，以劳动密集型、资源密集型的单一制造园为主，近年来逐步向"高""新"方向拓展，大力推进跨境科技园区建设，努力实现园区功能定位的高端化、集群化；二是跨境园区发展模式的包容性、共享性，从早期的封闭式发展转向包容性、共享性发展，依据东道国产业基础建设适宜的跨境园区，在促进双方合作成功落地实现产能合作的同时，推动当地优化产业结构、增加就业机会、提升经济发展水平，立足长期扎根当地，承担企业社会责任；三是跨境园区开发主体的专业性，中国跨境园区建设从企业自建自用平台开始，到政府推动下建设公共平台，再到专业的产业园区运营商，园区开发在规划、招商、法律等环节的专业性大大提升，有效增强了事前规划论证以及事后风险防控的精准性；四是跨境园区规划开发的产城融合，早期中国跨境园区建设规划开发基本上是围绕产业主导开展，近年来更注重于园区所在地城市基建、配套服务相结合，统一规划和布局，向具有产业支撑的城市发展形态转变。回首过往，总结经验，中国跨境园区必为"一带一路"命运共同体贡献更多的中国模式、中国智慧。

第二章　跨境电子商务与新型贸易园区

人类工业生产特征、分工安排及产品形态总是随着科学技术的进步而不断演化。贸易与科技紧密相连，贸易内容、形式乃至贸易园区都随着技术的发展而不断变革。当前，建立在数字革命基础之上的第四次工业革命浪潮正在进行，新的商业模式出现并不断颠覆传统的商业模式，加速生产、消费、运输、支付乃至贸易体系的迭代升级。技术发展变革带来贸易内容和形式的变化引发贸易园区的新发展。数字经济、平台经济、共享经济等经济形态的崛起带动全球商务稳步向线上转移。互联网的普及和电子商务的渗透率逐步提升推动以跨境电子商务为代表的新型贸易方式和以数字传输为交付内容的数字服务贸易的快速发展。新冠肺炎疫情影响下，个人、企业、政府的线上化转型步伐进一步加快，数字技术与国际贸易的融合渗透不断深化。由此，关于以跨境电子商务、数字贸易为代表的贸易新形态和新型贸易园区成为探讨的热点。

第一节　新型贸易园区的发展基础和现状分析

如今，互联网、移动网络的日益普及和渗透加速了交易支付方式的革新和消费行为模式的转变，全球电子商务发展正在进入一个方兴未艾的时代。大数据、物联网、人工智能、云计算等数字科技的快速发展和应用加速了商业模式和商业竞争的深刻变革。随着数字技术的广泛使用和深度渗透，跨境电子商务在贸易领域快速崛起，并以其独特优势在引领外贸新业态和促进消费新增长方面发挥着重要作用。数字化成为国际贸易形态发展变革的新方向，而互联网的普及、跨境电子商务的发展以及数字贸易的崛起为新型贸易园区发展奠定了现实基础。

一、全球跨境电子商务发展的现状和趋势

互联网经济以及数字经济发展对几乎所有行业和商业类型带来了深刻变革。联合国贸易和发展会议(UNCTAD)提出,广义的数字经济是基于互联网数字技术的应用和服务形成的平台经济、电子商务、电子服务、共享经济等数字化经济的汇总。经济数字化推动贸易数字化,物联网、人工智能、增材制造和区块链等新一代信息技术的发展推动在线市场应运而生,智能手机、平板电脑和笔记本电脑等互联网支持设备的广泛使用和升级,促成了新市场、产品和商业模式的创新,全球范围内跨境电子商务保持高增长态势。

(一) 全球跨境电子商务的规模分析

阿里研究院的研究数据表明,从区域角度看,亚太地区是全球 B2C 跨境电子商务规模最大的地区,且维持着高速的增长势头。北美和西欧以发达国家为主,跨境电商 B2C 市场较为成熟,而中东欧/中非和中东/非洲以及拉丁美洲跨境电商市场规模较小,属于全球跨境电子商务市场的新兴市场。

表 2-1　2014—2020 全球 B2C 跨境电商市场规模　(单位：10 亿美元)

	亚太	西欧	北美	拉丁美洲	中东欧/中非	中东/非洲	合计
2014	71	73	67	6	13	5	235
2015	99	92	82	10	17	8	308
2016	144	112	98	15	22	10	401
2017	218	131	115	25	28	14	531
2018	299	156	133	37	34	18	677
2019	381	184	153	47	40	22	827
2020	476	217	177	53	45	26	994

资料来源：AliResearch。

表 2-2　2017—2023 全球零售及网络销售相关数据及预测　(单位：万亿美元)

年份	全球零售额	总额增速	全球电商零售额	电商零售增速	零售电商占比全球零售
2017	22.974	6.20%	2.382	28.00%	10.40%
2018	23.956	4.30%	2.928	22.90%	12.20%

续表

年份	全球零售额	总额增速	全球电商零售额	电商零售增速	零售电商占比全球零售
2019	25.038	4.50%	3.535	20.70%	14.10%
2020e	26.074	4.10%	4.206	19.00%	16.10%
2021e	27.243	4.50%	4.927	17.10%	18.10%
2022e	28.472	4.50%	5.695	15.60%	20.00%
2023e	29.763	4.50%	6.542	14.90%	22.00%
平均值	26.217	4.70%	4.316	19.70%	16.10%

资料来源：eMarketer；商务部：《中国电子商务报告 2019》。

eMarketer 数据显示，全球电子商务快速发展，全球零售行业电商化转型趋势明显。一方面，全球零售维持 4.7%的年均增速，而全球电商零售的年均增速为 19.7%，线上增速是线下增速的 4 倍；另一方面，零售电商占比全球零售总额比重不断上升，预计 2022 年跨境电商在全球零售电商销售额占比达到 20%。全球电子商务持续发展带动的数字化转型趋势显著，网络购物已经成为全球居民的重要消费方式。

（二）全球电子商务发展基础条件改善

麦肯锡 2020 年 8 月 28 日发布的《中国跨境电子商务研究白皮书》指出，互联网为跨境交易的实现提供了高效、便捷、经济的桥梁。随着安全支付、跨境物流、订单追踪等支持性技术的发展，全球电子商务市场呈现指数级增长，预计 2021 年全球跨境电商交易额为 1.25 万亿美元，是 2016 年 4 000 亿美元的 3 倍多。国际电信联盟（ITU）发布的数据显示，2019 年全球网民渗透率为 53.6%，网民总数为 41 亿人。其中以发达国家为主的欧洲、美洲和独联体的互联网普及率普遍超过 70%，其中欧洲的互联网普及率高达 82.5%。以发展中国家为主的亚太地区和阿拉伯国家的互联网普及率在 50%左右，而非洲的互联网普及率为 28.2%。在支付领域，随着互联网尤其是智能手机的日益普及，智能设备与日常生活、工作和消费习惯的结合愈发密切，电子钱包、移动钱包接受度和使用度不断提升。Worldpay 发布的全球支付报告显示，北美、拉美、亚洲、欧洲、中东地区电子支付整体趋势向好，人们支付偏好正在改变，以适应支付便利的需求。但是电子支付发展的不平衡性不容忽视。例如，非洲地区有支付转型的方向，但是该地区存在固有且不可忽视的“数字鸿沟”挑战：网络基

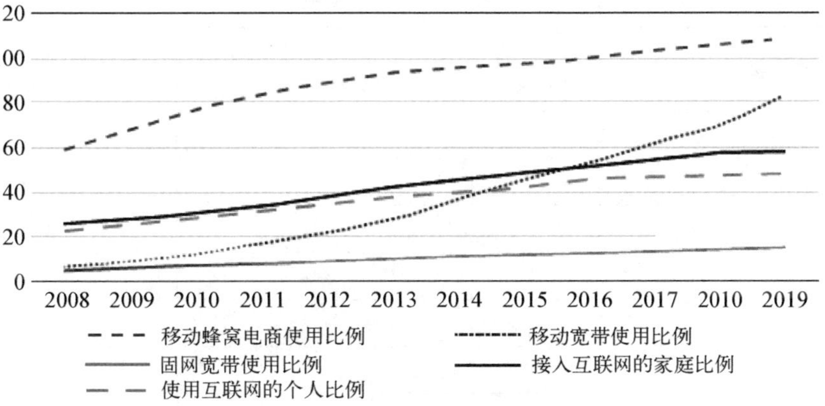

图 2-1　2008—2019 全球信息通信技术发展变化情况

资料来源：ITU；商务部：《中国电子商务报告 2019》。

础设施落后、大量民众缺乏基本的银行账户、缺乏支撑电子商务发展的基础。

数字技术的兴起和发展为跨境电子商务和贸易的数字化发展提供了动力。电信服务，尤其是互联网构成了电子商务和跨境电子商务的关键支柱，而互联网速度、容量的增加、使用成本的降低使得互联网平台成为公司不可忽视的运营领域。国际电信联盟（ITU）的统计数据显示，2019 年全球移动宽带的渗透率为 83%，并继续呈现持续增长的势头。数字技术的迅速发展大大提升了网络的速度、质量、传输能力和性价比，使得生产者、销售者和消费者跨境链接更为便捷。智能手机、平板电脑和笔记本电脑互联网支持设备的广泛使用使得消费者全球购买商品和服务的需求迅速崛起，市场的地理边界变得模糊。企业的数字化转型也迫在眉睫，思科（Cisco）发布的 *ZK Research* 白皮书指出，数字化转型几乎成为所有企业的关键计划。一家发展成熟的零售企业可以通过一系列小的举措逐渐实现业务转型，这些变革既不会中断业务，又可以快速实施。因此尽管全球各地的政治、经济、语言、文化、监管和基础设施差异巨大，但无论供给端的企业还是需求端的消费者，均已经意识到数字化发展对生产与消费领域带来的变化与革新。

（三）全球主要国家电子商务发展趋势分析

全球移动支付正在世界各地日益普及。全球支付服务提供商 Worldpay 发布的《2020 年全球支付报告》显示，电子钱包和移动钱包因其便利性和安全性，正逐渐成为电子商务支付的首选支付方式。

表 2-3 世界主要国家电商增长率和营业额预测

国 家	2019—2023 电商复合年增长率	2023 年电子商务占交易总销售额的比例	2023 年电商营业额(亿美元)
尼日利亚	26%	5%	80
阿根廷	19%	9%	160
印度	19%	7%	970
印度尼西亚	19%	7%	330
土耳其	19%	9%	300
南非	18%	2%	70
越南	17%	8%	180
智利	16%	6%	100
马来西亚	16%	5%	110
菲律宾	16%	3%	70
阿联酋	14%	6%	220
中国	13%	10%	25 500
墨西哥	12%	5%	340
韩国	12%	9%	1 220
巴西	11%	4%	420
俄罗斯	11%	2%	520
西班牙	11%	10%	750
加拿大	10%	9%	890
哥伦比亚	10%	4%	80
芬兰	10%	17%	200
意大利	10%	7%	530
挪威	10%	18%	310
秘鲁	10%	12%	50
瑞典	10%	19%	470
泰国	10%	12%	440
澳大利亚	9%	6%	470
比利时	9%	9%	190

续表

国　家	2019—2023 电商复合年增长率	2023 年电子商务占交易总销售额的比例	2023 年电商营业额（亿美元）
丹麦	9%	19%	310
法国	9%	13%	1 650
波兰	9%	6%	190
美国	9%	11%	13 520
德国	8%	10%	1 380
爱尔兰	8%	10%	130
荷兰	8%	14%	400
新西兰	8%	9%	60
新加坡	8%	5%	80
英国	8%	18%	3 200
日本	7%	10%	2 280

资料来源：Worldpay：《全球支付报告：人类与支付之路》。

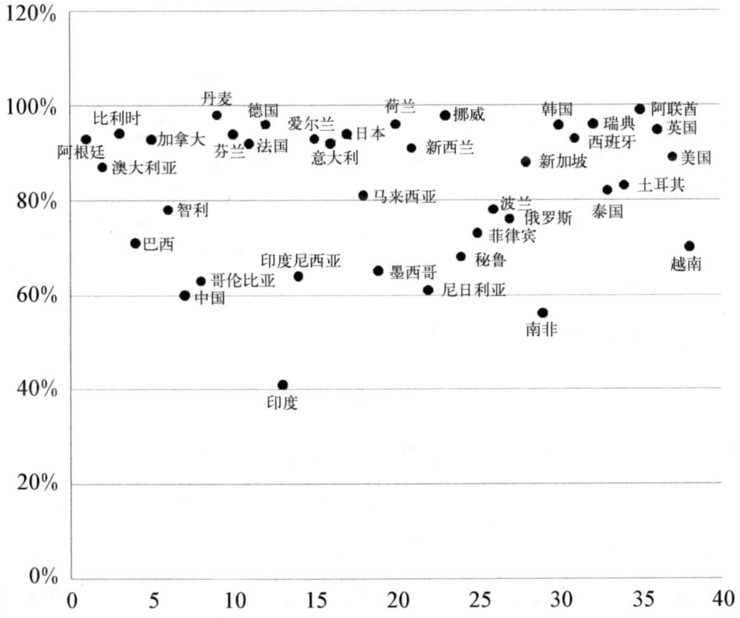

图 2-2　2019 年世界主要国家互联网普及率

资料来源：Worldpay：《全球支付报告：人类与支付之路》。

分国别来看,以美国、英国、澳大利亚、瑞典、挪威、新加坡、日本等为代表的主要发达国家互联网普及率普遍超过85%,剔除儿童和老人,几乎已经达到全民普及的程度。以中国、印度、巴西、越南、印度尼西亚等为代表的发展中国家互联网普及率分布在40%—80%区间。对比发达国家的互联网普及率,发展中国家还有进一步上升的空间。中国互联网信息中心(CNNIC)2021年2月发布的《第47次中国互联网络发展状况统计报告》显示,截至2020年12月,中国互联网普及率为70.4%,网民规模为9.89亿人,网民中使用手机上网的比例为99.7%,近10亿的网民规模构成了全球最大的数字社会。

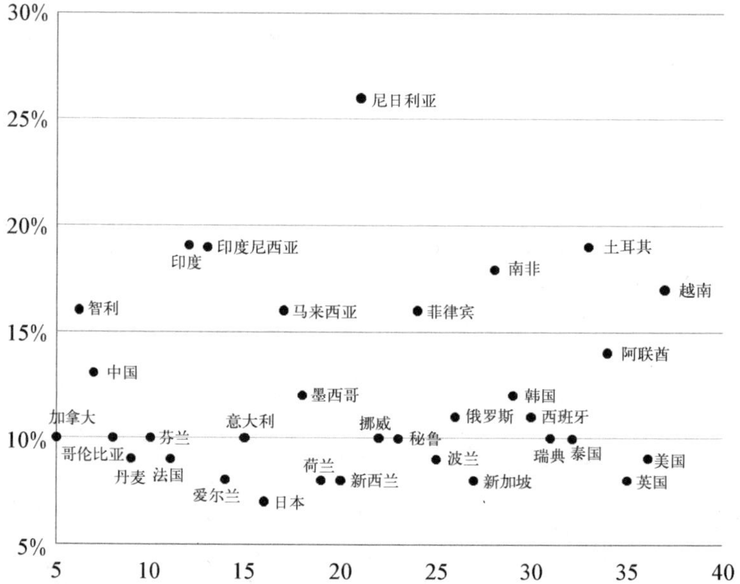

图2-3 2019—2023年主要国家电商复合年增长率预测

资料来源:Worldpay:《全球支付报告:人类与支付之路》。

2019—2023年主要国家电商复合年增长率预测数据显示:一是发达国家虽然互联网普及率高,但电商复合增长率普遍低于10%;原因是虽然以美国、英国、法国、丹麦、荷兰、意大利等为代表的发达国家网络基础设施较为完善,但传统的线下消费惯性、劳动力成本、物流配送成本和配送效率等因素限制了电商的发展潜力,尤其是较高的劳动力成本与较低的人口密度和社区分布对物流造成挑战。二是以中国、墨西哥、韩国等为代表的电子商务发展已经初具规模,随着基础设施进一步普及和网络质量的提升,电子商务市场将继续稳步推进。三是以马来西亚、菲律宾、印度尼西亚、越南等为代表的东南亚国家，电子商务市场具有巨大发展潜力。其中，印度尼西亚是全球第四大人口国，拥有东南亚最大市场；马来西亚的经济持续增长，菲律宾和越南也不断加大互联网基础设施建设，积极拥抱电子商务发展趋势的到来。2020 年 11 月 15 日，东盟与中国、日本、韩国、澳大利亚、新西兰签订了区域全面经济伙伴关系协定（RCEP），宣告了世界上经济规模最大的自贸区形成。该协议的签署对于东亚地区的区域一体化和产业链的对接具有重要意义，而拓展数字贸易、跨境电商等新领域合作也是合作的重要组成部分。RCEP 协定文本第十二章电子商务条款中强调促进缔约方之间的电子商务发展，从信息共享、经验分享、电子认证和电子签名法律法规建设、参与多方论坛等方面促进各国电子商务的发展。这将有利于为 RCEP 缔约国的电子商务营造良好的环境和发展空间。

二、中国跨境电子商务发展的现状和趋势

跨境电子商务作为一种新型贸易方式，是电子商务贸易模式的跨国界延伸。随着跨境电子商务的快速发展，其在外贸领域从“新业态”转向“新常态”，成为外贸领域的重要支持力量和活力来源。2019 年 9 月 22 日国务院办公厅印发《关于以新业态新模式引领新型消费加快发展的意见》，指出以网络购物、移动支付、线上线下融合等新业态新模式为特征的新型消费迅速发展，未来将推动电子商务、数字服务等企业依托新型消费进行“数字出海”，开拓国际市场。

（一）中国跨境电子商务发展阶段回顾

科技在促进跨境电子商务发展方面扮演着重要角色。马述忠根据跨境电子商务线上化程度、平台功能延伸程度和数据沉淀程度把中国跨境电子商务划分为萌芽期、成长期和成熟期三个阶段。考虑到当前数字化、网络化、智能化发展趋势仍在推进，跨境电子商务将逐步延伸到数字贸易，使得数字贸易的范畴和内涵处在不断扩大的动态变化中①。因此本章提出跨境电子商务的四个阶段：萌芽期、成长期、成熟期和变革期。

1999 年阿里巴巴国际站的成立标志着中国跨境电子商务进入萌芽期。传统线下贸易首次与互联网技术结合并发生新突破，借助互联网的信息连接和

① 马述忠、潘钢健：《从跨境电子商务到全球数字贸易——新冠肺炎疫情全球大流行下的再审视》，《湖北大学学报（哲学社会科学版）》2020 年第 5 期。

展示功能,从事跨境贸易的交易双方通过跨境电商平台上展示的信息撮合交易。在跨境电子商务1.0阶段,跨境电商平台的功能定位体现为通过提供信息服务撮合交易。交易模式为单一的B2B。

2004年敦煌网的成立标志着中国跨境电子商务发展进入成长期,也被称为跨境电商2.0阶段。在该阶段,以敦煌网为代表的跨境电子商务平台在信息展示的基础上拓展了“线上交易”功能,交易流程虚拟化和线上化的成本优势和效率优势开始展现。跨境电子商务的模式扩展为B2B和B2C。为了推进B2C交易的便捷性,与之配套的支付体系、物流体系和外贸综合服务体系逐步对接融合跨境电子商务平台。

2015年阿里巴巴国际站的信保业务上线意味着中国跨境电子商务发展进入成熟期。随着大数据、人工智能、物联网为代表的支持型和通用型技术的发展,该阶段跨境电子商务平台具有展示信息、交易和后续服务的全链条功能,此外,大数据分析、精准定位、个性化营销和用户生成导流的全方位外贸服务生态链已经形成。平台兼具交易服务、物流服务、金融服务、品牌管理、营销管理、数据服务、客户管理、企业管理、大数据服务等功能。该阶段的跨境电子商务交易模式随之扩展为B2B、B2C和B2B2C。

2019年,随着互联网技术、大数据、人工智能、区块链、云计算等技术的进一步深化发展,贸易方式的数字化与贸易产品的数字化呈现相互交织的特点。该阶段跨境电子商务不仅仅表现为贸易方式的数字化,数字技术的进步使得全球范围内传送数字化产品和服务成为可能,跨境服务贸易的拓展推动数字贸易时代到来。数字贸易更为强调通过互联网传递产品和服务,而随着在线服务市场的发展,涉及跨境数据流动的产品和服务也被囊括其中。数字技术大大降低了贸易过程中的信息搜集、匹配、跟踪和交易成本。国际贸易从单一的贸易方式数字化走向贸易方式和贸易内容数字化齐头并进,从单一物理流动走向物理流动和数据流动并重,代表着互联网技术的发展深化为对贸易方式和贸易内容的又一次变革①。

(二)中国跨境电子商务的发展现状分析

中国的跨境电子商务从2016—2019年维持年均51.73%的年均增长率,依然处在迅猛增长的阶段。中国跨境电商进出口规模及增速依然维持着高速

① 目前关于数字贸易的概念、内涵和统计依然处在探索阶段,因此本课题只在发展趋势上进行简要的探索,不做详细的定义区分。

增长，其中进出口总额从 2015 年 360.2 亿元增加到 2019 年的 1 862.1 亿元，5 年增加了 5 倍。跨境电子商务平台不仅是国产品牌出海参与国际市场的新方式和新通道，也是国外品牌进入中国市场的重要路径。

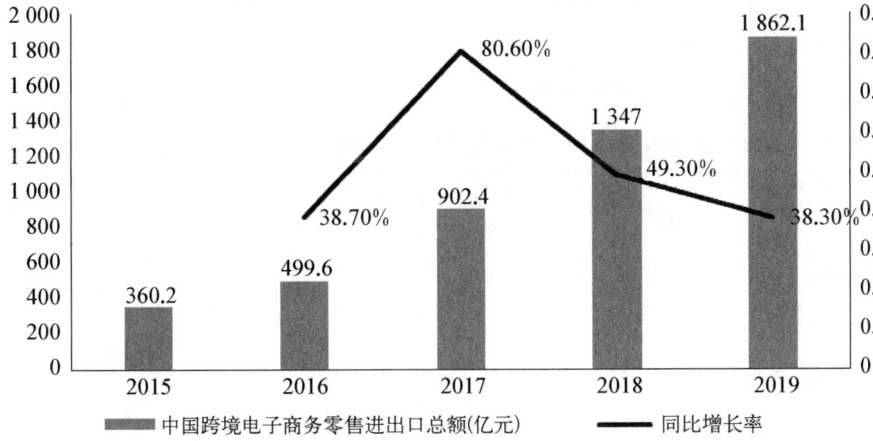

图 2-4　2015—2019 中国跨境电子商务进出口总额

资料来源：海关总署：《中国电子商务报告(2019)》。

从跨境电子商务进口地区看，来自亚洲、欧洲、北美洲和大洋洲的跨境进口货物占总进口比例近 90%。主要的进口原产国为日本、美国、韩国和澳大利亚、德国、法国、新西兰、英国。从跨境电子商务进口品类看，化妆品、粮油食品、日用品和服装针织品占跨境电子商务进口比重为 80.4%。麦肯锡 2020 年 8 月发布的《中国跨境电子商务市场白皮书》指出，以网易考拉、亚马逊海外购、阿里全球速卖通等为代表的综合服务跨境电商提供的产品可得性和购买便捷性激发了消费者购买潜力，释放了消费者的购买需求；较为宽松的市场监管环境和海外原产地价格优势使得跨境电商的报价具有很大的吸引力。海关总署 2021 年 1 月 14 日发布的数据显示，在新冠肺炎疫情影响下，2020 年中国跨境电子商务进出口总额为 1.69 万亿元，同比增长 31.1%。随着中国加快形成国内国际双循环相互促进的新发展格局，跨境电子商务将成为中国稳定外贸发展的重要力量。

(三) 作为新业态的跨境电子商务是未来重点发展的方向

"互联网+外贸"的贸易新业态引起了中国政府各级部门的高度重视，为顺应线上线下融合发展的趋势，从 2004 年开始中国陆续出台一系列电子商务领域的政策，从法律法规层面引导和支持电子商务的发展。目前中国已经出台近50份有利于跨境电子商务行业发展的政策法规，颁发部门涉及全国人大常委会、国务院、发改委、商务部、财政部、工业和信息化部、生态环境部、农业和农村部、人民银行、海关总署、质检总局、税务总局、市场监督总局、药监局等政府部门，内容涉及互联网交易主体立法、互联网交易环境立法等框架性的制度，也包含税收支付政策、通关政策、海外仓政策等辅助性的政策，在管理和服务方面支持跨境电子商务的发展。

表2-4　2015—2019年中国电子商务发展季度指数

时　间	总指数	企业成长指数	渗透指数	消费者参与指数	环境指数
2015第1季度	102.9	103.3	121.2	102.5	107.6
2015第2季度	103.5	104.5	134	106	112.2
2015第3季度	105.3	105	134.7	111	114.2
2015第4季度	106.8	105.8	136.7	116.3	116.6
2016第1季度	112.3	105.3	130.4	119.9	116.8
2016第2季度	113.8	106.8	148.5	122.8	122.9
2016第3季度	115.7	107.1	146	125.9	123.5
2016第4季度	118	108.4	154.3	129.9	127.5
2017第1季度	118.8	107.9	152.7	128.7	126.8
2017第2季度	120	108.9	164.4	130.4	130.7
2017第3季度	122.1	109.1	159.7	130.2	129.9
2017第4季度	123.9	110.9	174.6	133.2	135.3
2018第1季度	124.6	110.1	175.5	134.5	135.8
2018第2季度	125.4	110.9	185.9	136.5	139.3
2018第3季度	126.8	111.3	179.5	136.1	138
2018第4季度	128.2	112.6	186.9	136	140.5
2019第1季度	128.7	111.7	183.5	134	139
2019第2季度	129.8	112.5	193	136.4	142.5
2019第3季度	130.8	112.5	180.9	136	139.5
2019第4季度	131.5	114.2	194	138.8	144.2

资料来源：电子商务公共服务网，https://dzswgf.mofcom.gov.cn。

其中：成长指数反映网络零售企业自身成长发展情况，由网络零售企业数量、销售规模、营业收入、资产规模、从业人员等细分指标构成。参与指数反映居民消费渠道变化情况，由网购活跃用户比例、人均消费额、用户在线情况等细分指标构成。渗透指数反映线上线下融合水平提升情况，由网络零售企业数量、销售规模、营业收入、资产规模、从业人员等在零售行业中占比等细分指标构成。环境指数反映网络零售发展外部支撑环境改善情况，由固定互联网宽带使用情况、移动互联网使用情况、全国居民人均可支配收入、快递业务量等细分指标构成。

作为全球第二大经济体，中国电子商务依然处于迅速发展阶段，企业成长指数和消费者的参与指数依然在稳步提高。腾讯研究院发布的《2018 中国“互联网＋”指数报告》指出，数字技术在经济领域的渗透率不断提升，估算出 2017 年全国数字经济体量为 26.70 万亿元人民币，较去年同期 22.77 万亿元增长 17.24％。数字经济占国内生产总值(GDP)的比重由 30.61％上升至 32.28％。2019 年 11 月 19 日，中共中央、国务院发布《关于推进贸易高质量发展的指导意见》，第五条“培育新业态，增添贸易发展新动能”中具体提出促进以跨境电子商务为代表的贸易新业态发展，完善通关作业、统计制度、监管管理等方面的服务，促进贸易新业态发展。

三、中国新型贸易园区的发展情况梳理

互联网作为天然的信息媒介已经对贸易内容和贸易形式产生重要的影响，以数字传输交付的数字贸易产品可以在互联网上以近乎为零的边际成本进行大量的生产和传输。面对货物贸易管理支持体系数字化以及服务贸易数字化发展的新趋势，建设与跨境电子商务等贸易新业态相适应的新型贸易园区，是适应技术变革、培育贸易竞争优势的重要举措。

(一) 中国跨境电子商务综合试验区发展情况

2019 年 11 月 28 日，中共中央、国务院发布《关于推进贸易高质量发展的指导意见》，提出“培育新业态，增添贸易发展新动能”的具体指导意见。意见提出要促进贸易新业态发展，推进跨境电子商务综合试验区建设，复制推广成熟经验做法；意见还提出提升贸易数字化水平和外贸综合服务数字化水平的要求，形成以数据驱动为核心、以平台为支撑、以商产融合为主线的数字化、网络化、智能化发展模式，推动企业提升贸易数字化和智能化管理能力。

表2-5　中国设立的跨境电子商务综合试验区

年份	数量	跨境电子商务综合试验区所在地
2015	1	国函〔2015〕44号：杭州
2016	12	国函〔2016〕17号：天津市、上海市、重庆市、合肥市、郑州市、广州市、成都市、大连市、宁波市、青岛市、深圳市、苏州市
2018	22	国函〔2018〕93号：北京市、呼和浩特市、沈阳市、长春市、哈尔滨市、南京市、南昌市、武汉市、长沙市、南宁市、海口市、贵阳市、昆明市、西安市、兰州市、厦门市、唐山市、无锡市、威海市、珠海市、东莞市、义乌市
2019	24	国函〔2019〕137号：石家庄市、太原市、赤峰市、抚顺市、珲春市、绥芬河市、徐州市、南通市、温州市、绍兴市、芜湖市、福州市、泉州市、赣州市、济南市、烟台市、洛阳市、黄石市、岳阳市、汕头市、佛山市、泸州市、海东市、银川市
2020	46	国函〔2020〕47号：雄安新区、大同市、满洲里市、营口市、盘锦市、吉林市、黑河市、常州市、连云港市、淮安市、盐城市、宿迁市、湖州市、嘉兴市、衢州市、台州市、丽水市、安庆市、漳州市、莆田市、龙岩市、九江市、东营市、潍坊市、临沂市、南阳市、宜昌市、湘潭市、郴州市、梅州市、惠州市、中山市、江门市、湛江市、茂名市、肇庆市、崇左市、三亚市、德阳市、绵阳市、遵义市、德宏傣族景颇族自治州、延安市、天水市、西宁市、乌鲁木齐市

资料来源：中华人民共和国中央人民政府网站，http://www.gov.cn/。

中国政府从2015—2020年之间陆续发布5批次设立跨境电子商务综合试验区批复的通知，先后共设立了105个跨境电子商务综合试验区，基本覆盖了全国的主要城市。面对跨境电子商务全面发展的趋势，上述批复着重强调着力在跨境电子商务企业对企业(B2B)方式相关环节的技术标准、业务流程、监管模式和信息化建设等方面的探索创新，并在北京等22个直属海关开展跨境电商企业对企业(B2B)出口试点，推进跨境电子商务便利化。跨境电子商务综合试验区所设立的城市从电子商务最为发达的杭州市开始首创试点，从沿海城市、内陆城市扩展到黑河市、德宏市等边境口岸城市。跨境电商综合试验区从单个试点走向全国范围的复制和推广。

(二) 中国与“一带一路”沿线国家的丝路电商合作情况

电子商务领域的合作是推动贸易便利化自由化的重要方式。随着“一带一路”倡议的实施，中国与越来越多的国家和地区加强了跨境电子商务的合作。2016年以来，中国已与多个国家签署电子商务合作备忘录并建立双边电子商务合作机制。中国电子商务领域合作伙伴遍及五大洲，“丝路电商”成为经贸合作新渠道和新亮点。国家层面签订电子商务合作机制和合作框架，推动电子商务作为推动两国各具要素禀赋的产品贸易的重要方式。2016—2019年，中国已经与22个国家签署了电子商务合作谅解备忘录，其中与巴西、匈牙利、哈萨克斯坦、俄罗斯、阿联酋、卢旺达、阿根廷、巴拿马和萨摩亚9个国家明确了共建电子商务合作机制，推动双方在电子商务领域的深度合作，为双方共同建设推动电子商务合作的良好环境。

表2-6　2016—2019与中国建立电子商务合作的国家

时　间	国　家	与中国签署电子商务合作谅解备忘录的国家摘要
2019.11.1	乌兹别克斯坦	双方将加强电子商务领域的政策沟通和协调，鼓励企业开展电子商务交流与合作
2019.10.20	瓦努阿图	双方将加强电子商务领域的政策沟通和协调，在企业交流、人员培训、分享最佳实践和创新经验等方面开展合作
2019.10.19	萨摩亚	双方将建立电子商务合作机制，促进优质产品贸易，进一步拓展双边经贸合作新渠道
2019.7.31	哥伦比亚	双方将鼓励企业开展电子商务交流和合作，通过电子商务推动各自国家的优质特色产品贸易
2019.3.23	意大利	双方推进地方合作和公私对话、开展联合研究和人员培训，鼓励企业开展电子商务交流和合作
2018.12.3	巴拿马	双方将建立电子商务合作机制，在政策沟通、企业对接、能力建设等方面加强合作，通过电子商务提升物流和旅游服务水平，共同加强“丝路电商”合作
2018.12.1	阿根廷	双方将建立电子商务合作机制，加强政策沟通和协调，促进地方和企业对接，通过电子商务促进优质特色产品贸易，共同加强“丝路电商”合作
2018.9.7	冰岛	未公布
2018.7.23	卢旺达	双方将建立电子商务合作机制，加强政策沟通和协调，鼓励两国企业开展电子商务合作
2018.7.20	阿联酋	双方将建立电子商务合作机制，定期开展政府层面对话，支持两国企业开展电子商务项目合作
2018.7.9	科威特	特别是通过电子商务促进优质产品及服务的进出口贸易，通过电子商务开拓中科经贸合作新途径和新领域
2018.6.8	俄罗斯	双方将建立电子商务合作机制，共同推进“丝路电商”合作。特别是通过电子商务促进优质特色产品跨境贸易，为两国中小企业提供更多的发展机会和空间

续表

时　间	国　家	与中国签署电子商务合作谅解备忘录的国家摘要
2018.6.7	哈萨克斯坦	双方将建立电商合作机制,共同推进“丝路电商”合作,促进政企对话,支持两国企业开展电子商务合作
2018.4.9	奥地利	定期开展政府层面对话,促进地方合作和公私对话,支持两国企业开展电子商务项目合作
2017.11.28	匈牙利	建立两国电子商务协调与合作机制,并在联合研究、公私对话、物流解决方案等方面开展探索
2017.11.27	爱沙尼亚	建立电子商务合作机制,加强政策沟通,积极开展电商合作
2017.11.10	柬埔寨	强政策沟通、企业合作、能力建设、人员培训和联合研究等电子商务领域的交流合作
2017.9.15	澳大利亚	双方将在政策沟通、公私对话、行业互动等方面加强交流,并将在相关国际组织中就电子商务议题开展合作
2017.9.4	巴西	双方建立电子商务合作机制,推动企业交流、专业培训、分享最佳实践等电子商务领域的合作
2017.5.11	越南	双方将在企业交流、特色产品贸易、促进公私对话、经验分享和政策沟通等方面开展合作
2017.3.27	新西兰	双方将在企业交流、专业培训等方面开展合作,通过电子商务不断提高中国—新西兰贸易便利化程度和合作水平
2016.12.22	智利	双方将加强合作,创造电子商务发展环境,鼓励两国企业开展电子商务合作

资料来源：根据中华人民共和国商务部公布的资料整理汇总。

2019 年,中国与 22 个合作机制国家跨境电子商务进出口总额为 245.7 亿元,同比增长 207.1%,进口为 102.1 亿元,同比增长 21.5%①。政府层面的合作和推动,“丝路电商”的合作框架为企业贸易合作搭建了新平台和新方式。从自贸试验区的发展趋势看,目前中国已经形成“1+6+3+7+1+3”共计 21 个自贸区,遍布全国 21 个省市,形成覆盖沿海沿江沿边的格局。推动自贸试验区与“丝路电商”合作框架的对接,为丝路电商的合作注入活力和动力。

区域贸易协定和双边自由贸易协定是推动贸易和投资合作的重要机制。目前中国已经签署了 17 个自贸协定,涉及 25 个国家和地区,13 个自贸协定处

① 数据来源：商务部《中国电子商务报告 2019》。

于正在谈判的阶段。目前正在研究的自贸区有8个，涉及哥伦比亚、斐济、尼泊尔、巴布亚新几内亚、加拿大、孟加拉国、蒙古国和瑞士，谈判中关于推动电子商务、数字贸易的议题值得重点关注。

第二节　新型贸易园区的变革与发展

21世纪以来，互联网经济空前发展使得世界经济从以实体经济为主体的工业文明时代全面进入以实体经济和虚拟经济共同构成的信息文明时代。随着互联网、人工智能、大数据等技术不断渗透到经济和社会生活的各个方面，贸易方式和贸易内容也随之改变，国际贸易的内容、模式和方式发生了质的变化。面对跨境电子商务从萌芽、发展、成熟到现在的变革期，在国内以跨境电子商务综合试验区为典型代表的新型贸易园区布局以点带面迅速扩展，引导并服务贸易新业态新模式。

一、互联网平台建设成为新型贸易园区发展方向

21世纪初，互联网在国际贸易领域以电子商务的方式开始应用，电子商务平台是互联网时代才出现的新型业态，学界对电子商务探讨集中在交易费用的降低和对贸易中介的影响。孟虎就总结了在互联网应用下国际贸易出现的发展趋势：一是产生一些以互联网为载体的新型中介，借助互联网高效便捷的信息搜集和匹配的优势，降低国际贸易市场的基础交易费用，扩大国际贸易市场；二是传统的国际贸易重新借助网络化改造，把已有的行业经验、渠道、信用和公关优势与互联网结合，经过信息化改造后的贸易中介更具有竞争力；三是从事简单信息中介服务、缺乏核心竞争力的中介随着互联网在国际贸易中的应用增加而逐步被淘汰。茹玉骢和李燕、綦建红和李丽对国际贸易中介的研究进行了细致的文献梳理工作，提出和传统贸易中介相比，互联网平台能够克服时间、地理和文化带来的跨境贸易障碍，成为国际贸易发展的重要形式。

（一）以跨境电子商务为代表的互联网平台成为国际贸易的新动能

近年来，以阿里研究院为代表的研究机构探讨了互联网平台和国际贸易之间的关系。阿里研究院指出，跨境电商零售正在发展成为国际贸易的新业态和重要组成部分，其数据显示，迅速崛起的跨境电商与传统贸易的疲软态势

形成鲜明对比,意味着跨境电商连接世界,代表着贸易的未来。网络贸易平台的出现,为国际贸易中的个体和小微企业提供了可负担的基础设施,整个社会的信息成本大幅度降低释放了小微企业的潜力,促成了分工的进一步深化和大规模协作。按照亚当·斯密的分工理论,市场扩展有利于分工的进一步深化,进而促进贸易的开展。有了网络平台连接生产和消费的渠道,小微企业依然可以发挥规模优势和分工优势。小微企业利用平台的技术、交易规则、数据、价值链基础设施参与国际市场,通过分工合作的优势参与国际竞争。

在理论层面,互联网基础上的规模经济、范围经济以及边际报酬递增特性在国际贸易中的表现愈发显著,考虑到互联网平台的重要性,学者们将电子商务平台引入 Melitz 的异质性贸易理论模型,把互联网平台作为一个外生冲击,是降低企业信息搜集成本和生产成本的重要变量。岳云嵩和李兵从理论和实证层面为互联网平台在国际贸易中的作用提供了理论支持。王维和庄尚文基于新古典经济学框架建立了理论模型分析网络平台主导贸易消费一体化的内在机理,一方面指出网络平台通过信息搜索、品类管理和广告促销等方式提高了消费者的净福利,处在网络平台的各类经济主体实现了帕累托改进;另一方面他们指出互联网平台从双边市场扩展到跨境范围时,基于网络平台的贸易和服务全球网络有利于传统产业面向全球进行生产要素的优化配置,推动创新和产业结构的转型升级。赵明亮和臧旭恒指出借助跨境贸易平台的新动能,企业可以通过电子商务的低成本快速树立品牌,向价值链高端延伸。

(二) 跨境电子商务是依托于互联网平台的交易模式

互联网发展水平、移动设备普及率、互联网经济渗透、支付的便捷性和物流的成本和效率成为影响跨境电子商务发展的重要因素。从供给端分析,提供信息撮合交易是跨境电子商务的最初阶段,目前跨境电子商务已经进入成熟阶段,即在达成交易的基础上配备支付结算,通过跨境物流运输把商品送达消费者手中。从需求端分析,对于消费者而言,随着互联网和智能手机的普及,消费者只需要在手机上下载相关购物 APP,便可以足不出户浏览和购买全国乃至世界各地的商品。

传统贸易模式链条为生产商、出口商、批发商、零售商到消费者;跨境电子商务模式加入之后,根据跨境电子商务的分类划分为以下三种模式:一是生产商、跨境电商平台到消费者的直接平台模式;二是生产商、网商、跨境电子商务平台、网商到消费者的间接平台模式;三是生产商、跨境电商平台、网商到消费者的第三方平台模式。以中国市场为例,目前跨境电子商务的运营模式除了基本的以天猫国际、京东国际、考拉海淘为典型代表的第三方平台模式和自营平台模式之外，还衍生出以洋码头为代表的直邮平台模式、以全球购为代表的代购模式和以五五海淘为代表的导购返利平台模式。无论跨境电子商务采用何种贸易模式，跨境电商兼具出口商、批发商以及零售商的角色，使得贸易流程更加扁平化，降低了交易信息的不确定性，提高了交易效率。此外，与一般贸易不同的是，作为小额交易的跨境电子商务进口可以选择直接进口模式或者保税备货进口模式。直接进口模式下消费者直接在跨境电商平台上选择和购买海外商品，此时跨境电商平台集成了采购、支付、运输、保险、通关以及后续的物流服务功能；保税备货模式下跨境电商平台批量采购商品放置于保税区的保税仓，当消费者在电商平台上发起购买订单后，商品随即从保税区清关放行，邮寄至消费者手中。

（三）互联网平台的网络影响力决定了新型贸易园区的地位

面对数字传输交付的贸易标的逐渐增加，某些行业实体基础设施的作用有所下降而数字基础设施日益成为贸易的核心，数据流动和数据监管也日益重要。与传统国际贸易中直接双边贸易有所不同，跨境电子商务尤其国际大型的跨境电子商务平台呈现一种网状结构，例如，A 国开发的交易平台，B 国提供支付结算工具，C 国提供物流运输体系。基于此，新型贸易园区更为强调资源的综合配置能力，强调实体贸易网络和以科技为支撑的虚拟贸易网络相结合。传统贸易园区强调物理空间占地面积和交通便利度等有形基础设施，而新型贸易园区强调以虚拟网络来支撑实体贸易网络，虚拟贸易网络决定了贸易园区的广度和深度。面对经济要素数字化和线上线下融合发展的特征，国际贸易领域越来越表现为“非物质的全球化”，商品的实体形态“存在于”哪里已经不那么重要。对于新型贸易园区来说，具有全球资源配置能力的国际一流平台企业和物流供应链企业所能服务和辐射的范围决定了新型贸易园区的地位，其节点的重要性除却物理的运输功能之外，线上层面的“控制和影响力”同样至关重要。

二、数字贸易成为新型贸易园区关注的重点内容

从新一轮科技革命的角度观察，大数据、云计算、物联网、机器人、3D 打印、无人驾驶、无人工厂、新能源开发，凡此种种，都意味着互联网作为通用技术已经融入生活生产的各个方面，在各个领域将出现一种难以预测的革命性、颠覆性且持续进行中的变化。

(一) 数字化背景下服务贸易的内涵和外延得以提升

服务贸易在经济生活和日常生活中发挥越来越重要的作用。人们普遍认为全球化的发展趋势已经放缓,但对于服务贸易来说,2005—2017年全球服务贸易的增长速度超过货物贸易,年均增长速度为5.4%。数字化技术的发展、互联网连接和移动设备应用普及,使以前需要面对面进行交付的服务现在可以通过远程交付方式进行交易,服务的可贸易性得以提升,服务的贸易范围得以扩展。按照《服务贸易总协定》的定义,服务贸易主要包括跨境交付、境外消费、商业存在和自然人移动。数字技术的发展使得传统的面对面服务提供方式扩展到"数字化传输"新型服务提供方式。数字技术的发展使得服务贸易中的信息和交易成本降低。受益于数字化,服务贸易的内涵和外延得以提升,即服务贸易的集约边际和扩展边际得以提升。

一是跨境交付的扩展,通过互联网,一国的服务提供者可以直接通过网络传输的方式向任何地方(互联互通)提供服务,跨境交付的地理距离模糊化,跨境交付的服务范围得以扩展。例如随着数字化,手机银行发展的金融服务、视听服务、知识产权相关服务、法律服务、教育服务、租赁服务乃至于远程医疗服务。此外信息通信技术的发展改变了服务的性质和结构,尤其是服务行业规模经济属性使得部分服务行业的额外单位边际成本接近于零。

二是境外消费的拓展,传统的境外消费在一国境内向其他国家或地区的服务消费者提供服务,例如旅游服务等。而如今线上经济、电子支付、细分服务软件以及移动网络发展,使得消费者能够在任何地方在线订购并支付境外消费,对于旅游、酒店、餐饮行业采用线上订购支付,线下交付服务的模式。

三是对于商业存在来说,囿于需要在其他国家或地区设立附属服务机构服务当地人的定义属性,互联网对商业存在的影响更多体现为间接作用。

四是自然人移动的拓展。自然人移动的定义是一国境内的服务者为在其他国家或地区的自然人提供服务。而目前互联网的发展下,借助相关软件,需要自然人移动的服务可以直接在线"面对面"交流,尤其是新冠肺炎疫情暴发加速了在线教育和在线会议全面发展进程。移动互联网的应用降低信息搜索和匹配成本,提升了信息匹配的质量和效率。

(二) 贸易领域呈现贸易方式和贸易内容的数字化趋势

计算机技术、数字通信和信息技术管理方法领域的创新和发展日新月异,相关专利呈现指数级的增长意味着未来的应用也将大幅度增长。当前个人生活、工作、娱乐等方式的不断数据化使得企业和消费者对数字化的依赖不断增强。及时、移动和个性化数据带来的更高水平的个性化促使经济高度依赖数字化，而企业和消费者对数据化的高度依赖意味着数字化趋势具有“不可逆性”。

从企业的角度出发，“云”成为新的核心，即企业从传统数据中心向云存储中心转变。企业运营和业务的数字化程度不断提升，为了提升消费者的客户体验和消费黏性，个性化的数据互动和实时的数据采集成为企业数字化的基础能力。各行各业利用数据实现自身的转型和发展，借助新型的业务模式推动转型，创造技术变革下的先发优势。从消费者的角度，随着互联网普及率的迅速提升，消费者的工作轨迹和消费轨迹不断被数字化渗透，数字化带来的便捷性使得他们愿意进行数据交付并实现更好的个性化互动和体验。因此 IDC 预测 2025 年每个联网的人每间隔 18 秒就会产生一次数据交互，每天超过 60 亿消费者与数据发生互动。

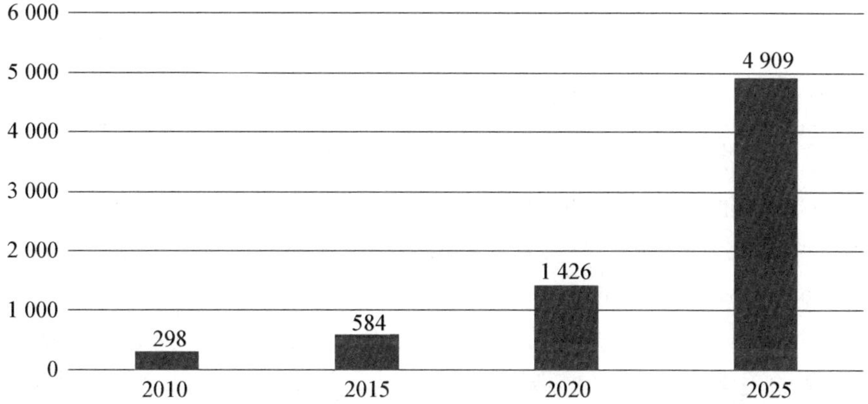

图 2－5　个人联网的每日数据互动量

资料来源：IDC 白皮书：《世界的数字化：从边缘到核心》。

经济高度依赖数字化在贸易领域表现为贸易方式和贸易内容的数字化。中国通信研究院在《2019 数字贸易白皮书》中提出，贸易方式的数字化体现为出口商的宣传推广、进口商的采购、监管部门的通关和税收服务以及外贸领域的支付和物流服务各个环节的数字化。贸易产品的物理流动产生一系列数据，而不同部门通过数字化的方式提升管理的效率，降低管理的成本，沉淀相应的大数据。贸易内容的数字化主要体现为数字化的产品和数字化服务，尤其是伴随着信息通信技术的发展和大数据、人工智能的发展，数字化贸易产品的范围不断扩展，出现“数字赋能服务”的发展趋势。

表 2-7 传统贸易与数字贸易的区别和联系

	传统贸易	数字贸易
贸易主体	不同国家间的政府、企业和消费者	
贸易原因	产业间分工、产业内分工	
关键技术	生产制造能力	信息通信技术、人工智能、大数据、云计算
贸易方式	面对面洽谈、实物交易、物理运输	信息服务、电商平台展示、网络传输
贸易内容	货物商品为主	数字化的产品和服务
贸易影响	产业发展、国际分工、价值分配、国家安全	
贸易园区	工业园区	跨境电子商务区
贸易监管	海关、检验检疫、外汇管理局	数字内容审查部门、数据流动监管部分、产业安全审查部门
贸易载体	传统运输网络	数字化平台和信息网络

资料来源：中国信息通信研究院。

技术发展推动产品和服务的改变。面对数字化、网络化、智能化的发展趋势，数字贸易在关键技术、贸易方式、贸易内容、贸易园区和贸易监管方面都与传统的贸易方式明显不同。贸易方式、贸易内容和贸易监管的不同意味数字贸易的发展对传统贸易的挑战。数据成为推动人类进步的关键新资源，也是贸易竞争的关键新要素。数字经济和数字贸易的发展改变了全球价值链创造模式。越来越多的生产制造技术被凝结于数字化的产品和服务之中。与传统的货物贸易在选择生产园区重视劳动力成本因素、土地成本和交通运输条件不同的是，数字贸易更为重视消费市场、区域内的互联网基础设施和网络渗透率、网络开放度和物流运输效率。

三、外贸综合服务成为新型贸易园区的竞争优势

2001 年加入世界贸易组织后，中国凭借劳动力、土地资源禀赋确定了出口导向型发展模式，此时外贸出口成为主要外需，而网络零售还仅仅处于萌芽状态；2008 年全球金融危机爆发导致一定程度的出口转内销，此时国内消费者开始关注消费互联网，互联网品牌化快速发展；2013 年中国提出了"一带一路"倡议，全球消费互联网进入发展新阶段，网络零售开始崛起，"中国品牌出海"提

上日程；如今，面临数字化的发展趋势，新冠肺炎疫情的冲击加速了中国的数字化转型进程。

(一) 数字化交付的产品和服务不断增加

世界贸易组织(WTO)发布的《2019 年世界贸易报告：服务贸易的未来》指出，技术的推进尤其是互联网以及相关基础设施的投入使得互联互通的情况得以改善，数字技术的发展显著降低了服务贸易的成本，全球主要国家的服务贸易壁垒总体上有所减少。按照世界贸易组织的估算，预计到 2040 年全球服务贸易将占到全球贸易比重的 50%，数字化技术的发展使得服务贸易面对面的需求度降低，这意味着服务贸易成本降低的同时，技术流、数据流以及相关的服务外包项目更容易推进和流动。

表 2-8　交易模式和交付方式的不同组合案例

交易模式	交付方式	交　易　产　品
B2B	数字交付	A 国的业务企业在 B 国平台上购买在线审计软件/金融服务/保险服务等
B2B	实物交付	A 国的电信企业在线购买 B 国的信息服务软件，并通过刻盘/优盘交付(实物)
B2C	数字交付	A 国的消费者在 B 国的平台上购买游戏/电子书
B2C	实物交付	A 国的消费者在 B 国的平台上订购酒店/餐厅等

资料来源：世界贸易报告 2018，作者整理。

互联网的发展并不仅仅影响经济的交易模式，除了跨境电子商务交易类型之外，互联网带来的数字化将影响所有的行业和商业类型。对于饮料、食品、服装、家居等零售行业来说，数字化更多体现在交易模式和支付模式领域，其本质是管理模式和支付模式的数字化。而对于信息及通信技术、计算机编程、专业科学和技术活动以及旅游、教育等服务，则需要考虑数字技术在销售中的使用和生产过程中的数字投入，本质上是服务内容和交易标的的数字化。例如软件下载、电子书、流媒体视频、数据服务等数字交付方式的数字产品。对于数字化的交易模式和交付模式而言，数字技术的应用使得交易成本大幅度降低。而对于数字化的交易模式与实物支付的模式来说，数字技术在降低跨境贸易成本的同时，货物贸易和服务贸易之间的区别越来越模糊。

(二) 一站式外贸服务成为跨境平台的核心竞争力

在线平台经济的发展，使得跨境贸易不仅具有提供信息展示、连接交易的功能,辅助性功能例如仓储、物流、电子支付、金融服务、保险服务也成为跨境电商平台的重要竞争力,并关乎消费者便捷化、一体化的服务需求和体验。因此对于跨境电商平台来说,在提供进出口代理、报关报检、物流、保险、收付汇、融资、信保、供应链管理、海外仓出口流程、国际物流服务、融资退税等基本服务的同时,“互联网+电商+贸易”的跨境电子商务平台也需要将跨境电商团队培训、社交媒体运营、外贸邮箱乃至 B2B、B2C 电商平台建设等服务纳入提供范围。商品仓储服务选择、支付结算、物流运输和货物通关环节的成本和效率都需要纳入跨境电子商务平台考虑范围。以亚马逊为例,官网显示亚马逊全球开店只需要五个步骤:一是创建卖家账户;二是上传商品图片和添加商品描述到卖家平台,发布商品开始销售;三是将商品配送给顾客(卖家可以选择亚马逊物流配送 FBA 或者自行配送);四是定期结算货款;五是根据顾客在亚马逊平台上沉淀的信息进行优化和推广商品。亚马逊平台拥有完善的物流体系,亚马逊全球物流体系提供全套跨境物流仓储服务,提供 7×24 小时专业跨境电商客服支持,遍布全球超过 175 个电商运营中心,商品可配送至全球 185 个国家和地区①。物流关系到跨境电子商务平台的效率和成本。亚马逊物流共分为五步:一是卖家发送商品至亚马逊运营中心;二是亚马逊存储并管理相应的商品;三是消费者通过购物平台订购商品;四是亚马逊对商品进行拣货包装并提供快捷配送;五是亚马逊用当地语言提供顾客服务及退换货服务。亚马逊全球开店物流(FBA)分布在北美、欧洲、澳洲、日本、新加坡和中东。

亚马逊平台提供广告打造品牌提升产品流量和转化率,助力品牌出海和成长,为卖家提供客户经理、课程培训等卖家服务。亚马逊还与当地高等院校合作,为跨境电商产业培养青年人才。亚马逊平台能够帮助企业提升商品浏览量、曝光率和转化率;而亚马逊的支付模式和物流模式能降低消费者成本,提升消费者满意度。亚马逊全球开店平台每年为卖家提供详细的战略品类和选品指南,细分领域涉及电子产品、家居用品、厨房用品、庭院用品、宠物用品、家具、工具、汽配产品、户外产品、运动产品、玩具、女装、男装、鞋靴、个护健康、美容美妆、工业品、办公及茶水间、电子科技产品、酒店餐饮和科研医疗共计 21 个详细品类。每一类选品指南阐述了详细的消费趋势变化、消费市场容量、消费市场人群画像、不同区域和国家的消费者诉求以及给卖家的参考建议。

---

① 数据来源:亚马逊 https://www.amazon.cn/。

第三节　促进新型贸易园区进一步发展的政策建议

面对当前世界发展的深刻变革，中国提出以国内大循环为主体、国内国际双循环相互促进的新发展格局。面对贸易保护主义的回头浪，中国坚持推进“一带一路”建设，坚持出口与进口并重，坚持扩大开放，坚持普惠、包容和更加开放的全球化发展方向。面对信息技术对经济全球化的影响，跨境电子商务尤其是以阿里巴巴、亚马逊为代表的综合电子商务平台的崛起，为中小企业参与国际贸易提供了机会和条件，降低了他们参与国际竞争的固定成本投入。因此推进更加普惠和包容的全球化，推进“一带一路”跨境园区发展，需要创造更多的普惠性发展和共享性发展。

一、平台角度：丰富线上化功能，助力跨境电子商务发展

2020 年新冠肺炎疫情的突然暴发和全球大流行，“大封锁”的环境下线上经济提速发展。疫情直接影响到消费者行为转变，偏重数字化、个人化互动平台建设是疫情后企业重点发展的方向。从长期来看，新冠疫情给一些行业带来负面冲击的同时，也给一些产业带来重大发展机遇，催生出新的商业模式和新业态，带来新型投资、新型消费和新的经济增长点。

（一）充分发挥大型平台企业的线上优势

当前消费已经成为中国经济的第一推动力，2019 年消费对中国经济增长的贡献率为 57.8%。目前中国跨境电商的进口渗透率从 2014 年的 1.6%上升到 2017 年的 10.2%。2017 年天猫国际消费者人数是 2014 年的 10 倍，这一趋势还将继续增长。因此需要充分发挥以天猫国际、京东自营等为代表的跨境电商平台的带动作用。面对消费者跨境消费常态化趋势，消费者对跨境物流、支付便捷性的要求越来越高，尤其是跨境物流的效率直接关系到消费者的消费体验。对于消费者来说，通过跨境电子商务购买产品体现了消费者对高品质产品和值得信赖产品的需求，而龙头跨境电商平台尤其是自营电商平台意味着更低的假货风险。阿里研究院《中国市场跨境电商的机遇》显示，海外零售商在中国的主要销售渠道中实体店的份额仅为 35%，国内电商平台、全球电子商务供应商和独立网上商城的线上渠道占比合计为 65%。

面对中国跨境进口的消费品的需求,需要进一步鼓励跨境电商平台充分发挥平台的生态化功能和集约型生产,充分发挥线上化的优势。跨境电商平台通过提升选品的质量,增加消费者的选择范围,在仓储物流、海关通过和支付结算方面进一步提升服务的便捷性。

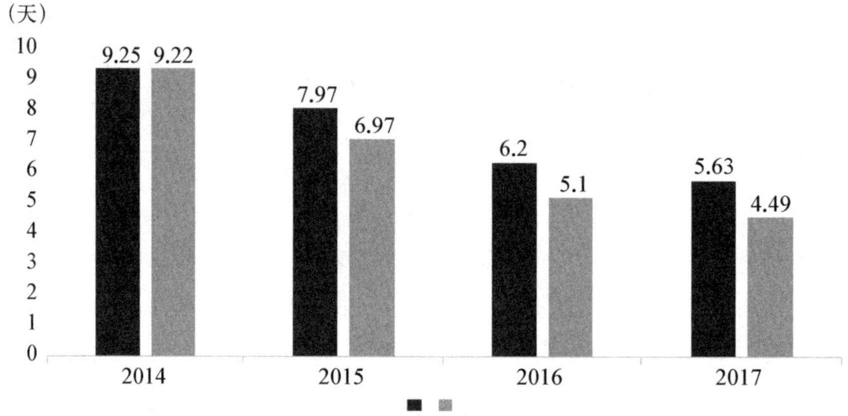

图 2-6 2014—2017 年跨境零售进口物流时效变化

资料来源:阿里研究院。

(二) 助推跨境电商平台拓展线上化边界

2019 年 2 月阿里云研究中心发布的《2019 数字化趋势报告》指出,数字化将在政务、金融、零售、农业、工业、交通、物流和医疗健康等行业深入影响人们的生活;例如机器人和 AI 技术协助政务办证和审批,数字工厂实现全产业链发展,线上线下购物实现同频共赢,政企采用"双中台"模式打破数据和信息割裂的情况,物联网+区块链将在住房、物业管理和餐饮领域全面普及和应用。

2020 年新冠肺炎疫情全球大流行和随之而来的大封锁直接冲击传统外贸行业。疫情期间居家隔离政策促使居民消费习惯从线下转移线上,线上渗透率有所提升。新冠肺炎疫情是经济数字化发展的催化剂,也是经济进一步"线上化"的加速器。在疫情影响下,线上经济展现出强力的韧性。疫情有所控制后,实物商品的网上零售维持稳定的增长,线上消费的惯性得以延续。因此,结合新冠疫情的特殊背景,跨境电子商务需要完善导流工作,提升供应链环节的线上化程度和服务质量,引导中小企业进一步线上化。此外,随着线上购物和跨境电商购物的渗透率不断提升,跨境电商平台需要不断优化购物界面,及时关注电商所在国家购物界面的趋势和习惯,提升消费者的购物体验。

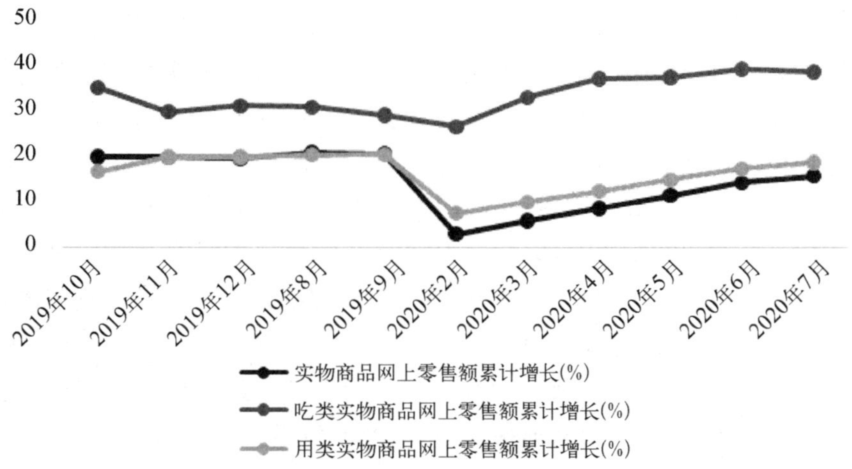

图 2－7 中国新冠肺炎疫情实物商品网上零售增长率

资料来源：国家统计局。

（三）探索建立国际新型贸易综合电子平台

与传统的贸易协定和贸易平台框架不同，依托于跨境电子商务平台的新型贸易综合电子平台是一个虚拟的平台，互联网属性决定了交易面向世界各国的买家和卖家，碎片化、小额化的交易模式和跨境电子平台的线上化方式意味着这与传统的一般贸易和加工贸易有很大差异。以世界贸易组织为核心的传统贸易框架关于跨境电子商务和数字贸易的谈判和补充略显滞后，世界上主要国家在跨境数字流动和数据监管方面依然存在争议。因此，从平台的角度，结合从普惠、包容和共赢的发展理念，构建连接中小企业的新型贸易综合电子平台成为一个重要突破点，从企业运营角度出发营造更加有效和高效的商业环境。例如以企业主导的世界电子贸易平台（eWTP），通过提供数字化操作系统和全套数字化解决方案，为中小企业参与跨境电子贸易（eTrade）提供全方位的综合服务。

二、企业角度：提升跨境贸易数字化，培育企业竞争优势

随着 3D 打印、大数据、人工智能和云计算等技术的发展，消费互联网逐步向产业互联网和工业互联网转移，制造业智能化、数字化以及服务化的发展态势明显。

（一）顺应数字化发展趋势，提升智能制造水平

借助互联网，企业内部创造价值和外部创造价值实现联通，借助大数据处

理，消费者需求的产品和服务能够进一步被挖掘并可以顺利转化成果。因此，借助“互联网＋”、物联网以及大数据产业，推进信息技术与制造技术在研发设计、生产过程、企业管理、产品流通和采销渠道等各个环节上融合应用，借助服务化实现价值创造。面对这种融合颠覆的发展趋势，全球主要发达国家推进服务型制造的过程中普遍重视利用信息技术创新商业运作和管理方式。企业是推进服务型制造的重要主体，而消费者的个性化需求能拉动服务型制造的发展。在此背景下，制造企业应尽可能地依靠信息技术，陆续对商业模式进行革新，积极促进新型服务业态蓬勃发展。大力发展先进的商业运作和管理方式，高效集成与配置较为分散化的技术、制造、管理、信息等服务资源，获取与制造有关的一系列服务，大力促进企业的设计、制造及供应链协同分工，进行精确的远程管理和客户互动参与。此外，应发展智能制造生产模式，推进数字化与智能化深度融合。应积极发展数字制造、人工智能、工业机器人、增量制造及大规模定制，持续提升制造的敏捷性与柔性，不断提高制造业产品的数字化与智能化水平。

主流经济学家已经预测新冠肺炎疫情冲击将加快全球价值链“本土化”进程。但是数字化服务贸易和智能制造领域的快速发展可以缓解制造业价值链“去全球化”的进程。建议抓住疫情期间数字经济快速发展的时间窗口，借助“一带一路”数字经济服务平台和信息产业国际合作高峰论坛两大平台，加强“一带一路”互联互通的信息产业标准体系、业务规范以及商业准则方面的交流。

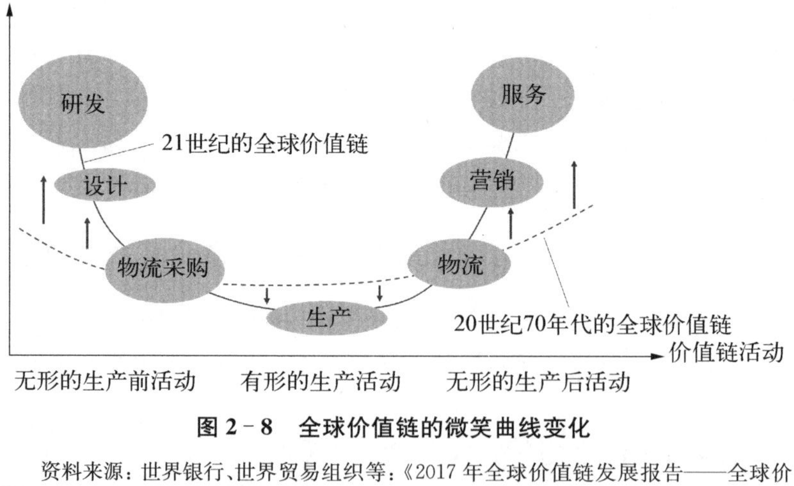

图 2－8　全球价值链的微笑曲线变化

资料来源：世界银行、世界贸易组织等：《2017 年全球价值链发展报告——全球价值链对经济发展的影响：测度与分析》，社会科学文献出版社 2018 年版，第 101—102 页。

伴随着制造业服务化与网络经济的发展，全球价值链曲线更为陡峭，这也意味着“升级”的边际效用更高，升级带来的利润更为丰厚。因此提升智能制造水平，打造与之相适应的新型贸易园区，推进制造业、服务业与智能化网络化的进一步密切联系，推进中国产业链升级。

（二）扩大新型贸易标的交易，迈向数字化转型

面对信息技术的发展和变革，尤其是以跨境电子商务为代表的新型贸易方式对传统贸易内容、贸易模式的变革，企业需要依靠信息化，紧跟大数据网络发展趋势，积极借助数字化进行发展与革新。“一带一路”倡议的推进以及跨境电子商务平台的建设为中小企业参与国际市场创造了机会和条件，国际贸易的门槛因跨境电子商务平台建设而降低，这将进一步推动中小企业数字化出海并实现数字化转型，借助电商平台参与国际分工。

从企业角度出发，线上平台提供了无边界的巨大市场，互联网对时间和空间的拓展，长尾效应下中小企业的发展空间得以释放。消费者个性化、独特化和小众化需求“聚少成多”；中小企业通过入驻跨境电子商务平台，使得参与国际竞争的固定成本和信息不对称得以降低。因此传统外贸企业借助线上线下深度融合、个性化定制、柔性化生产，加速向数字化和平台化方向转型发展，伴随物流体系的不断提升，进行“数字化”出海，深度参与国际市场。

三、政府角度：推进新型贸易园区建设，发展协同化服务

党的十九大报告指出，中国经济已由高速增长阶段转向高质量发展阶段。而经济的高质量发展高度依赖资源配置效率的不断提升，高度依赖技术变革和创新发展，高度依赖市场机制的完善和开放。随着跨境电子商务的渗透率不断提升以及数字贸易的内涵不断扩大，政府越来越重视与此相关的贸易发展。回顾贸易发展历程，工业时代政府注重加工贸易园区和科技园区的建设，数字经济时代政府越来越重视跨境电子商务园区和涉及数据监管和数据流动的新型园区建设。

（一）加快推动5G网络、数据中心等新型数字基础设施建设

面对以跨境电子商务和数字贸易为主要贸易形式的新型贸易园区，要推进数字基础设施建设，全力建设顺应数字化发展潮流的基础设施，优化市场环境。数字经济时代“数字鸿沟”的问题不容忽视。因此建议政府继续加大互联网基础设施的建设和普及，尤其加大以5G、物联网和大数据中心代表的“新基建”建设力度，提升网络覆盖的质量和效率，降低网络连接的价格，补齐网络经

济下新型生活和消费方式的短板。促进各国信息通信发展的互联互通，完善区域尤其是“一带一路”沿线国家的新一代通信网络建设，共建“一带一路”国家的共建空间信息走廊，为跨境电子商务和新型贸易园区提供基础，引领世界各国协力弥合全球数字鸿沟。鼓励省内各级开发区建设特色化、高端化国际产业合作园区，加强政府层面合作项目的建设，例如中俄丝路创新园、中欧合作产业园区等项目，争取树立政府层面合作的新型跨境园区典范。

(二) 推进多功能一体化的跨境电子商务园区建设

跨境电子商务综合试验区“线上集成＋跨境贸易＋综合服务”的综合便捷化平台管理模式对于促进跨境电子商务具有重要作用。从政府层面，要依托网络经济的“边际成本”和正反馈机制的作用统筹规划综合服务平台的“溢出效应”。建议依托中国现有的105个跨境电子商务综合试验区，支持各类出口加工区、综合保税区和空港经济示范区大力发展跨境电子商务，支持国内有实力的电商企业开展海外营销和属地化服务，探索面向当地市场的电商平台，更好地贴近市场需求。建议跨境电子商务综合试验区充分服务新型贸易园区建设，集成商务、仓储、物流、培训、孵化等功能，提升新型贸易园区的线上综合功能。

以杭州跨境电子商务综合试验区为例，线上综合平台通过整合电商企业、物流企业、金融机构和涉及外贸领域的政府部门，实现了申报流程便利化、通关便利化，为跨境电子商务和新型贸易园区营造良好的营商环境。建议依托我

图2-9 杭州跨境电子商务综合试验区线上综合服务平台

资料来源：杭州跨境电子商务综合试验区官网。

国已有的数字经济和电子商务优势，抓住疫情线上化加速契机，推动中国互联网龙头企业、网信独角兽企业、跨境电商平台型企业和物流供应链企业积极开拓国际市场，提升数字化全球资源配置能力。借助跨境电子商务综合试验区"六体系两平台"的创新管理，推动线下产业于新型贸易园区集聚。鼓励外贸企业充分利用线上产品展示、线上商务谈判、电子支付等数字化手段开展贸易洽谈与交易。助力线下产业的效应发挥与线上"资金流""信息流"和"货物流"的协同作用。

（三）优化跨境物流，提升消费者购物体验

跨境电商交易中的海外直邮模式主要以碎片化交易为主，这意味着消费者在跨境平台上下单后，供应商根据实际情况采用直接发货模式或者集货直邮模式，经过海关清关后快递发到消费者手中。国内仓与海外仓面临着不同的物流体系，虽然说海关清关模式在不断优化，但是依然存在清关速度慢、消费者等待收货时间长等效率低下的问题。因此建议依托跨境电子商务综合试验区推行政策试点，结合自贸试验区优势，推动跨境电商保税仓建设。推进新型贸易园区建设"自贸区＋保税仓"模式，提升消费者的购物体验。此外，作为保税仓模式重要补充的跨境直邮模式更为灵活，能够满足数字经济时代的长尾需求和小众需求，建议进一步加强跨境直邮的清关速度和清关效率。

建议借助优惠政策直接鼓励物流企业入驻国际物流园区，开拓"一带一路"沿线国家和地区的物流建设，加快建成内外联动、安全高效的物流网络，服务数字丝绸之路。加快国际物流服务体系建设，培育一批具有全球资源配置能力的一流国际物流企业平台和物流供应链企业。对于物流领域具有竞争力的公司，例如顺丰快递、百世集团、LF Logistics 和 DB Schenker 等公司，推动保税物流业务、具备海关清关的配送中心和跨国整体运输业务建设，提升数字丝绸之路的货物物流运输能力，推进货物流和信息流的有效对接和配合。陆路对接中亚市场和欧洲市场的新疆有 12 个物流园区，建议推动该区域的跨境物流园区、跨境运输与跨境电子商务的对接，提升"一带一路"物流运输对接效率。建议推动物流企业建设对接"一带一路"沿线国家的保税仓和清关配送中心和物流中心，满足"一带一路"沿线国家的跨境电商物流需求和贸易需求。借助中西部自贸试验区"先行先试"的优势，聚焦中欧班列货物运行的便利化，加强沿线国家通关便利化、检验检疫便利化、贸易无纸化、电子认证和电子签名互认方面的合作。

(四) 依托"一带一路"推进 "数字丝绸之路"建设

"一带一路"沿线国家地域分布广泛,各国经济社会文化发展水平差异显著,实现贸易和投资畅通存在一定的复杂性和长期性。为顺应全球化 4.0 的发展趋势,中国已与 16 个国家签署关于建设数字丝绸之路的谅解备忘录。未来几年,中国除了与更多"一带一路"相关国家在移动支付、智慧城市、纳米技术、云计算等数字产业进行合作之外,建议在数字经济领域进一步深耕,此举将有利于中国与"一带一路"相关国家打造互利共赢的"利益共同体"和共同发展繁荣的"命运共同体"。

一是切实推动"一带一路"产业园区和自贸试验区电子商务、数字内容等相关的产业贸易和投资自由化便利化。在大数据、人工智能、信息网络以及数字贸易发展趋势下,以互联网为代表的数字基础设施在比较优势中的地位和作用越来越重要。在机器代替劳动力的趋势下,劳动力密集和管理在贸易中的优势有所降低,数据的流动和监管重要性凸显。建议结合数字贸易企业"一带一路"沿线布局的需求,构建一批高水平的数字经济合作基地。为推动"一带一路"沿线国家的数字领域的合作和交流,增进国家间企业和技术的了解,建议充分利用区域国际组织和国际交流机构如国际电信联盟、中国东盟信息港论坛、澜沧江湄公河合作机制等,为数字领域的合作创造机会。以"一带一路"建设为契机,结合中国在数字经济领域的优势,推动与"一带一路"沿线国家的跨境电子商务园区的合作。尤其是在电子商务合作机制背景下,鼓励跨境电商企业与"一带一路"沿线国家在跨境电商产业园区建设方面进行合作。

二是充分发展自贸试验区对"一带一路"建设的桥头堡作用,尤其是在沿海、沿边等地区推动跨境物流、跨境商务园区建设,鼓励跨境电子商务企业开拓"一带一路"市场,尤其是极具发展潜力的东南亚地区和互联网基础设施完善的中东地区。目前中国已经迈向高质量发展新阶段,要培育和创造新的比较优势,不仅"引进来",还要"走出去"。所以对于拓展"一带一路"沿线市场、开启"跨境出海"的企业,应积极鼓励,并积极提供法律、法规、金融服务等方面的支持。加强电子信息交换和电子证明信息的互认,例如海关总署官网发布的信息显示,自 2020 年 10 月 15 日起,"中国—印度尼西亚原产地电子信息交换系统"正式运行,与印度尼西亚实时传输《中国—东盟全面经济合作框架协议》(以下简称《中国东盟框架协议》)项下原产地证书和流动证明电子数据。

三是依托"一带一路"数字经济国际合作倡议,重点加强互联网基础设施、电子商务、人才培训、跨国物流领域的合作。2017 年 12 月 4 日第四届世界互联网大会上，中国、老挝、沙特等国家相关部门发起了《“一带一路”数字经济国际合作倡议》，提出“一带一路”沿线国家加强数字领域的合作，涉及加强互联网等信息基础设施建设，增强互联互通，推动国家间、城市间数字化转型和信息化合作，推动电子商务领域的合作等共计15条具体倡议。

（五）加强规则建设，参与全球数字经济治理

当今世界处于百年未有之大变局，面对全球贸易主义和单边主义的崛起与挑战，中国坚持开放大国之路始终不曾动摇。从自身发展出发，作为新型开放大国，中国迫切开放统筹国内国外两个市场，坚持“引进来”与“走出去”并重，以高水平开放加快建设高质量的市场经济，加强与国际经贸规则对接。从外部环境变化出发，国际投资的快速发展也对贸易自由化提出更高要求，国际高标准的对外开放不仅注重开放模式，更强调开放内容。因此中国部分贸易规则也需要调整以适应国际生产和投资新要求，更加注重设计竞争中立的制度性开放和注重以服务贸易为开放重点的结构性开放；补齐中国开放领域、开放区域、开放对象等结构不平衡的短板。联合国秘书长数字合作高级别小组报告 *The Age of Digital Interdependence* 指出，目前在数字贸易领域缺乏区域和全球标准，多边合作通常效果不佳，主要国家在数字合作领域处于不信任的状态。面对这种情况，中国要积极参与全球数字经济的治理，在尊重维护以世界贸易组织为代表的多边贸易体制的基础上，发挥“一带一路”和自贸谈判平台作用，推动区域范围内数字贸易规则的谈判。对于在数字技术和数字合作问题上不够重视的国家，中国需要充分利用已有的数字经济基础和优势，推动数字基础设施和移动设备领域的合作，在平等互利的基础上加强数字贸易规则、跨境电商物流和税费领域的合作。对于比较敏感的跨境数据流动和数据监管问题，推动相关服务业的开放，积极探索“数据本地化”存储等跨境数字化企业全球经营的折中方案。

第三章　中国“一带一路”跨境园区区域布局分析

跨境园区的建设和发展，是中国对外深化开放的重要战略产物，也是“中国模式”的鲜明特征之一。纵观中国跨境园区20多年来的发展历程，可以发现早在20世纪90年代中后期，中国企业就开始了对跨境园区海外建设的自主探索，并在2006年和2013年实现了两轮明显的跃进。据不完全统计，到2019年底中国已在57个国家在建或已建成201家境外经贸合作区，其中138家合作区位于“一带一路”沿线，且大多为农业产业园和工业产业园①。截至2019年11月，纳入商务部统计的境外经贸合作区已有113家，累计投资超过410亿美元，入区企业近5 400家，上缴东道国税费43亿美元，为当地创造就业岗位近37万个，其中，有82家境外经贸合作区集中在“一带一路”沿线国家，且其上述两项指标分别占园区总额的73%和87%②。此外，截至2020年9月，中国已累计与138个国家和30个国际组织签署了200份共建“一带一路”合作文件，并共同开展了超过2 000个合作项目；中国与沿线国家货物贸易累计总额高达7.8万亿美元，对沿线国家直接投资也超过了1 100亿美元③。可见，作为中国与“一带一路”沿线国家战略对接、互利共赢、构建命运共同体的关键平台，中国的跨境园区在发挥经济辐射、促进双边关系等方面的作用日益凸显，不仅成为当前中国企业“走出去”的重要途径，更是成为助力东道国增加就业、推动东道国经济发展的重要引擎。

然而，中国的跨境园区建设自20世纪90年代起步以来，由于受到东道国

① 参见严兵、贾辉辉：《推进中国境外经贸合作区高质量发展》，《中国社会科学报》2020年5月8日。

② 参见公欣：《努力实现多方共赢　持续推动境外经贸合作区高质量发展——访商务部国际贸易经济合作研究院“一带一路”经贸合作研究所所长祁欣》，《中国经济导报》2020年3月6日。

③ 参见新华社特稿：《同筑共赢之路　共迎美好明天——共建“一带一路”全景扫描》，http://www.xinhuanet.com/world/2020-09/13/c_1126486680.htm。

的劳动力成本、自然资源、地缘政治、市场空间、消费需求、人文风俗、基础设施等诸多因素的影响和限制，园区在海外的分布并不均衡。就当前"一带一路"沿线中国在建或已建成的跨境园区而言，其覆盖区域仍主要集中在亚洲、非洲以及欧洲的发展中国家和新兴经济体，整体布局呈现出"大分散，小集中"的特点①。尽管如此，随着现阶段"一带一路"建设的不断深化和落实，"六廊六路多国多港"的大格局建设正在稳步向前推进，中国的跨境园区分布也发生了明显的圈层扩散和梯度拓展，并且在"一带一路"沿线地区内的空间布局得到了密集强化。因此，本章第一节从区位理论出发，在详细梳理区位理论发展沿袭框架的基础上，对其中具有代表性的人物及其主要观点进行较为系统的总结和归纳，同时深入分析上述区位理论在区域经济发展过程中可能产生的应用价值，从而进一步探讨区位理论对中国"一带一路"跨境园区的影响及其在园区区域布局中的实践意义。第二节则通过梳理中国跨境园区建设发展的时间线，着重于区位布局的视角，从前期探索（1995—2005 年）、发展调整（2006—2012 年）和快速拓进（2013 年至今）三阶段出发，重点关注跨境园区在"一带一路"沿线国家和地区的布局转变和合作新趋势，从而为新时期中国"一带一路"跨境园区的再出发挖掘新动能。

第一节　区位理论的发展沿袭及对跨境园区布局的影响

一、古典区位理论的诞生与初创（1950 年以前）

区位理论的诞生实际上可以追溯到 19 世纪初期，德国著名的农业经济学家约翰·冯·杜能（Johan Heinrich von Thunnen，1783—1850 年）是古典区位理论的重要创始人之一。18 世纪末 19 世纪初，德国和欧洲地区的资本主义已经萌芽，特别是在农业领域，封建的领主庄园制逐渐被自由式的农租佃制所取代，生产经营模式和制度形态都发生了巨大的改变②。在此背景下，杜能凭借

① 参见安永《引航》第 4 期报告，《海外产业园区如何开启"一带一路"合作新篇章？》2020 年 7 月，https://www.ey.com/zh_cn/news/2020/07/how-can-overseas-industrial-parks-open-a-new-chapter-of-the-belt-and-road。

② 马兰、张曦：《农业区位论及其现实意义》，《云南农业科技》2003 年第 3 期。

自身多年的农场经营实践，搜集了大量的数据，并通过抽象演绎的研究方法，首创性地对农业生产问题及空间配置规律进行了科学分析，于1826年完成了《孤立国同农业和国民经济关系》一书，由此奠定了农业区位理论的发展基础①。杜能假定，在肥沃平原的中央，有一个孤立国，与其他地区隔绝，也不存在可用于航运的河川，马车是唯一的交通工具；孤立国中只有一个巨大的中心城市，供应着整个国家所需要的一切工业品，而中心城市所需的各类农产品则来源于周围肥力均质的平原②。按照孤立国假设，杜能认为，在农产品价格已定的前提下，农产品生产用地到农产品消费市场之间的运输距离和运输成本，对农业用地的生产经营形态和集约化程度起着决定性的作用，由此得到的关于农业土地利用的地租曲线，就是后来著名的“杜能环”③。即不同农产品的生产布局将以其距离城市的远近为依据，以中心城市为圆心，由内向外依次形成界限分明的同心圈，每个圈层都分别专注于生产某种特定类型的农产品，具体表现为自由式农业、林业、轮作式农业、谷草式农业、三莆式农业、畜牧业等六个圈层的同心圆结构④。

19世纪中后期，自由主义的迅速发展和工业革命的蓬勃兴起，引发了欧洲社会的一系列变动，以机器为主的工厂制逐渐取代了传统的手工工场，工业生产力大大提高；产业与人口不断向城市转移，工业布局集中化和生产规模扩大的趋势越发明显；新型交通工具被广泛使用，统一市场下的企业竞争日益激烈，工业企业开始寻求最佳区位以降低生产成本、提高产业利润⑤。鉴于杜能的农业区位论无法很好地描述和适应当时德国工业区位的分布情况，阿尔弗雷德·韦伯(Alfred Weber, 1868—1958年)在1909年发表的《工业区位论》一书中，将理论研究和实证检验相结合，以完全竞争市场和费用最小化为出发点，重点分析了单个独立工业企业的生产活动，系统而全面地阐述了19世纪德国人口转移和产业集聚的原因⑥。在书中，韦伯首次提出了“区位因子”的概念，并将区位因素分为一般因素和特殊因素，然后再按照区位的作用和影响将这些区位因素进一步划分为“区域性因素”和“集聚/分散因素”，并在此基础上构建起了以运输指向、劳动力指向、集聚指向等三者为核心的工业区位

① 张文忠、刘继生：《关于区位论发展的探讨》，《人文地理》1992年第3期。
② 高悦、李孔明：《“变形的杜能环”及其现实意义》，《安徽文学》2008年第6期。
③ 张旭昆：《杜能经济理论简介》，《经济思想史评论》2007年第1期。
④ 楚天骄：《跨国公司在发展中国家R&D投资的区位模式研究》，华东师范大学，2004年。
⑤ 江淑文：《阿尔弗雷德·韦伯的工业区位理论述评》，《台声(新视角)》2005年第1期。
⑥ 钱伟：《区位理论三大学派的分析与评价》，《科技创业月刊》2006年第2期。

理论体系①。此外，韦伯还创造性地对“集聚”的形成机理、阶段类型和竞争优势等进行了补充分析，他认为集聚可以划分成依靠企业自身扩大经营规模而出现的生产集聚，以及由企业间以完善组织联系而产生的地方性集聚两个阶段；而企业集聚的效果和阶段，则会受到技术设备的发展、劳动力组织的发展和经济性开支成本等因素的影响②。

虽然韦伯的工业区位论为近代区位理论研究打造了一个良好的开端，但是受社会历史条件的限制，韦伯体系在研究领域、研究范式、研究方法和研究对象等方面还存在着一定局限，有待于经济学家们进一步拓展和改进③。瑞典经济学家戈特哈德·贝蒂·俄林(Bertil Gotthard Ohlin, 1899—1979 年)正是个中翘楚。在 1933 年出版的《区际贸易和国际贸易论》中，俄林将区位研究与国际贸易、地域分工研究相结合，开辟出了一个新的研究领域——贸易区位论，提出了要素禀赋论和要素价格均等化学说。俄林认为，同种商品在不同国家和地区的相对价格差异是地区间贸易和国际贸易的直接基础，而价格差异则是由各国和各地区的生产要素禀赋不同、要素相对价格不同决定的。由此，不同国家和地区会利用所在地相对丰裕的生产要素进行商品的生产和输出，同时输入那些由本地相对稀缺的生产要素所生产的产品，简言之，就是根据要素禀赋来选择优势发展的产业和部门④。显然，相较于韦伯从单一工厂角度探讨工业企业生产活动和区位布局的理论体系，俄林更多考虑的是一般工业区位的选择问题，他将贸易理论和价格理论相结合，运用一般均衡原理的研究方法，对韦伯的工业区位论进行了补充和扩展。虽然囿于里昂·瓦尔拉斯一般均衡假设的束缚，俄林只是在完全竞争条件下探究了产业布局的模型，但其进步之处是将运输成本和可流动的生产要素引入了区域贸易和产业布局理论之中⑤。而且相较于韦伯的“最小运输成本理论”，尽管俄林也肯定了商品的区域流通

---

① “一般因素指影响各种工业的一般区位原因，如运费、劳动力、地租等；特殊因素是指影响特定工业指向的特殊原因，取决于一种或一类工业的特定技术与性质，如原材料易腐性、空气湿度对制造业的影响等”；“区域性因素是影响工业企业分布于各区域的因素，是形成工业区位基本格局的基础；集聚因素是导致工业企业集聚于特定地点的因素，对由地域条件所决定的工业区位基本格局发生偏移作用”。参考江淑文：《阿尔弗雷德·韦伯的工业区位理论述评》，《台声(新视角)》2005 年第 1 期。

② 姜鑫、罗佳：《从区位理论到增长极和产业集群理论的演进研究》，《山东经济》2009 年第 1 期。

③ 保建云：《企业区位理论的古典基础——韦伯工业区位理论体系述评》，《人文杂志》2002 年第 4 期。

④ 张文忠、刘继生：《关于区位论发展的探讨》，《人文地理》1992 年第 3 期。

⑤ 李君华、彭玉兰：《产业布局与集聚理论述评》，《经济评论》2007 年第 2 期。

主要取决于运输成本的观点,但是他更强调在资本和劳动力等生产要素不能完全自由流动的情况下,运输空间边界的差异,以及原材料市场、工业生产区位和消费市场三者之间存在的相互关系①。

20世纪以来,西方国家技术变革和生产社会化高度发展,自由竞争资本主义向垄断资本主义过渡的步伐加快,城市逐渐在社会经济中占据了主导地位,成为工业生产、贸易往来和交通运输的中心地,城市的空间秩序和聚落的结构规模也因此成为众多经济学家和地理学家的重点研究对象,从而催生了著名的中心地理论。而中心地理论的代表人物,首推德国著名的经济地理学家瓦尔特·克里斯塔勒(Walter Christaller)和奥古斯特·廖什(August Losch)。1933年,克里斯塔勒出版了《德国南部的中心地》一书,他运用抽象演绎法对中心地的数量规模、职能类型和分布模式等进行了深入研究②。他假定地域具有同质性、不同方向的交通体系具有均质性,认为任何区域应有其中心地,即位于区域中央、向周围区域的消费者提供各种商品和服务的地点;而不同规模和等级的中心地相互竞争,进而形成了三角形距离分布和六边形市场区模型,此时各级中心地都实现了空间均衡,且其分布遵循了市场原则、交通原则和行政原则③。虽然克里斯塔勒的城市中心地理论将地理学的空间观与经济学的价值观结合起来,对近代的区域布局研究有着十分重要的意义,但其夸大了商品供给范围上限的作用,又把消费者假定为理性的“经济人”,忽视了集聚利益,使得实际的中心地系统相较理论仍存在着一定的结构变形④。1940年,廖什出版了《区位经济学》一书,他以市场为中心,以利润最大化而非成本最小化为原则,将生产区位选择和产品销售范围相结合,从一般均衡的角度考察了工业及城市的区位问题⑤。同时,廖什考虑到人口密度对区位选择的影响,在克里斯塔勒中心地理论框架的基础上,进一步提出了蜂窝状正六边形的市场中心地理论,从而拓展了古典区位论,为区域内经济空间的形成演变、合理布局和科学划分起到了重要的指导作用⑥。

---

① 金相郁:《20世纪区位理论的五个发展阶段及其评述》,《经济地理》2004年第3期。

② 张文忠、刘继生:《关于区位论发展的探讨》,《人文地理》1992年第3期。

③ 卫玲、戴江伟:《丝绸之路经济带:超越地理空间的内涵识别及其当代解读》,《兰州大学学报(社会科学版)》2014年第1期。

④ 钱伟:《区位理论三大学派的分析与评价》,《科技创业月刊》2006年第2期。

⑤ 徐阳、苏兵:《区位理论的发展沿袭与应用》,《商业时代》2012年第33期。

⑥ 李红燕、汤长安、周玉姣:《区域经济学基础理论的局限性与微观基础构建》,《湖南商学院学报》2015年第3期。

此外,还有不少经济学家也从韦伯体系的缺陷和不足中获得了启示,并以此为基础对工业区位理论体系进行补充和修正。例如,瑞典经济学家帕兰德(Tord Palander)的市场竞争区位论,采用动态经济分析方法,在区位研究中引入了不完全竞争的概念,以价格为变量研究了区位空间的均衡问题;并针对单一原料地和单一市场的简单模型,运用等费用线的分析方法,提出了远距离运费衰减的规律,对区位理论的发展做出了一大贡献。而美国经济学家胡佛(Edgar Malone Hoover)则在其1948年出版的《经济活动的区位》中提出了运输费用结构论,他将运输费用划分为站场作业费用①和线路营运费用②两部分,认为边际运费在整个运输过程中与运输距离增加不以同一比例增长,而是随着距离的增加呈现出递减趋势,即运费递减规律,因此在区位布局中要尽量避免原料和产品的多次中转,从而减少运输费用。同时,胡佛在对20世纪40年代密西西比河下游的水运、铁路和公路运输方式进行研究后,发现不同的运输方式,其运费率也有着较大差异,一般而言,站场作业费用低而线路运输费用高的情况,适合于短距离运输;场站作业费用高而线路运输费用低的情况,则更适合于长途运输③。

二、新古典区位理论的兴起与繁荣(1950年以后)

第二次世界大战后,各国的经济缓慢恢复,为了追求更快的发展速度,各国将大量的人力、物力、财力投入社会和技术等科学研究中,从而使得区位理论在这一时期获得了迅速的发展。1956年,有着“区域科学之父”称号的美国经济学家沃尔特·艾萨德(Walter Isard)出版了《区位与空间经济学》一书,标志着区位研究理论体系自此正式从古典区位理论转向新古典区位理论④。作为现代区位理论的创始人和重要代表,艾萨德将距离投入变量和边际替代率变量引入了区位理论的研究模型,并基于替代原则,对企业在区位选择中不同生产要素的可能组合进行分析,提出了最优区位选择的一般原则。同时,艾萨

① 站场作业费用,主要包括装卸费用、保养维修费用、经营管理费用、仓库码头费用等。站场作业费用不受运行里程的影响,只与运输货物的体积、重量、停放时间长短等有关。一般来说,运输距离越远,单位距离分摊的站场作业费用越少;运输距离越短,分摊的站场费用越高。

② 线路营运费用,包括运输工具的折旧费用、线路维修与管理的费用、燃料消耗费用、保险费用和运输工人工资等,其大小与运输距离成正比。

③ 保建云:《企业区位理论的古典基础——韦伯工业区位理论体系述评》,《人文杂志》2002年第4期。

④ 徐阳、苏兵:《区位理论的发展沿袭与应用》,《商业时代》2012年第33期。

德考虑了人口非均匀分布的情况,进一步修正和拓展了廖什的中心地模式,并在综合杜能农业区位理论和韦伯最小成本理论的基础上,试图把理想化的抽象模型,发展为更接近区域实际、更具有应用性的现实模型①。虽然艾萨德的一般区位理论仍是基于完全竞争和理性经济人假设下的研究,这在很大程度上制约了对现实区位选择的解释力,但不可否认,该模式为多原料区位、多生产区位、多消费区位的情况提供了可利用和改进的基础性分析框架,推动了区位理论的一般化和系统化进程。②

伴随着经济的快速发展,自20世纪60年代起,西方国家先后出现了大城镇人口和产业的过度膨胀、边缘及乡村地区发展迟滞、环境污染和生态受到破坏等一系列社会问题。显然,各企业为了自身能够获得最大利润而做出的区位决策,往往难以给区域整体带来最优效益,反而会逐渐拉大发达城市与落后地区之间的经济差距,甚至可能使区域陷入发展的恶性循环。可以说,基于完全竞争的市场机制、以单个企业微观的区位选择为主要研究对象的区位理论,已经无法适应和满足当时国家宏观区域发展的需要,再加上此前区位理论所采取的完全理性经济人和完全信息等前提条件,过分理想化、与现实差距较大,又使其实际应用价值大打折扣。因此,行为经济学家们开始探讨和分析在不完全竞争和不完全信息条件下进行的、受个人或团队主观因素影响的区位决策行为,其中,比较具有代表性的人物是史密斯(Smith D. M.)和普雷德(Pred A. R.)。史密斯将韦伯的最小成本化理论和廖什的最大收益化理论相结合,得到了收益性空间界限的一般区位模型,凡是在空间界限以外的区位点不可能获得利润,而界限内的任一点在理论上都可以成为区位客体,即存在着接近最佳区位的“次佳区位点”;同时,决策者经营能力的不同、政府优惠政策的差异等因素,又会导致区位模型发生变化。虽然史密斯的产业区位理论仍然存在着一定缺陷,使之难以反映社会空间的宏观特征,但不可否认“收益性空间界限”概念的提出,为之后的行为区位论研究摆脱传统假设提供了经济合理性。普雷德就是在史密斯收益性空间界限分析的基础上,强调了决策者所掌握的信息数量和质量以及信息利用的能力水平对区位活动的影响,从而创立了行为矩阵模型。普氏矩阵的纵轴表示信息量,横轴表示利用能力,不同的决策者其决策结果出于矩阵中的不同位置,决策者的位置越靠近右下方,就

① 金相郁:《20世纪区位理论的五个发展阶段及其评述》,《经济地理》2004年第3期。
② 保建云:《企业区位理论古典分析框架的改进与扩展——艾萨尔德的理论研究述评》,《经济评论》2003年第1期。

代表决策者所拥有的信息量越好、处理信息的能力越强，其行为则越可能接近于最佳区位选择，而随着时间的推移，知识和经验有所增加，各决策者在该行为矩阵中的位置也将从左上向右下移动。普雷德行为矩阵的提出，不仅发展了史密斯的空间成本曲线和获利边际理论，还使经济活动区位决策中“人”的行为因素的数量研究成为可能，这对解释和研究区位决策行为中的宏观规律和发展变化意义重大①。

与基于微观视角开展区位研究的新古典区位理论相比，20 世纪 70 年代，以多琳·梅西(Doreen Massey)为代表的结构主义学者则更强调区位研究框架的宏观性和整体性，尤其注重社会文化因素、经济结构因素和制度体系因素在区位选择以及区位形成过程中的作用和影响。梅西指出，“空间含义，经过 1960 年代超实证主义(super-positivism)和计量革命的浪潮，变成距离，在这个过程中，我们失去了很多东西，就是空间本身的特殊性。空间作用离不开社会作用，没有社会意义的空间作用，根本不存在纯空间动因、空间规律、空间相互作用”②。她认为，行为区位论的分析过于注重区位选择主体的能动性以及企业内部的组织结构和管理特性，反而忽视了个人(或团队)、企业与外部环境之间的相互作用，但其实空间与社会应该是相互建构的，而理解社会的空间组织化对明晰社会过程的运作方式有着重要的意义③。与此同时，以费尔南·布罗代尔(Fernand Braudel)和伊曼纽尔·沃勒斯坦(Immanuel Wallerstein)等为代表的另一批结构主义区位论的倡导者，则侧重分析了西方跨国公司和大型企业区位活动的特征，以及世界资本主义体系对全球产业区位布局的影响。法国年鉴派史学家布罗代尔在《菲利普二世时代的地中海与地中海世界》一书中最先提到了“经济世界”的概念，他认为经济世界存在着圆心、外圈和最外层，且中心与外围之间存在着供需关系；同时，经济世界的中心并不是一成不变的，只有借助于长时段历史观，才能更好地理解和把握资本主义、市场经济和区位活动的内在本质④。作为世界体系理论的主要创始人，美国著名历史学家和社会学家沃勒斯坦正是在全面汲取和引申布罗代尔思想的基础上，确立了自己的“世界经济”和“世界体系”的理论框架。他认为，现代世界体系是一

---

① 金相郁：《20 世纪区位理论的五个发展阶段及其评述》，《经济地理》2004 年第 3 期。

② 金相郁：《20 世纪区位理论的五个发展阶段及其评述》，《经济地理》2004 年第 3 期。原文参考 Massey D. Introduction: Geography matters, In D. Massey & J. Allen (Eds.), *Geography Matters! A Reader*, Cambridge: Cambridge University Press. 1984: 1-11。

③ 郑春：《区位理论：回顾与前瞻》，《经济论坛》2006 年第 15 期。

④ 赖国栋：《布罗代尔的“经济世界”与沃勒斯坦的“世界经济”》，《古代文明》2010 年第 3 期。

个资本主义世界经济体，世界范围内的劳动分工差异将其划分为中心、半边缘和边缘三个地带，且中心地区和边缘地区之间存在着依附性的不平等交换，而这种经济空间等级之间的“不平等交换”，即区域之间资本积累的倾斜结构，正是世界经济体运行的重要动力①。

毋庸置疑，经济学家们一直在努力突破新古典经济学体系中关于区位理论的基本假定，并试图建立起更有现实意义的理论体系。特别是20世纪90年代以来，美国经济学家迈克尔·波特(Michael E. Porter)和保罗·克鲁格曼(Paul R. Krugman)等人在区位研究方面获得了极为突出的成就，对全球经济的快速发展和产业集聚发挥了重要的指导作用。1990年，波特出版了《国家竞争优势》一书，通过对美、英、德、日、韩等10国进出口数据的统计分析，形成了国家竞争优势理论和“钻石”模型，认为国家竞争优势的决定因素，包括了一国的生产要素、需求条件、相关支持性产业以及企业战略、企业结构和同业竞争状况等；此外，波特还将“钻石”模型与区位理论相结合，强化了企业群落的概念，认为企业群落能够从外部经济效应、空间交易成本节约、学习与创新效应、品牌与广告效应四方面加强企业的竞争优势，从而引发了西方经济学界对区位理论及产业集聚的研究热潮。1991年，克鲁格曼在《收益递增与经济地理》一文中提出了著名的中心—外围模型，通过引入规模报酬递增、固定比率的运输成本、动态模拟等研究方法，很好地解释了经济活动空间聚集和区域产业集中的内在机制；并且，与安东尼·维纳布尔斯(Anthony J. Venables)、藤田昌久(Fujita Masahisa)为代表的经济学家一起，在生产要素收益递增和非完全竞争市场结构的假定下，对区域经济问题展开了更深入的研究，从而克服了传统区域经济学假设条件的缺陷，逐渐形成了新经济地理学以及新区域经济学的新研究领域②。

三、区位理论对中国的启示及其在“一带一路”跨境园区中的应用

区位理论是社会发展的产物，也是区域经济发展的核心理论基础和重要动力来源，尽管区位理论受限于各种严格的假设条件，但它至今仍是专家学者们研究区位活动的基本范式之一。纵观区位理论两个世纪以来的发展沿袭成果，可以深刻了解区域经济发展理论形成的内在机理及其发展的总体规律，这

① 赖国栋：《布罗代尔的“经济世界”与沃勒斯坦的“世界经济”》，《古代文明》2010年第3期。

② 金相郁：《20世纪区位理论的五个发展阶段及其评述》，《经济地理》2004年第3期。

对于把握区位理论在区域经济发展中的实践应用、预测区域经济发展理论的发展趋势等都有着重要意义。特别是随着经济全球化进程的不断加快，区域间的竞争也越发激烈，一国但凡想要增强本国各行业在国际上的竞争优势，不仅要能统筹兼顾，在综合分析当前经济因素和非经济因素的基础上选择出“最佳区位”；更要能未雨绸缪，注重培养和打造适合各产业生存、发展的国家环境以及区域和行业环境。综上可知，区位理论始创于西方国家，是反映西方资本主义市场经济条件下的区位选择和空间布局问题，因而该理论在应用于中国社会主义实践的过程中必然会出现各式各样的问题，直到改革开放后，中国才开始从全新的角度、全方位发展具有中国特色的区域经济学理论体系。尤其是中国幅员辽阔、人口众多，地区间的经济发展水平、资源禀赋状况和社会文化条件更是千差万别，这不仅加剧了中国国民经济发展和区域空间结构的复杂性和多样性，也对我们灵活应用区位理论、提高资源配置效率、发挥企业和市场优势提出了更高要求。尽管如此，目前国内对于区位选择的研究已经有了良好的开端，区位理论在中国城乡土地的合理利用、城镇体系的科学规划、产业布局的组合优化及经济区划的发展转向等问题上都展现出了极高的应用价值①。

有别于传统的区域经济合作形式，“一带一路”倡议下的跨境园区建设布局，以区位理论、空间结构理论等为基础，旨在将“一带一路”沿线各国间安全互信、地理毗邻、资源互补的优势，通过政府引导、地方支持、企业联动、产业集聚等方式转化为切实的跨境合作和共同发展，以点带面、连线成片，从而激活园区的经济动能，增强其空间辐射力，实现“1 加 1 大于 2”的互利共赢目标②。因此，探析区位理论对于理解和把握跨境园区在“一带一路”沿线国家整体的空间布局有着十分重要的借鉴意义。首先，跨境园区存在的重要基础是中国与“一带一路”国家之间的共同利益。中国作为“一带一路”跨境园区建设的倡导者和推动者，考虑到一个和平稳定的地缘政治大环境对于跨境资源利用与企业合作的重要性，在园区规划的初期势必会更为偏好将与中国在社会文化、风俗习惯等方面具有较高相似性的邻近国家，或在历史上与中国有着长期互动、亲切往来的友邦国家作为园区投资区位的优先选项③。其次，跨境园区运行的根本动力来自产业和人口的集聚。鉴于“一带一路”沿线国家各地区自然条件和社会条件差异较大，木材、石油、天然气和金属矿产等自然资源丰富，以

① 艾永中：《西方区位理论在中国区域经济发展中的应用》，《财经理论与实践》1994 年第 5 期。
② 柳思思：《“一带一路”：跨境次区域合作理论研究的新进路》，《南亚研究》2014 年第 2 期。
③ 柳思思：《“一带一路”：跨境次区域合作理论研究的新进路》，《南亚研究》2014 年第 2 期。

及劳动力供给和需求市场广阔等，在产业和生产要素的空间流动、合理配置和组合利用等方面有着明显优势，而中国在这些国家和地区投建跨境园区，不仅能够满足区域经济发展的需要，也有利于实现园区综合效益的最大化，与当地形成稳定、可持续的良好发展关系①。最后，跨境园区发展的基本框架涵盖了地理空间和制度空间两大变量。出于优化时空联系成本和市场交易成本的需要，跨境园区所在地区的区际和国际交通运输是否便捷，双边制度下的企业合作和经贸往来是否便利，都是跨境园区在“一带一路”沿线国家布局时重点考虑的问题，因此，在“一带一路”战略规划中，中国要加快建设经济走廊和交通要道，完善跨境园区的双边和多边政策制度，从而为政府和企业间的跨境合作提供便利和保障②。

第二节 中国“一带一路”跨境园区的布局转变

一、艰难探索时期：中国跨境园区的区域布局及特点

改革开放初期，由于中国整体对外投资贸易水平不高，跨国企业境外建设经验普遍不足，再加上跨境园区的概念也尚未提出，因此，仅有个别实力强劲、获得政府支持的大型境外“窗口机构”较早地在东道国开始尝试参建文化商贸合作项目。其中，比较典型的有：1987 年香港粤海集团与旅法华侨陈锡南夫妇开始联合筹备建设的多功能建筑群“法中经济技术交流中心”（又称巴黎中国城）③；1993 年香港中旅集团斥巨资在佛罗里达州投建，并于 2004 年遗憾停业的大型涉外文化产业项目“锦绣中华公园”④；以及 1994 年由粤海集团下属粤海轻工业品有限公司与南方国际集团合资，在地处东西方交通要道的波兰首都华沙市建设的波兰 GD 分拨中心⑤。尽管这些企业早期在欧美等发达国家探索和建设的中国城、文化景区和集散中心等，在严格意义上并不能算作是

① 徐阳、苏兵：《区位理论的发展沿袭与应用》，《商业时代》2012 年第 33 期。

② 柳思思：《“一带一路”：跨境次区域合作理论研究的新进路》，《南亚研究》2014 年第 2 期。

③ 郭京花：《巴黎中国城——访法中经济技术交流中心》，《瞭望周刊》1992 年第 42 期。

④ 参见中新网：《佛罗里达“锦绣中华”运营十年巨额亏损宣告停业》，https://www.chinanews.com/n/2004-01-01/26/387140.html。

⑤ 《波兰 GD 分拨中心招商》，《珠江经济》1995 年第 12 期。

跨境园区，但正是它们率先走出国门、立足海外，为日后中国企业突破困难大规模出海和“一带一路”跨境园区建设积累了大量宝贵的经验。

与此同时期，以中国大陆新移民为主体的华人华侨源源不断地涌入欧美地区，而其活跃的经济活动又迸发出了巨大的创造力，不仅为当地华人社区复合商城的迅速崛起提供了重要动力，也为后来中国跨境园区的投资创建起到了一定的示范作用。不同于欧洲本土商户经营的高端市场和商贸模式，华人商城聚集了成百上千的华人商家，他们以中国制造为主要货源，以大型批发为主要方式，凭借华人商城小铺位、大集群、低价格、多产品、高密度的优势，成功抓住了欧洲中下层收入群体的消费偏好，从而在成熟的欧洲市场中占据了一席之地。20 世纪 90 年代，欧洲一些中心城市诞生了不少知名的华人商城，其中包括位于匈牙利布达佩斯的四虎市场、位于葡萄牙里斯本的莫拉里商业中心、位于法国巴黎第 11 区的中国服装区和位于俄罗斯莫斯科的切尔基佐夫斯基大市场①。而北美地区的华商移民，则基于当地商业族群特色，立足中国元素，不断寻求经营创新和发展突破，从而激发了华人华侨和北美社会潜在的新需求，由此集购物、餐饮、休闲、娱乐于一体的大规模复合商城华埠在北美各大都会郊区接连涌现，深刻地改变了北美地区原有的商业经营格局②。

总而言之，不论是中国企业兴建的中国城，还是中国移民带动的复合商城华埠，其实都是华人经济自我扩展机制在境外的不同表现，实际上反映了中国企业和民众探索海外、跨境布局的设想，因此它们在一定程度上也可以被看作是中国跨境园区的雏形。但严格来说，直到 20 世纪 90 年代中后期，越南铃中加工出口区（1995 年）的成功投资和开办，才标志着中国的跨境园区建设正式拉开了帷幕。作为中越两国经贸合作的一个成功范例，由中国电器进出口联营公司和越南胡志明市西贡工业区开发公司合资经营的铃中加工出口区，于 1995 年年初起通过滚动开发的方式，完成了区内的动迁、基础设施和公用设施的建设，并分别于 2000 年和 2003 年启动了园区二区、三区项目的开发工作，现已成为越南规模最大、成效最好的工业区之一③。截至 2018 年 2 月，铃中加工出口区累计获得投资 11 亿美元，共吸引了来自 15 个国家和地区的 150 家企

① 李明欢：《欧洲华人商城经济研究》，《世界民族》2013 年第 3 期。

② 龙大为、张洪云、登高：《从边缘走向主流——新移民与北美华人经济发展新动向》，《华侨华人历史研究》2011 年第 2 期。

③ 参见搜狐网转载，《中越合资铃中加工出口区的风采》，http://news.sohu.com/20050413/n225167128.shtml。

业入驻,创造就业机会9.6万余个,2017年进出口总额达到50亿美元①。可以说,越南铃中加工出口区的成功不仅为中国企业的“走出去”注入了一剂强心针,更是给中国的跨境园区建设起到了示范、引领、促活的关键作用。

2001年,中国成为世界贸易组织(WTO)的成员,开始全面融入世界经济体系,自此,中国的经贸活动、社会人文等都发生了巨大变化,对外开放也进入了一个新阶段。在“入世”的潮流下,中国企业在境外与东道国共同投资开发的系列园区,如俄罗斯滨海华宇经济贸易合作区(2003年)、塞拉利昂国基工贸园区(2003年)、中俄(滨海边疆区)现代农业产业合作区(2004年)、俄罗斯圣彼得堡波罗的海经济贸易合作区(2005年)、柬埔寨曼哈顿经济特区(2005年)以及尼日利亚卡拉巴汇鸿开发区(2005年)等,则使得中国跨境园区的发展形态和建设模式在真正意义上变得清晰起来。在2006年之前,中国企业自主出海投建的跨境园区,主要集中在东北亚的中俄边境、东南亚的中南半岛、非洲西部大西洋沿岸的港口城市以及非洲东南部的中心城市。尽管当时开曼群岛、英属维尔京群岛、美国等发达国家以及新兴工业化国家和地区才是中国对外投资的重点目标,非洲和俄罗斯却能够成为中国跨境园区区位布局的优先对象,主要是因为两地自然资源和人力资源丰富,市场需求和开发潜力巨大,且东道国政府和企业层面对与中国的贸易投资合作也较为欢迎。在这一阶段,中国的跨境园区建设主要是为了寻求市场和寻求资源,但由于园区之间距离遥远、基础建设尚不完备,再加上缺乏明确适配的顶层设计引导,中国企业自发建设的跨境园区数量稀少,整体布局十分零散,而“单打独斗”又难成气候,未能发挥园区之间的联动效应。

二、首轮拓进时期:中国跨境园区的布局调整

在改革开放时代,中国经历了四阶段的开放转型进程,从最初的特区开放,到接下来的沿海地区开放,然后扩展到内陆沿江省会开放,再到“入世”后的全面开放,中国“以开放促改革、以开放促发展”的战略目标不断深化,与全球化潮流的融合也日益紧密,逐渐成为参与全球经济治理和国际秩序塑造的重要力量②。

① 参见王琳:《产业政策、人口红利助推,越南正成下一个世界制造业中心》,https://www.yicai.com/news/5401849.html。

② 张宇燕、卢锋、张礼卿、佟家栋、盛斌、胡鞍钢、赵忠秀、曹天予、余永定、姚枝仲、张斌、路风、宋泓、张维迎、崔之元、徐以升、丁一凡、雷达、王鲁军、钟伟、沈丹阳:《中国入世十周年:总结与展望》,《国际经济评论》2011年第5期。

可以说,“入世”让中国迎来了发展的重大历史机遇期,极大地促进了中国社会经济的开放,不仅为中国的对外经贸活动提供了多边贸易体制保障以及较为完善和公平的贸易争端处理机制,也给进入中国市场的各类企业创造了一个相对稳定和透明的国内外经营环境;与此同时,“入世”有力地“倒逼”国内开展经济体制改革,加快了中国经济社会所有制体系的改变和企业经营机制的转换,带动了民众需求和产品结构的转型升级,促进了要素流动市场的形成和政府职能的变革①。尽管如此,中国也面临着国内和国际的双重压力与挑战。一方面,国内市场日益饱和,生产成本不断攀升,而“入世”之后,中国按世贸原则渐次调整进出口关税税则,平均关税从2002年的15.3%下降到2010年的9.8%,并向部分国家的商品实施比最惠国待遇更加优惠的协定税率,这对传统产业生存和发展造成的压力可想而知;另一方面,中国与世界经济的交流越密切、融合越深入,则受到全球金融风险波及的可能性和影响范围也会越大,从而加剧了中国对内经济、金融发展和对外投资、贸易的风险,致使国家间的经贸失衡情况频频发生,这无疑对中国扩大对外开放和保障经济安全提出了更高的要求。

在此背景下,为降低生产成本、提高经营效率,规避贸易壁垒、减少经贸摩擦,开辟新兴市场、分享两种资源,进一步带动多边贸易和投资发展,中国企业到境外集中建设经贸合作区已经势在必行,而国家和各级政府对于企业大规模“走出去”的帮扶和引导在此过程中就显得尤为重要。2005年底,商务部提出要在境外建立经济贸易合作区的对外投资发展新举措,并先后颁布了多项配套政策措施,鼓励中资企业“抱团出海”搭建境外合作平台;2006年,商务部出台了《境外中国经济贸易跨境园区的基本要求和申办程序》,正式启动了中国企业的申报和评标工作,并将推动建设境外经济贸易合作区列为十三项重点工程之一,由此企业告别了“单打独斗”自发推进海外园区建设的时代,进入了政府引导企业“抱团出海”开展跨境园区合作的新阶段。2008年,商务部和财政部联合出台了《境外经济贸易合作区发展资金管理暂行办法》《境外经济贸易合作区确认考核暂行办法》等主要政策文件,双措并举,对国家资金援助跨境园区发展和监督管理跨境园区建设的具体办法进行了系统的规范,以确保中国跨境园区在全球新一轮经济竞争中站稳脚跟,发挥辐射带动作用②。正

① 薛荣久:《入世在中国改革开放中的意义、作用与维护》,《国际贸易问题》2018年第10期。

② 参见中国经济时报:《加快境外经贸区建设　助推国际间区域合作——访商务部研究院亚非研究部副主任张广荣》,http://lib.cet.com.cn/paper/szb_con/147768.html。

是在国家的优惠政策鼓励和充足资金支持下,中国的跨境园区如雨后春笋般应运而生,虽然此间受到国际金融风暴冲击以及东道国政策变化等因素的影响,部分拟建的境外园区项目未能正常开展,亦有少数在建或是建成运行的跨境园区中途破产夭折,但总体而言,在这一阶段,中国跨境园区的数量和质量都得到了明显提升。据不完全统计,2006—2012年间,中国企业在亚非欧等地的30个国家和地区,集中新办了近60个产业园区,几乎是2006年之前所建境外园区数量的两番,实现了企业"走出去"战略实施和中国跨境园区建设的首轮推进。

自从中国开始在境外布局产业园区,亚非欧三个地区一直是中国跨境园区建设的选址热门,特别是2006年国家正式启动境外经贸合作区项目之后,亚非欧三地的园区数量更是出现了跳跃性的增长,而跨境园区布局也在这三个地区内部产生了明显的扩散。由于亚洲国家与中国在历史文化、地理区位、双边关系和经贸往来等方面颇有渊源,国家引导跨境园区布局向亚洲地区倾斜,理论上更容易"找到突破口、开辟新天地",从而吸引和号召更多的中国企业"走出去"以及东道国政府和企业参与园区建设。2006—2012年间,中国企业在泰国、越南、柬埔寨、老挝、印度尼西亚、乌兹别克斯坦、哈萨克斯坦等地创办跨境园区20余个,约占同期新建跨境园区总数的33%,比2006年之前提升了将近10个百分点。其中,超过六成的中国跨境园区集中分布在东南亚地区,其余园区则零星分布在对中资接受度较高的中亚、西亚和南亚等国家的沿边城市和港口城市。而这一空间格局的形成,与中国—东盟之间不断深化的战略合作密不可分。自1991年中国—东盟对话启动以来,双方政治互信不断增强,从对话伙伴提升到战略伙伴;经贸往来效益显著,贸易和相互投资快速增长;对话机制日益完善,双方在交通、通信、文旅、农业、卫生、环保等重点领域开展了务实合作且取得丰硕成果,而这些都恰恰成为中国跨境园区在东南亚密集布局的重要基础①。再梳理跨境园区空间变化的时间线,可以发现相较于2006年以前,中国跨境园区在亚洲的分布,在首轮推进阶段呈现出在东南亚的中南半岛不断极化,并以此为重心向马来半岛和西北亚不断扩散的趋势。

众所周知,相较于经济发达、地缘亲近的亚洲地区,非洲地区在经济基础、地理区位等方面的条件并不突出,但实际上,中国的跨境园区在建设之初,也有近三成选择落座于非洲。究其原因,离不开非洲国家对外资投入和特区建

---

① 佚名:《中国—东盟合作:1991—2011》,《新华月报》2012年第1期。

设的热情，也离不开中非之间深厚友谊和友好合作的推动。20 世纪 90 年代初，随着席卷整个非洲的出口加工区立法潮的兴起，坦桑尼亚、乌干达、赞比亚等非洲国家纷纷开始兴建特殊经济区，希望效仿中国经济特区的成功经验，通过引进技术和开发市场，将现有的经济区进一步扩大和升级①。而后续中国在非洲启动的跨境园区项目，如莱基自由贸易区（2006 年）、苏伊士经贸合作区（2008 年）、赞中经济贸易合作区（2009 年）、塞拉利昂农业产业园（2011 年）等，也正是因为有了非洲东道国高层或当地政府的"背书"，才具备了成功奠基和发展壮大的有利条件。与此同时，1991 年以来，中国外长连续 30 年将非洲作为新年首访目的地；2000 年，中非合作论坛机制建立，正式通过了《北京宣言》和《中非经济和社会发展合作纲领》两个历史性文件；2006 年，中国政府首次发表对非洲政策文件，规划了今后一段时期双方在 30 个领域的合作，充分体现了中非世代友好、患难与共的情感，以及对直接投资非洲地区的重视和对合作建设跨境园区的支持②。2006—2012 年间，中国在非洲兴建的园区有八成位于非洲西部和南部，其中又以东道国首都和沿海港口城市最为密集。但从区位演进的过程来看，由于北非地区能源充足、经济发达，又与欧洲市场毗邻、地理位置优越，率先"走出去"的中国企业大多选择了北部非洲作为跨境园区在非建设的初始落脚地。可惜的是，政府和企业对北非的热情在该地区一次次的政治动荡中逐渐消磨，而西部非洲、南部非洲则趁机崛起，相继吸引了众多园区聚集。整体而言，这一时期的中国跨境园区，在非洲的布局重心已然出现了由"北—西—南—东"迁移的端绪。

长期以来，中国跨境园区在亚洲、非洲和欧洲地区的分布情况基本持平，而俄罗斯作为世界上面积最大的统一的多民族国家，由于其横跨亚欧大陆的特殊地缘条件，拥有世界上储量最多的森林、淡水和能源矿产等资源，占据了同期欧洲范围内所建设中国跨境园区总数的七成之多。2001 年，时任国家主席胡锦涛与俄罗斯联邦国家元首签署了《中俄睦邻友好合作条约》，充分体现了中俄两国睦邻友好的深厚历史传统和平等互信的战略伙伴关系。自条约签署以来，中俄关系快速发展，两国在经贸、投资、金融、能源、科技等领域的合作都达到了前所未有的高水平，而俄罗斯也成为布局中国跨境园区数量最多的

① 阿拉德纳·阿加瓦尔：《经济特区的演化：国际经验和教训》，深圳大学中国经济特区研究中心：《中国经济特区研究》2015 年第 1 期，深圳大学中国经济特区研究中心。

② 参见《中国对非洲政策文件》http://www.chinanews.com/news/2006/2006-01-12/8/677283.shtml。

国家。在2006—2012年间,中国的“走出去”企业在俄罗斯投资建设的跨境园区新增了16个,其中超过三成的园区密集分布于中国黑龙江省与俄罗斯远东地区的交界处,而其他园区则零散分布于俄罗斯境内,整体上呈现出由东向西略有扩散的趋势。至于位于西欧和中东欧地区的国家,大多与中国在经济结构、文化传统、发展需求等方面有着较大差异,相较于地缘邻近的亚非两地,这些国家对中国跨境园区的民众支持率和政府支持度普遍不高,东道国国内甚至更容易出现猜忌误解中国意图和观望排斥跨境园区建设的情况。直到2008年全球金融危机发生后,为尽快筹集资金、缓解债务压力、带动民众就业、振兴欧洲经济,这种情况才有所改变,中国的跨境园区建设也才在西方国家迎来了被正视和接纳的转机。尽管如此,这一时期的中国跨境园区在欧洲地区,尤其是西欧国家,新建数量不多且分布较为零散,有待进一步的开发和拓展。

三、“一带一路”倡议时期:中国跨境园区的布局拓展

如果说“入世”为中国跨境园区的首轮推进提供了良好的契机,那么“一带一路”倡议就是给中国跨境园区的第二轮拓展开启了强有力的助推器。2013年9月和10月,中国国家主席习近平在出访中亚和东南亚国家期间,先后提出了建设“新丝绸之路经济带”和“21世纪海上丝绸之路”的合作倡议构想,旨在利用古代丝绸之路的历史符号,借助既有的、行之有效的区域合作平台,通过加强交通、能源、网络等基础设施的互联互通建设,促进要素自由流动、推动市场深度融合、加强资源高效配置,从而实现更大范围、更高水平、更深层次的区域合作,与沿线国家共同打造政治互信、经济融合、文化包容、利益共享的命运共同体和责任共同体。“一带一路”横跨亚非欧三大洲,沿线主要涉及65个国家,其中包括44个亚洲国家、20个中东欧国家和1个非洲国家,覆盖总面积达到5 161.91万平方千米,约占全世界总面积的25%;拥有总人口数约为46亿,超过了全球人口的60%,且其中46个国家的劳动适龄(15—64岁)人口比例高于世界平均值;区域GDP总量(以现价计算)超过23万亿美元,约占当年世界经济总量的30%,是目前跨境投资和进出口贸易增长最快的区域之一,足见其发展潜力之大[①]。因此,“一带一路”倡议具有重大理论与实践价值,不仅是中国在新时代实行全方位对外开放的重大举措,也是合作应对当前世界和

① 杨言洪、徐天鹏:《“一带一路”沿线国家经济社会发展比较分析》,《北方民族大学学报(哲学社会科学版)》2016年第4期。

平赤字、发展赤字、治理赤字的战略选择，充分体现了新一轮全球化下大国应有的责任和担当①。

而跨境园区作为中国"一带一路"建设的先遣队，凭借其在建设主体、投资规模、园区类型等方面的良好灵活性，以及对东道国政治经济制度、社会文化风俗的深刻包容性，在中国与"一带一路"沿线国家和地区的战略合作中体现出诸多优势，如今已然成为中国对外开放中不可或缺的一环。特别是在商务部办公厅、进出口银行办公室等多方努力下，跨境园区的合作机制日臻完善；国家和各级政府也不断强化简政放权概念，企业和市场在园区建设中的地位和作用愈发突出；与此同时，越来越多的"一带一路"沿线国家认识到跨境园区建设对于自身发展的重要性，并开始将园区建设作为提升本国生产力、增强国际竞争力的重要战略组成部分。因此，自 2013 年起，中国的跨境园区在兴建数量、产业结构、综合效益等方面都获得了巨大的提升，跨境园区建设迎来了第二波热潮。据统计，自"一带一路"倡议提出以来，中国的"走出去"企业在境外投资、新建产业园区 100 余个，几乎是前 20 年跨境园区数量的总和，且其中超过七成的园区分布在"一带一路"沿线国家，半数位于"中蒙俄、中国—中亚—西亚、中国—中南半岛、孟中印缅"四大经济走廊。可以说，相比 2013 年之前，"一带一路"区域对园区的吸引力和集聚力得到了明显的强化。此外，随着"一带一路"倡议的不断推进和落实，中国在俄罗斯和非洲等地的跨境园区建设节奏有所放缓，园区自东南亚向南亚、中亚、西亚和中东欧拓展的趋势却日益明显，从整体的空间格局来看，中国的跨境园区在"一带一路"沿线各个区域内的分布变得更加均衡。

长期以来，中国的跨境园区建设在亚非欧三地基本呈现出"三分天下"的格局，直至"一带一路"倡议提出后，亚洲地区的潜在动能和市场吸引力才得以真正释放。2013—2018 年，中国位于亚洲的"一带一路"跨境园区新增了近 60 个，占据了同期园区新增总数的半壁江山，其中，又以东南亚地区为最，聚集了 50%以上的跨境园区。东南亚位于亚洲东南部，覆盖了中南半岛和马来群岛两大板块，是连接亚洲与太平洋、印度洋、大西洋的重要"十字路口"；所包含的东盟十国和东帝汶，则是中国"21 世纪海上丝绸之路"合作倡议的重点关注对象。自中国与东盟 20 世纪 90 年代启动对话进程起，中国与东盟各国一直保

---

① 参见人民网转载柴尚金：《"一带一路"的思想基础与时代意义》，http://theory.people.com.cn/n1/2018/1224/c40531-30483666.html。

持着互利共赢的战略伙伴关系,30年来,双边贸易持续增长、投资合作卓有成效、区域经济一体化进程不断加速,截至2018年底,中国和东盟双向累计投资额达2 057.1亿美元,双向投资存量15年间增长了22倍①。即便是在当前新冠疫情全球扩散、各国经济下行压力加大、国际贸易大幅萎缩的情况下,中国与东盟国家还能克服不利影响,保持共建"一带一路"的合作势头,实现2020年上半年度进出口总值5.6%的逆势增长,足见中国与东盟合作的巨大潜力和强大韧性②。而就这一阶段跨境园区在东南亚地区的布局变化而言,园区在中南半岛的极化趋势继续加深,并不断加速向南洋群岛,尤其是马来半岛国家扩散,未来更是有望借助中国—中南半岛经济合作走廊沿太平洋及印度洋方向再度外延。至于广大的南亚、中亚和西亚地区,作为"一带一路"倡议沟通东亚经济圈和欧洲经济圈的重要"中间通道",近年来对中国企业和跨境园区的吸引力不断增强,目前南亚的印度和巴基斯坦以及中亚的哈萨克斯坦和塔吉克斯坦,是中国"一带一路"跨境园区在东南亚以外地区最重要的落户地,而这些地区中相对靠近中国的内陆城市和发达的沿海港口城市更是中国对外直接投资的主要接受地。

非洲位于欧洲以南、亚洲之西,东濒印度洋,西临大西洋,纵跨赤道南北,地理位置卓越,大陆幅员辽阔,自然资源丰富,劳动人口充裕。早在明朝时期,就有郑和下西洋四访非洲,将古代中非关系推向了高峰,谱写了海上丝绸之路的壮丽篇章;在2015年的中非合作论坛上,习近平总书记又再次强调了非洲是中国新丝绸之路建设的重要方向之一,必须做强夯实"五大支柱"、全面落实"十大合作计划",从而助推中非战略伙伴关系全面升级③。此后,中非之间的经贸合作不断实现新突破,2019年,中非双边贸易额达到2 087亿美元,同比增长了2.21%,这是中国连续成为非洲第一大贸易伙伴国的第11年;与此同时,中国当年在非洲承包工程新签合同金额559亿美元,完成营业额460亿美元,解决了当地34.6万人次的就业问题,为非洲经济的持续增长提供了强劲动力④。

---

① 参见央广网:《中国连续十年保持为东盟第一大贸易伙伴　区域经济一体化进程加速》,http://news.cnr.cn/dj/20190731/t20190731_524712722.shtml。

② 参见央广网,国新办:《中国与东盟互为第一大贸易伙伴》,http://m.cnr.cn/news/20200927/t20200927_525279118.html。

③ 参见中国新闻网转载,李新烽:《中非关系与"一带一路"建设》,https://www.chinanews.com/gn/2019/04-22/8816412.shtml。

④ 参见中华人民共和国商务部:《2019年中非、中南双边经贸合作数据》,http://www.mofcom.gov.cn/article/i/jyjl/k/202003/20200302941368.shtml。

据商务部统计，截至 2018 年底，中国在非洲设立各类企业超过了 3 700 家，对非全行业直接投资存量超过 460 亿美元，而“一带一路”跨境园区也成为中国对非投资的重要依托，大大推动了中非产业投资的深度融合①。当前，分布在非洲的 40 余个中国跨境园区中，有 18 个位于东部非洲，12 个位于南部非洲，8 个位于西部非洲，4 个位于北部非洲，整体上园区分布呈现出“东南多、西北少”的局面。实际上，自首轮拓进阶段，中国跨境园区在非洲的布局就开始由西北向东南方向逐渐移动，“一带一路”倡议的提出和落实只是加速了这一扩散过程，使得东部非洲成为继西部非洲、南部非洲之后，又一个新的跨境园区聚集地；而这一阶段，中国在非洲的跨境园区新增了 24 个，其中近八成分布于东部非洲，且大部分集中在埃塞俄比亚、坦桑尼亚、乌干达等印度洋沿岸国家。

在冷战结束后，中东欧和独联体国家在发展转型、消费升级的过程中，释放出巨大的需求，从而一度成为中国“倒爷”“练摊”“提篮小卖”的淘金地，在此过程中兴建的各色中国商城，甚至有一部分经政府引导规范、企业主导提升后成功转型为通过国家考核认定的国家境外合作区，如 2011 年烟台新益和山东帝豪在匈牙利分别投建的宝德经贸合作区和中欧商贸物流合作区②。中东欧是连接亚欧大陆的重要纽带，自 2012 年首次中国—中东欧国家领导人会晤在波兰举行，中国—中东欧合作突飞猛进，双边贸易稳步增长，对外投资持续扩大③。特别是在 2015 年第十七次中国—欧盟领导人会晤上，中欧双方再次强调了积极推进“一带一路”倡议与欧洲投资计划对接，建立中欧共同投资基金和互联互通合作平台，对于深化中欧各领域合作、提升双方全面战略伙伴关系的重要意义。④ 据不完全统计，2018 年中国与中东欧 16 国贸易额为 822 亿美元，较 2011 年增长了 55.4%；中国企业在中东欧国家投资总额超过 100 亿美元，涉及机械、化工、环保、物流、新能源等众多领域；截至 2020 年 9 月底，中欧班列累计开行超过 3 万列，成为“一带一路”建设的重要成果和突出亮点⑤。就

① 参见中新网、商务部：《中国已连续十年成为非洲第一大贸易伙伴国》，https://www.chinanews.com/cj/2019/06-04/8855720.shtml。

② 林拓、蔡永记：《打造“一带一路”前行航标——新时代中国海外园区再出发》，中国社会科学出版社 2018 年版。

③ 参见新华网：《新闻背景：中国—中东欧国家领导人会晤》，http://www.xinhuanet.com/2019-04/10/c_1124348838.htm。

④ 参见新华网：《第十七次中国欧盟领导人会晤联合声明(全文)》，http://www.xinhuanet.com/world/2015-06/30/c_1115774915.htm。

⑤ 参见中国新闻网，商务部：《2018 年中国与中东欧 16 国贸易额为 822 亿美元》，https://www.chinanews.com/gn/2019/05-29/8850546.shtml。

当前跨境园区在中东欧的建设情况来看,尽管园区数量仍旧远低于亚非两地,但“一带一路”倡议提出后,园区在中东欧的布局速度明显加快,整体呈现出稳步拓展的态势。而俄罗斯地区,自 2006 年起花费在 33 个经济特区的费用高达 1 860 亿卢布,但由于缺乏管理决策协调,预算资金使用效率低下,每在经济特区创建一个工作岗位需要耗费预算 1 000 万卢布,为此,俄罗斯总统普京于 2016 年下令停止建立新的经济特区,并将 10 个现行的、工作不力的经济特区予以关闭①。受此影响,这一时期中国跨境园区在俄罗斯的增长势头较前期有所下降,但园区的总体数量仍然仅次于东南亚地区,且在中俄蒙、中俄—中亚经济走廊的建设下,中国“一带一路”跨境园区在俄罗斯境内由东部边疆区向远东西部地区延伸的趋势不断加深。

正如联合国贸易和发展会议在《2019 年世界投资报告》所言,与境外伙伴合作建立产业园区,或将成为国际经济合作的新方式、新趋势。中国的“一带一路”跨境园区建设蕴含了独特的中国智慧,体现了深厚的中国情怀,不仅是区域经济一体化的重要产物,更是国家间加强战略对接和国际合作的关键平台。当今世界正面临百年未有之大变局,在此发展变革的关键时期,中国在“一带一路”倡议下深入推进跨境园区实践,不仅有利于与东道国的优势产业形成互补,推动入园企业产业升级,实现双边互利共赢;还能共享先进的“中国经验”,树立正面的“中国形象”,为与沿线国家探索全球治理手段和多元合作方式提供了有效的方向。因此,在“一带一路”倡议下,中国以跨境园区为纽带,加速推进沿线经济融合和基础设施建设势在必行,而科学、合理的园区布局更是重中之重。

① 参见人民网:《俄罗斯十个经济特区将关闭　普京下令整改》,http://world.people.com.cn/GB/n1/2016/0609/c1002-28423782.html。

第四章　中外跨境产业园区比较

“跨境产业园区”的一种定义为，两国以上国家或地区利用边境区位优势，以提升边境地区经济发展活力、促进边境人文交流、提高边境投资吸引力为目的，在边境指定区域开展进出口加工、进出口商贸物流、跨境旅游等经济合作[①]。这种定义强调了地理意义上的跨境，它使不同要素得以自由流动，追求各自边际回报的最大化，最后形成了“你中有我，我中有你”的格局。但除此之外，跨境产业园区的定义还有另一个层次，即一定意义上的对外投资（Outward Foreign Direct Investment）属性。从具体实践来看，“跨境产业园区”应至少涵盖两个国家：分别是母国和东道国。其中，东道国是产业园区在地理上的位置，而母国可以为东道国提供建设产业园区所需要的技术、资金等一系列要素支持，以换取东道国的回报。对外直接投资摆脱了跨境园区需要地理接壤这一条件。一般来说，东道国会接受母国的直接投资，为跨境园区事先进行基础设施建设。母国不但参与投资建设，还会参与园区运营管理，最后参与园区分红。但是，对外投资并不是园区具有“跨境”属性的必要条件。本章的相关案例说明，由母国独自建设，而由跨国企业参与管理并自治的情况也确实存在。

在介绍典型案例的基础上，本章还对中国在国外建设的跨境园区和外国之间的跨境园区进行比较。自改革开放以来，中国从最初拒绝外资进入，一步步向前跨越，最后把跨境园区建到其他国家的领土上，这其中既蕴含着中国国际地位的上升，也体现了中国的心态和观念愈加开放。2020 年 8 月，在与经济社会领域专家座谈会上，习近平总书记指出：“要积极参与全球经济治理体系改革，推动完善更加公平合理的国际经济治理体系。”跨境产业园区是中国吸收消化其他国家经验，并参与全球治理的重要组成部分。因此，通过国际比

---

① 骆永臣：《文山州中越经济园区建设对策研究》，云南大学硕士研究生学位论文，2016 年。

较,剖析其他国家跨境产业园区的优点,分析中国当前跨境产业园区建设中的不足,更好地定义中国跨境园区模式,是积极参与全球经济治理的应有之义。

第一节 国外跨境产业园区概述

一、东亚:现代跨境产业园区的发源地

第二次世界大战之后的日本和韩国虽然不再是“殖民地”,但却都加入以美国为首的资本主义阵营,试图在亚太建立遏制苏联和中国的战略屏障。以韩国为例,三星公司在朴正熙时代获得了大量来自美国和日本的投资,从而在京畿道水源区建立了研发园区。这是冷战时期比较接近现代跨境园区定义的一个案例,但没有公开资料证明美国和日本的投资是来自政府还是来自企业。但是依靠这些投资,三星公司奠定了成为当代韩国最大财团的基础。能够确定的是,现代跨境产业园区的雏形始于这一类型的对外直接投资。由此可知,东亚确为现代跨境产业园区的发源地。

从当前的全球对外直接投资格局来看,跨境产业园区的母国大多是东南亚国家。例如新加坡在越南、中国和印尼投资的工业园,日本在印度尼西亚、越南、菲律宾、印度、泰国投资的工业园,中国在“一带一路”沿线的跨境工业园。除了中国之外,新加坡和日本的跨境园区建设基本以民营企业的投资为主,且集中于少数几家著名跨国企业,如日本的住友集团、双日株式会社、大和房屋集团和新加坡的腾飞集团。在东南亚地区之外,当前规模较大的国外跨境产业园区还包括美国波音公司在摩洛哥建立的工业园、日本住友集团在摩洛哥建立的五个工业园(丹吉尔自贸区、丹吉尔汽车城、得土安轻工业园、得土安离岸业务园、丹吉尔地中海物流保税区)。

值得一提的是新加坡的跨境园区建设,其主要策略是在周边国家集中投资建设产业园区、科技城,试图将本国产业园区的模式复制到东道国。除了班加罗尔国际科技园之外,新加坡还在中国投资了十多个产业园区,包括苏州工业园、苏州创新园①、天津生态城、中新广州知识城等;在越南投资建立了5个越南—新加坡工业园(Vietnam-Singapore Industrial Park,简称为VSIP),分

① 由新加坡腾飞集团投资建设。

别位于平阳省、海防市、北宁省和广义省；在印尼投资建立了巴淡岛工业园、民丹岛工业园。新加坡投资跨境园区包含了政府投资和企业投资两类。其中，中国的苏州工业园属于前者，工业园区的新方主席也由政府官员担任①；而班加罗尔国际科技园和苏州创新园属于后者。但是，这两类跨境园区的投资方式，都是通过成立与东道国合作的独立机构来承担对园区的管理并实现投资的收益。其中，苏州工业园的管理机构是苏州工业园区开发有限公司，而班加罗尔国际科技园主要依托腾飞印度国际科技园信托。虽然新加坡只在印度投资建立了班加罗尔国际科技园这一个园区，但是它的知名度却是相对最高的。

二、国外跨境产业园区案例

（一）班加罗尔科技城与班加罗尔国际科技园

1. 园区概况

众所周知，班加罗尔是世界知名的 IT 产业集聚地，享有“印度硅谷”的盛誉。刘双云指出，1991—1992 年，班加罗尔的计算机软件出口仅为 150 万美元，而到了 2000—2001 年度，这一数值已增至 16.3 亿美元，10 年间增长了 108 倍，占印度计算机软件出口总额的 26.3%，2003 年进一步提升至 37.5 亿美元，占比也提升至 30%。其中，班加罗尔科技城（Bangalore Science Park，简称 BSP）聚集了一大批当地和世界知名的跨国企业（夏普、通用电气、IBM 等）。由此，与美国加州的“真”硅谷对标，班加罗尔名副其实。从 1987 年开始，印度电子部就开始着手在浦那、布班内斯瓦尔和班加罗尔筹建三个软件产业园区，每个产业园区投资 5 000 万卢比。1991 年，印度政府又投资了 50 亿卢比，为这三个软件园区购买了数据通信设备。

班加罗尔国际科技园（International Tech Park Bangalore，简称 ITPB）创建于 1991 年，位于印度的卡纳塔克邦班加罗尔市的特菲尔德地区，距离班加罗尔机场 14 千米，距班加罗尔市中心约 18 千米。该园区占地 28 公顷，总建筑面积约 25 万平方米。它由该邦工业区发展委员会（KIADB）、印度塔塔集团与星桥—腾飞集团主导的新加坡国家财团合资建设，总投资约 4 亿美元。其中，新加坡国家财团和塔塔集团各占 47%，KIADB 占 6%。2005 年初，腾飞集团宣布收购塔塔集团的股份，与原来的股份合并，由腾飞印度国际科技园信托

① 详见苏州工业园区管理委员会官方网 http://www.sipac.gov.cn/zjyq/zxhz/201904/t20190409_1013754.htm。

持有①。目前该园区内有10个办公楼群,还有开阔式广场与泊车空间②。根据腾飞集团官方公布的数据,当前入驻ITPB的企业中有3/4是跨国企业,绝大多数是IT及相关产业,大约有50%的企业的主营业务是软件开发,另有40%的企业主营业务是呼叫中心和业务流程外包(Business Process Outsourcing,简称为BPO③)

2. 园区成功经验

首先,班加罗尔园区选址得当,基础设施便利,适合"产、学、研"的结合。早在20世纪50年代,尼赫鲁政府就把航空航天、电子和精密仪器等战略技术的研发基地设在了班加罗尔。当时的考量是,由于班加罗尔空气质量好,符合精密制造业的生产要求,且气候宜人,易吸引人才前来定居④。围绕着这一部署,这里聚集了7所以计算机专业为主的高校,292所高等专科学校和高等职业学校,28所国家和邦一级的科研机构。值得一提的是,印度的高校设有董事会,董事会有义务向一线科研人员反映企业需求,以保证教学和科研能与现实世界紧密结合。另一方面,高校也鼓励师生创新和创业,甚至允许科研人员在研究单位停薪留职,带着科研项目在业界就职。5年之后,本着自愿原则,科研人员可以回到原单位工作。为了更好地吸引企业入驻园区,卡邦政府还以优惠的价格提供水、电、气等基础设施。除此之外,印度政府十分重视软件人才的培养。1999年,印度信息技术部制定了"知识行动"计划,拨款9亿卢比为印度理工学院更换计算机系统,旨在培养高级软件工程师。2011年,中央政府拨款15亿卢比,直接用于提高软件科研人员和高校教师的薪酬;印度政府也设立了各种奖励基金(Swarnajayaniti学术奖金、Ramana学术奖金、Bose学术奖金等)。

其次,政府通过实施税收优惠,减轻园区内企业的运营负担。1992年,印度建立了软件进出口特区,对区内企业免除所有关税,而区外企业实行进口零关税和出口利润完全免税的双重免税政策。以此为开端,印度对财税制度进行了改革,针对软件企业的政策频出。例如,对软件产品全部用于出口的企业免征增值税,对其他各类形式的软件出口收入免除5年增值税,园区企业进口

---

① 除了班加罗尔国际科技园之外,腾飞集团还管理着位于浦那的国际科技园。

② 腾飞集团官网:https://www.capitaland.com/cn/zh/find-a-property/global-property-listing/businesspark-industrial-logistics/international-tech-park-bangalore.html#。

③ 它一般是指企业核查业务流程的职能,然后将部分流程外包给供应商,并由供应商来对流程进行重组。

④ 尚可:《亚洲新"硅谷"——记印度班加罗尔高科技园》,《时代经贸》2006年第9期。

计算机与相关硬件可全部免税①。针对科技园区,根据 1991 年颁布的“软件技术园区(STP)计划”,对商务部所辖的 6 个出口加工区和电子工业部所辖的 7 个软件产业园区免除关税,免收区内企业在进口资本货物时的任何关税。在园区内注册的企业可享受免缴 10 年增值税的优惠。减税政策还进一步突破了软件行业本身,进而延伸到产业链的上下游。20 世纪 90 年代,对各类软件公司的产品免征流转税;对于软件产业园区中的企业从国内保税区的各类采购免征货物税。1999 年开始,对软件服务企业免征劳务税。除此之外,公民个人购买计算机和软件可部分抵扣个人所得税。政府和园区还给予软件企业各类融资支持:在传统股权市场上,允许信息技术企业在注册满一年后即可公开上市融资;在债权市场上,印度商业银行为园区企业提供专门优惠贷款,且商业银行的分支行有专门的金融部门为软件企业服务。此外,也有商业银行以入股形式参与园区企业投资。

第三,班加罗尔采用的是大园区中分片试验的方法,为各类园区运营模式提供运作空间。这本身是一种创举,值得借鉴且可行性较高。事实上,班加罗尔集聚了 30 多个产业园区②,主要以软件产业为主。BSP 与 ITPB 只是其中的两个。固然,可以将这 30 多个园区笼统地归为一个“整体”,不可否认,这一“整体”奠定了班加罗尔作为国际软件研发中心的地位。但是,不同的企业入驻不同片区,将面临不同的规则。本章将 BSP 和 ITPB 列为典型,是因为这两个产业园区均带有较强的跨境属性,但两者的跨境属性却不尽相同。前者的跨境属性体现在园区自治上,相当于跨国企业直接参与园区管理,这说明 BSP 本身园区规模较大(BSP 占地 880 公顷),模式也相对成熟;而 ITPB 是由新加坡财团和当地政府合作建设的,规模相对较小(占地 28 公顷),自主管理的成分较少。事实上,参与融资和建设 ITPB 的新加坡腾飞集团,其主营业务是房地产信托,本身与软件产业无关,也不依靠企业的生产行为来获得收益。腾飞集团设立了腾飞印度国际科技园信托来负责 ITPB 和另一个位于印度的科技园——浦纳科技园的运营。在初始投入后,项目收益来自两部分:第一部分来自资产增值,由于腾飞集团持有班加罗尔国际科技园 94%的股份,园区整体增加值的提高意味着股份相应增值;第二部分来自管理费用,由入驻园区的企业支付。由此可见,整个 ITPB 本身就类似于一个联合经营的“物业公司”,而

---

① 苏海鑫:《印度软件业发展及其政策探析》,《西部皮革》2018 年第 4 期。

② 王德禄:《班加罗尔科技园的经验和启示》,《中关村》2015 年第 10 期。

入驻的企业则相当于"住户",不同于 BSP 的园区自治,需要服从一定的管理。

王德禄对 ITPB 的建设模式进行了调研①。园区从规划到启动建设约有 30 年时间,具体由卡纳塔克邦政府下属电子产业促进公司负责规划,由邦政府负责从私人手里购买土地,再把土地分别出售给入驻的大公司,由这些大型企业直接投资建设。和 ITPB 不同的是,BSP 采用自治模式,由入驻企业组成的产业协会来负责基础设施的建设、公共服务供给,并维护电子城内的公共安全。2013 年,卡纳塔克邦授权电子城的产业协会成为一个准政府机构,这一机构甚至拥有征税权,而所征得的税款直接用于提供电子城内的公共服务。

综上所述,BSP 的自治模式已经突破了一般意义上的静态的"跨境",而进入了一种"动态"模式。虽然 BSP 自身的平台建设是以印度和卡纳塔克邦政府为主导,建立初衷是为了扶持本国的软件产业,没有明显的"跨境"属性。但在招商引资过后,园区运转逐渐形成了常态化。印度政府清醒地认识到,无论如何扶持,印度软件企业总要面对跨国公司的竞争,因此,印度政府逐渐让位,让企业发挥市场主体的作用,使本国企业直面跨国公司的冲击。值得赞赏的是,印度政府愿意把 BSP 管理让位于自治机构,这一行为变相鼓励了跨国公司留在印度,BSP 也因此具备了"跨境"属性。事实也充分证明了这一举措受到了跨国公司的欢迎。

ITPB 是新加坡对外投资策略和印度 IT 产业策略的巧妙结合,对中国而言极具借鉴意义。从新加坡的角度来看,它瞄准了印度"以 IT 立国"的发展思路。从投资策略上,这一战略从 1984 年提出到 1991 年建立,新加坡花了足够长的时间来印证这一战略的长期性。从印度角度来看,它也需要新加坡的资本。因此,双方一拍即合,各取所需。事实证明,印度的 IT 产业的确具备极高的经济价值,为新加坡的投资带来了持续且稳定的回报。

(二) 大湄公河次区域经济合作

大湄公河次区域(Great Mekong Subregion Cooperation,以下简称 GMS)是在 1992 年由亚洲开发银行发起的,涉及湄公河流域的六个国家:中国、缅甸、老挝、泰国、柬埔寨和越南。赵亚婷认为,GMS 的运作有三个层次:第一层次是亚洲开发银行,是主要的协调者和投资者;第二个层次是每三年召开一次的次区域国家领导人会议;第三个层次是部长级会议,保证相关的投融资计划得以实施。

---

① 王德禄:《班加罗尔科技园的经验和启示》,《中关村》2015 年第 10 期。

需要说明的是，虽然在合作框架上，次区域六国签订了诸多协议，如《次区域经济合作——关于柬埔寨、老挝、泰国、越南和中国云南省进行合作的可能性(1993)》《大湄公河次区域经济合作——由倡议走向实施(1994 年)》《次区域发展未来十年战略框架(2001)》等。但事实上，GMS 的组织并无严格的规章制度，且这一框架与湄公河流域国家之间的其他双边或多边计划有所重叠，例如，2003 年柬埔寨、老挝、缅甸和泰国建立的伊洛瓦底江—湄南河—湄公河经济合作战略(ACEMECS)。此外，GMS 虽然是区域性经济合作框架，而非标准意义上的跨境园区，但这一框架背后，是由"一组"跨境园区和经济特区支撑起来的。这些"点状"的园区通过湄公河流域串联起来，构成了一个"面"。如表 4 - 1 所示，GMS 流域边境走廊一共 18 组经济特区，每组经济特区或园区虽然分属不同国家，但地理位置相近；而且，这一合作框架不仅包含了以中国为主导的园区，还包括了其他国家在边境设立的产业园区(或称为合作区)。下面主要介绍 GMS 区域性合作的典型代表——中老边境的磨憨—磨丁经济合作区和泰缅老边境的湄索特区。

表 4 - 1　GMS 流域边境走廊的特区

走　廊	边境经济特区	
南北经济走廊	磨憨(中国)	磨丁(老挝)
	Tonpeung(老挝)	金三角(缅甸)
	瑞丽(中国)	Muse(缅甸)
	萍乡(中国)	Dong Dang/Lang son(越南)
	河口(中国)	Lao Cai(越南)
	MongCAi(越南)	防城港(中国)
	Chiang Kong(泰国)	Houaysai(老挝)
	Tachileik(缅甸)	Mae Sai(泰国)
东西经济走廊	Myawaddy(缅甸)	Mae Sot(泰国)
	LaoBao(越南)	Dansavanh(老挝)
南部经济走廊	Savan Seno(老挝)	Mukdahan(泰国)
	Bavet(柬埔寨)	Moc Bai(越南)
	Thadeua(老挝)	Nong Khai(泰国)
	Dong Kralo(柬埔寨)	Khong Phapeng(老挝)

续表

走廊	边境经济特区	
南部经济走廊	Poipet(柬埔寨)	Aranyaprathet(泰国)
	Koh Kong(柬埔寨)	Trat/Souy Cheng(泰国)
无	Vang Tao(老挝)	Chong Mek(泰国)
	Pak Nhai(柬埔寨)	Pleiku(越南)

资料来源:亚洲开发银行。

1. 磨憨—磨丁经济合作区

磨憨原属中国最南端的一个陆地边境小镇,隶属于云南省西双版纳傣族自治州勐腊县,与老挝接壤。1992年,国务院批准磨憨口岸为国家一类口岸。1993年12月,中老两国磨憨—磨丁国际口岸开通。2006年,经云南省政府批准,正式设立磨憨进出口贸易加工园区,属县政府正科级派出机构。2006年升级为磨憨经济开发区,为州政府正处级派出机构。2012年,磨憨再度升级为省级边境经济合作区。2012年3月,时任云南省省长李纪恒出访老挝,与老挝领导人就共同建设中老跨境经济合作区达成共识。2013年6—9月,云南省与老挝南塔省之间建立了两省联合工作组机制,并于10月在景洪市召开了首次联合工作组会议,签署了《中国磨憨—老挝磨丁跨境经济合作区框架协议》及《加快中国磨憨—老挝磨丁经济合作区建设合作备忘录》。其实在当年8月,云南省政府就已出台了《云南省人民政府关于支持西双版纳州磨憨跨境经济合作区建设若干政策》,支持先行先试。2014年6月,中老两国政府签署《关于建设磨憨—磨丁经济合作区的谅解备忘录》,标志着合作区建设从省级合作上升为国家合作。2015年7月,国务院批复建立云南勐腊(磨憨)重点开发开放实验区,成为副厅级管理机构。2015年8月31日,中老两国政府签署《中老磨憨—磨丁经济合作区建设共同总体方案》。

2016年3月4日,国务院正式批复同意设立磨憨—磨丁经济合作区,这是中国与毗邻国家共同建立的第2个跨境经济合作区。该合作区的中方区域规定总面积为34.67平方千米,含核心区4.83平方千米及拓展区29.84平方千米。目前全区常住人口1.4万人。该合作区的战略定位为:到2025年,把中老合作区建设成为中老战略友好合作示范区、中国与东盟深化合作先行区、中老边境地区发展样板区。2019年,云南省编委下发《关于设立中国—老挝磨憨—磨丁经济合作区管理机构的通知》,明确合作区为省委、省政府派出机构。

公开资料显示，目前经济合作区和勐腊（磨憨）重点开发开放试验区实行的是“一套班子、两块牌子”的管理模式。

根据《勐腊（磨憨）重点开发开放试验区境外边民入境务工管理试点办法》，境外边民只要年满18岁、有一定专业技能、有明确用人单位、无违法犯罪记录，且持有效证件入境，就能由用人单位为其在试验区相关部门办理务工登记证。其工作区域包含勐腊现代服务集聚区、磨憨经济合作区和进出口加工功能区、水港经济功能区。原则上，境外务工边民与国内员工实行同工同酬。

根据2020年1月发布的《云南省勐腊县磨憨片区控制性详细规划》，合作区的发展目标是建设成为区域性国际口岸城市，大力发展现代物流、进出口加工、跨境旅游休闲、商贸会展和金融服务。其中，加工制造业定位为发展中国—东盟互补产品，涉及农副产品、纺织服装、机械设备、电子产品、橡胶、木制品、包装等行业。同时，生物医药、新能源、新材料等新兴产业也逐步引入合作区①，全面打造面向中南半岛的现代化国际口岸城市。其遵循“一心一核、一轴一带、五区多点”的规划结构：“一轴”是指纵向延伸的城市发展轴，包含了“五区”中的尚岗进出口加工区、火车站城市商务金融区、口岸商贸旅游区，“一带”是指由西北向东南延伸的跨境经济产业带，包括了磨龙仓储物流加工区和南坡国际产能合作区，后者主要承担的是铁路方面的合作②。基础设施改善的效果是显著的：2009—2015年，磨憨—磨丁口岸进出口货运量年均增长30%以上，进出口货值年均增长60%。

在老挝方面，2009年，老挝根据其《促进投资法》成立了磨丁经济特区，它是老挝第一个国家级经济特区，其建设与中国境内的磨憨合作区基本同步，也是中国和老挝之间唯一的国家级一类陆路口岸。其正处于昆明、万象和曼谷三大城市的中心节点上，中国—老挝—泰国的陆路货物运输、出入境旅游大都通过磨憨—磨丁合作区进行中转和集散。除了可自主开发的16.4平方千米之外，还有17.9平方千米的森林保护区，其总面积达到了34.3平方千米，与中方区域面积相当。中国商务部的信息显示，磨丁特区是经济上独立经营的开发区，直接隶属于老挝中央政府。2012年9月，老挝中央办公厅下发委任决议，

---

① 资料来源：中国老挝磨憨—磨丁经济合作区管理委员会窗口官方网站，https://ynmhjkq.xsbn.gov.cn/124.news.detail.dhtml?news_id=806。

② “国际产能合作”是由发改委、商务部和外交部在2015年发布的《“一带一路”的愿景和行动白皮书》中提出的，其基本考量是利用中国有富余的优势产能（钢铁、水泥、平板玻璃等）与发展中国家大力推进工业化和城镇化的需求相契合。由于中老铁路贯穿磨憨—磨丁合作区，因此在此案例中，高铁的国际产能合作占据了重要地位。

成立磨丁管理委员会,任命云南海诚实业集团董事长周昆为管委会主席,副主席由老挝方面的翁康·培塔翁担任。根据老挝政府授权,磨丁特区管委会采用符合国际经验的“小政府、大社会”的管理模式,尽可能精简行政机构,简化流程。其中最主要的措施是设立“一章制”办公室,负责审批各种执照和文件。

磨丁特区管委会享有一定特权。首先,它拥有招商引资和审批投资的自主权①,并可自行制定本区域范围内的土地及不动产价格,允许新政策、新制度、新模式先行先试。其次,特区规定,在磨丁特区生产和组装的产品,如果出口则必须贴标为“老挝生产”(Made in Laos),取得老挝原产地证书。第三,磨丁特区执行“境内关外”的保税政策,还能享受东盟十国绝大多数产品贸易关税降至0—5%的税收优惠政策和35个国家(地区)的最惠国待遇。其中,进口用于在区内使用、销售和提供服务的商品,将获得免除进口税的优惠(但是商品若只是从特区过境而进入老挝国内,则需要按照老挝税法执行)。第四,外国法人可自由注册企业,并允许100%控股。

磨丁特区由云南海诚集团旗下的独资子公司——老挝磨丁经济特区开发集团有限公司开发建设。除了中方和海诚集团之外,磨丁特区还进一步借助公开招标招商,不断完善基础设施的规划和建设。自合作区建立之后,已经有老中银行、中国水电十四局工程有限公司、内蒙古莱德马业有限公司、香港先丰服务有限公司等企业先后落户磨丁。除此之外,磨丁的各项基础设施基本已经投入施工,预计总投资约30亿元人民币。其中,物流加工园区已于2017年先行投入使用。本书附表3列示了部分当前正在招商引资的项目,包括基础设施、国际商业中心项目和国际保税物流加工园区。除此之外,磨丁国际公园和寮国古镇的项目也正在进行招标。

2. 湄索(Mae Sot)特区

泰国和缅甸地区最活跃的区域,就是泰国Tak省的湄索(Mae Sot)特区和缅甸的苗瓦迪特(Myawaddy)特区。Mae Sot的高速公路能够直通泰国首都曼谷,因而货物的流通非常便利。其次,Mae Sot特区紧贴泰缅边境,因此能吸引到很多来自缅甸和缅甸附近难民营中的外出务工者。这些缅甸的务工者可以白天在泰国工作,而晚上居住在缅甸,被称为“白天工人”(day-worker)。在2003年以前,泰缅边境的产业和贸易基本不受管制,也缺乏足够的基础设施和安全的营商

---

① 磨丁特区可自主审批的投资项目种类包括:出口工业、商贸仓储、现代居住业、银行金融业、绿色工农业等九大种类。

环境，因此企业投资极少。2008年，缅甸政府在Myawaddy建立了边境贸易区，主要提供仓储设施和土地用于工厂和仓库的建设。2009年，泰国正式批准建立了Mae Sot特区。2011—2012年，由于缅甸政局趋于稳定，泰缅两国政府正式展开合作，致力于促进Myawaddy和Mae Sot这一组经济特区的一体化。在相当长的一段时间内，劳动密集型产业主要集中于泰国一侧，但现在一些加工贸易已经转移到了缅甸，但是高附加值的产业仍然留在泰方的Mae Sot。

2016年4月，亚洲开发银行在湄索特区进行了一项调查，详细评估了特区建设的经济效果。这一调查囊括了约100家公司，其中98%是泰国注册的本地企业。被调查公司按照"很好、好、一般、差和较差"对经济特区总体商业环境进行评价。表4-2的结果显示，企业对基础设施质量和公共服务质量的总体评价是比较积极的，超过3/4的公司给予电力、水、互联网和废物处理的基础设施评价"一般"或"好"。对水和电公共服务质量的评价低于基础设施，评价为"一般"的数量明显较多，但仍有不到1/4的企业给予公共服务质量以"差"或"非常差"的评价。在社会治安以及政府政策一致性方面也出现了类似分歧：大约1/3的企业表示好于"一般"水平，也有1/3表示差于"一般"水平。

表4-2　Mae Sot跨境园区商业环境的整体评估

	很好	好	一般	差	很差
基础设施建设					
电力建设	8	44	30	12	6
水资源供给	9	46	21	15	9
网络连接	12	34	30	21	3
废物处理	7	39	30	16	8
公共服务质量					
电力连接	7	40	29	19	5
水务连接	7	33	36	13	11
社会治安	5	29	34	20	12
政府政策一致性	5	29	36	24	6

资料来源：亚洲开发银行。

从劳动力市场来看，接受调查的公司中，绝大多数是小型企业，通常工人少于10名且大部分为本地工人；而大公司依赖外国工人，其中大多是缅甸工人。Mae Sot 特区的最低工资规定为 300 泰铢/天(约折合 8.40 美元/天),即每个低技能的生产性劳动力每月能获得的最低报酬为 257 美元。这意味着,Mae Sot 特区的产业主要还是以低附加值为主,而劳动力的主体是低技能劳动力。

这项调查还发现,只有 8 家企业知道经济特区有管理机构的存在,而且它们之中也并非全部有与经济特区政府沟通的经历。由此可见,Mae Sot 特区的行政管理水平较低,政府缺少存在感。虽然特区行政机构已经就当地基础设施进行了改善,但远没有到让企业满意的程度。这与中国政府对园区的管理方式形成了鲜明对比。

综上所述,Mae Sot 特区有效地促进了泰缅两国的劳动力流动。由于跨境园区建设缩小了边境两国的工资差异,帮助双方更好地融入全球价值链。最近几十年来,泰国服装业及其他劳动密集型产业依靠缅甸的低技能劳动力有效控制了生产成本。2016 年,园区内的企业绝大多数还是泰国公司,它们利用国内的投入和资金,受惠于缅甸的低成本劳动力;如今,已经有一部分企业把生产基地迁到了缅甸一侧的 Myawaddy。随着缅甸政治体制改革的推进,这一产业转移的过程也将随之加快。

第二节　中外跨境产业园区比较分析

一、设立动机:尽快输出过剩产能,实现国内结构转型

从动机来看,中国对外跨境园区建设与国内产能过剩紧密相关。例如,与高铁建设相关的水泥、建材均已被列入国家八大重点淘汰落后和过剩产能的行业。许宝成更是直截了当地指出,“通过加大对外投资把过剩的产能带出去,是中国现阶段发展的必然趋势”①。由此可见,为了尽可能地避免过剩产能带来的负面效果,建设跨境园区是实现国内产业结构转型的必由之路。

在理论上,中国建设跨境园区的动机与小岛清提出的边际产业扩张理论一脉相承。他的观点是,逐渐丧失比较优势的劳动密集型行业,能够与东道国的要素禀赋结构相契合,并利用产能输出来促进本国的产业结构升级。历史

① 许宝成:《加速推动中国高铁走出去》,《施工企业管理》2015 年第 4 期。

上，日本在 20 世纪 50—70 年代的对外投资也有很强的输出过剩产能的动机。值得注意的是，小岛清的理论是一种“事后总结”，当时日本在进行大规模对外投资时，并无相关政策设计。换言之，当时的日本并未在政策层面意识到产能过剩的存在。相比之下，中国是在政策层面意识到了产能过剩这一问题的严重性，因此经过“事前”政策设定推进了对外跨境园区的建设。

所以不难发现，中国在和发展中国家合作建设跨境园区时，除了基础设施、外贸和加工等劳动密集型产业外，连金融、银行等资本密集型产业也在跨境园区内扩展业务。最后，依托跨境园区，中国各行各业都在东道国“四面出击”，心态之紧迫可见一斑。相比之下，历史上日本和新加坡的产能过剩本身并非扭曲的结果，且当前的日本和新加坡已经度过了需要依托建设跨境园区来输出产能的阶段。因此，日本和新加坡能够采取更为平和的心态，不会采取“全面开花”的投资模式。例如，太和房屋集团和腾飞集团都是房地产企业，而不是制造业，对外投资跨境园区本身就是它们的“主营业务”之一。除了建设园区进行招商引资、物业管理之外，太和和腾飞集团涉足其他产业的意愿并不强烈。

二、实施机制：政府主导国企推动，“一带一路”全面铺开

在输出产能的紧迫压力之下，不难理解中国政府会取代企业成为建设跨境园区的主导力量。从现有的案例分析，由于中国产业结构升级和产能输出的任务还未完成，因此在短期内，以政府主导跨境园区建设的现状是难以改变的。从政策导向来看，政府的主体地位还有进一步强化的趋势。具体表现为，跨境园区所在的地方政府权力逐渐被上一级政府收回，中央不但是跨境园区的布局和运营的最终决策者，也是最终管理者。根据最新修订的《预算法实施条例》规定，从 2020 年 10 月 1 日起，县级以上地方政府的派出机关根据本级政府授权进行预算管理活动，不作为一级预算，其收支纳入本级预算。这一条款针对的正是大量以市、区、县派出机构之名，行独立财政之实的各类园区。这就意味着，类似磨憨合作区这样的省一级派出机构，其预算不再独立，而是直接纳入省一级的财政预算。在此情况下，园区的税收和土地必须依赖于省政府的再分配政策。由于中国边境上的跨境园区大多是地方政府的派出机构，财政权力收回预示着园区管委会只能依赖于园区平台来进行融资，通过资本运作和市场化投资来解决财政不再独立时的资金短缺问题，其经济效应有待进一步考察。

相比之下,外国跨境园区的参与主体是以企业尤其是民营企业为主,或者参考新加坡的模式,起先由政府主导,而后逐渐让位于企业。这并不意味着外国政府完全不参与跨境产业园区的建设,而是政府厘清自身定位,尽量不影响企业的主体地位。例如,2019年,双日株式会社与大阪府签订了关于海外工业园的协议,明确了政企双方的分工。大阪府负责举办促进对外投资研讨会、视察工业园,为府内企业提供相关信息;双日株式会社则为入驻企业提供税收等优惠措施。由此可见,日本政府无意取代企业在对外直接投资中的主体地位。

在区位选择上,中国的跨境园区在“一带一路”区域全面铺开。但是,并非所有的选址都符合经济规律,而且较为分散。尤其是在全球化背景下,海运、河运的成本远远低于陆地运输,但中国跨境园区选址大多还是以内陆为主。这些内陆地带本身缺乏产业集聚,基础设施不足。如果要形成一定规模,需要在前期进行大量基础设施建设。相比之下,外国跨境园区案例选址倾向于港口,或者选择比较成熟的工业化城市。例如,在新加坡财团决定投资班加罗尔国际科技园时,正是看好当地比较扎实的计算机产业基础。甚至也存在跨境园区的母国直接选择现成的工业园区进行合作(例如双日株式会社在泰国的案例)。其优势是,建设园区的风险完全由东道国自行承担,若园区选址被证明是有潜力的,那么外资企业随后只需提议合作经营,把原本的单边园区变成“跨境园区”,就能有利可图。这样可以大大减少跨境园区的母国在前期的投入,对园区的选址和规划的评估成本也会大大减少。相比之下,中国却极为重视跨境园区的基础设施建设,因为急于输出产能,往往不计成本,对于产业园区的区位选择及其产业的集聚程度考虑不足。

三、经济效果:短期难以收回成本,缺乏利益共享机制

如本书附表1所示,纳入统计的跨境产业园区必须接受定期考核。这一方面反映了政府对于跨境园区布局和建设的主导地位,同时也证实跨境园区未必以获得经济利益为依归。由此说明,中国的跨境园区战略还有其他维度的考量。

中国参与的跨境园区基本由双方政府主导在先,因而能够顺利地推动跨境的多部门协作(虽然协调程度还不足),同时能够得到企业响应和银行信贷的支持,在建设速度方面优势显著。由于跨境园区主要集中于与中国接壤的国家,以及东南亚地区,若能与这些国家形成比较优势分工,那么这一布局就能为中国提供更丰富的经济战略纵深,巩固边境区域的合作基础。然而,中国

的跨境产业园区虽然起到了引领区域经济的作用，但由于一些东道国经济实力不足，涉及园区的基础设施建设，以及相关资金需大量依靠中方支持。这就意味着中国的跨境园区建设在较长时间内不能收回投资。

以磨憨—磨丁合作区的中老铁路建设为例。根据两国在2010年签署的《关于铁路合作的谅解备忘录》，中老铁路总投资70亿美元（约400亿元人民币），中方持股70%，老方持股30%。但是，根据世界银行公布的数据，2018年老挝一国的GDP仅179.54亿美元，这意味着中老铁路占当年老挝国内生产总值的40%，可以推测，老挝方面难以依靠自身力量来解决围绕该铁路前后端建设的资金问题，因而需要依靠中方大量支持。事实也是如此，2016年公布中老铁路6个标段的中标结果，全部由中国的国有企业获得。除此之外，为了缓解老方的资金困难，中国进出口银行向老挝提供了30年的低息贷款，作为交换，老挝同意“以资源换资金”，向中国提供钾碱①。

中老合作只是一个缩影，在与中国合作建设跨境园区的东道国中，大多数缺乏足够的经济实力。因而，这些合作中有相当大的“援助”成分。短期内，中国建设跨境园区的成本和收益是不对等的。但换个角度来看，中国基础设施建设存在产能过剩，如果能达到输出产能的目的，适度的高成本也是可以接受的。这意味着东道国也必须付出一定代价来换取中国的投资建设。但是除了能源和低成本劳动力之外，中国和其他东道国缺乏更多的利益共享机制。

此外，中国的跨境产业园区是由政府主导，国有企业大量参与。例如在磨憨—磨丁案例中，虽然作为老方园区建设主体的云南海诚集团本身并不是国有企业，但是在园区建设后的招商引资过程中，国有企业却大量进入。在东道国和其他国家看来，由于行政力量引导国有企业的介入，企业代表的不再是企业本身，而是国家力量的反映。这也恰恰印证了中国跨境产业园区发展处于一种全面铺开的状态，缺乏符合经济规律的顶层设计。

相比之下，腾飞集团在收购了塔塔集团的股份之后，拥有班加罗尔国际科技园的绝对话语权，而印方处于相对弱势。但事实上，印度软件产业本身的发展是和其产业自由化和去规制化联系在一起的，加之新加坡本身不是一个以国有企业为主的国家。因此，印度政府也乐于处于这种弱势之中。中国在很多跨境园区里的地位与此相反，无论是国内还是国外的跨境园区建设和运营，

① 杨卓娟：《“一带一路”倡议下中老铁路的昨天、今天和明天》，https://www.sohu.com/a/139056826_402008。

中国都不愿处于弱势。

从逻辑上讲,如果东道国自身的资本存量已足够支持当地的经济发展,强调吸收外商直接投资的重要性,跨境园区的重要性也会降低。既然跨境园区存在,那就意味着依靠东道国自身的力量,是不足以支撑起这个园区建设的。班加罗尔的案例之所以成功,是因为无论出于引进技术、管理或者资本的考量,印度的软件产业像一块“海绵”一样,吸收了一切有助于它成长的养分。

这一案例给予中国的启示是,首先,中国进行对外投资的思路必须瞄准东道国的产业政策。其次,东道国的产业政策是不是有利可图,需要作进一步的判断。中国的跨境园区建设往往伴随着在东道国大规模的基础设施建设,而众所周知,基础设施建设有利于东道国的经济增长,但是基础设施建设本身是否能为中国带来持续利益,则需要进一步考察。

四、政治影响:合作细节摩擦频生,发达国家围追堵截

虽然中国和大多数东道国的关系紧密,但这并不意味着双方的跨境园区合作就是一帆风顺的。由于文化和规则的差异,合作细节中难免会发生摩擦。以国内最早认可的珠澳跨境工业园为例,2007 年底有 67 家企业入驻该园区,其中珠海有 40 家,澳门有 27 家。但是根据李红的调查,到了 2009 年,珠海只剩几家企业正常运作,大多数区域处于闲置状态;而澳门一侧的园区则演变为房地产开发项目,完全与建立跨境园区的初衷背离①。珠海和澳门同处一个国家、一个文化圈,使用相同的语言,仅仅因为制度差异,就能演化成如此局面,更毋论其他不同文化、不同语言且不同制度的东道国。例如在一些对外跨境园区中,入驻企业抱怨当地的劳动力技能偏低,且劳动积极性不高,导致企业需要耗费大量成本。这与改革开放初期,外资刚进入中国时所面临的情况如出一辙。由此可见,中国跨境园区的本土化之路,还任重道远。

虽说发达国家是跨境园区合作的理想东道国,但是,西方发达国家为了遏制中国的发展,蓄意制造贸易摩擦,提高贸易成本,阻止中国企业进入。面对发达国家的强硬态度,中国只能选择与发展中国家结成利益共同体,并在“一带一路”沿线铺开跨境产业园区的建设。但由于发展中国家政府和国民购买力相对不足,这就要求中国实施相应对策。第一,如上文所述,利用跨境园区

① 李红:《澳门产业横向多元化的探索——以珠澳跨境工业园区为例》,《国际经贸探索》2009 年第 7 期。

来输出产能的战略意图，必须通过补贴东道国（债务减免、低息或者无息贷款、帮助建设基础设施等）的形式来实现。虽然这对东道国经济有一定的拉动作用，但是这些设立在发展中国家的跨境园区大多不能在短时间内获得盈利，需要很长一段时间才能实现正现金流。第二，正因为过剩产能体量巨大，因此依靠若干产业园区所能输出的产能非常有限。因此，中国在“一带一路”沿线全面铺开跨境园区的建设，也是在所难免的。

由于投资的现金流不能快速回正，加之东道国本身又缺乏购买力，中国建设跨境园区的目的就自然演变为以获得资源和利用当地低成本的劳动力为主。这虽然拉动了东道国的经济增长和就业，但中国的跨境园区的参与主体包含了很多国有企业，而基础设施建设更是被国有企业包揽。一方面，中国跨境园区的东道国实力普遍较弱，因而有不对等之嫌，会引起东道国的警觉与反感；另一方面，在西方一些国家看来，这又相当于一种变相的政府行为，而非企业行为，会引发更多的国际争论。最后，在短期内，中国一方面不能从跨境园区建设中获得足够的利益，另一方面又引起了发达国家的警觉，促使它们对中国采取更为严厉的封锁。即便能够依靠跨境园区完成输出产能的战略任务，中国也需要为之付出不少代价。重要的是，消化过剩产能可以依靠城市化、农民工市民化等提振内需的措施来逐步推进。相比之下，外国的跨境园区由于推行主体是企业，政府只是辅助性角色，引发的争论就相对较少。这并非意味着政府不重要，而是政府需对自身定位有更清晰的认知。跨境园区应最大限度表现为企业与当地经济的联结，尽可能避免上升到政治层面。

第三节　政策建议

根据本章的比较分析，不难得出结论：跨境产业园区是中国尽快输出过剩产能的有效工具，但这也造成了四大后果。首先，政府成了跨境园区布局、建设和管理的主体，大量与基础设施有关的国有企业参与其中。其次，由于过剩产能体量较大，而单个跨境园区能够输出的产能有限，中国不得不进行比较分散的布局。第三，跨境园区的选址缺乏产业集聚，需要大量的基础设施建设。虽然这些基础设施建设能够有效地缓解国内产能过剩的问题，但由于东道国的购买力大多较弱，这也带来了短期内无法收回成本的困扰。另一方面，中国利用跨境园区进行基础设施建设和招商引资虽然取得了一定效果，但是园区本身能否带来持续的投资和利润,还有待进一步的考察。最后,由于跨境园区建设成为一种国家战略,不可避免地引起西方国家的警惕和怀疑。

根据其他国家建设跨境园区的经验,本章认为,首先,中国应该采取多样化手段来缓解产能过剩的问题,以避免在对外投资和跨境园区建设上的急迫心态。第二,政府(尤其是中央政府)和国有企业作为跨境园区主体的地位应予以调整。中国应当学习日本和新加坡的经验,将协调对外投资的权力下放至地方政府和民营企业,弱化“战略导向”,缓解来自发达国家的包围。弱化跨境园区的“战略导向”并不意味着不要战略,其重点在于低调为之,不要在国内外媒体上过度渲染,这样便于为国内的产业升级创造足够的空间。针对跨境园区的考核应当取消,缺乏经济效能的跨境园区应当予以限期整改甚至关闭。第三,班加罗尔国际科技园的案例说明,在更突出政府的协调职能的同时,跨境园区建设也应重点考察东道国的长期发展战略,鼓励企业定位于其有利可图的产业进行投资。除此之外,中国也可以挑选成熟的工业园区进行合作,避免前期大量的基础建设和沟通成本。第四,在以民营企业为主体的基础上,中国应优先选择日本、韩国等同文化圈中的发达国家开始突破,与这些国家优先展开合作,共建跨境工业园区(参考双日株式会社在泰国的案例,中国企业也可以主动参与新加坡裕廊工业园的运营,等等)。这样有利于逐步缓和同西方国家的关系,瓦解当前遭受包围的局面。总而言之,中国的跨境园区建设应围绕“使市场在资源配置中起决定性作用,更好地发挥政府作用”来做文章,最终力求创造多方共赢的新格局。

第五章　新冠肺炎疫情对“一带一路”跨境园区的影响

2020年，新冠肺炎疫情大流行引发了全球百年一遇的大危机，对世界经济造成巨大破坏。2021年是中国提出“一带一路”倡议的第八年，全球疫情仍然肆虐，世界经济局部停摆、发达国家深陷衰退、疫情进入常态化，各方冲击传递给产业园区这一区域经济发展与合作的载体。跨境园区作为双边对外开放合作的载体面临着双边甚至多边形势变化风险，疫情通过全球化逆趋势变动下的贸易与投资骤减给跨境园区的发展带来了新的挑战，暴露出了“一带一路”倡议提出以来中国在境外建设的产业园区已经存在的问题，同时也凸显了跨境园区作为“一带一路”建设的重要实践所发挥的优势，并加速了园区的变革趋势。面对百年未有之大变局和疫情冲击下的国际新格局，跨境园区的建设应顺应全球经济变化趋势，抓住变革机遇，加强突发事件应对能力建设，充分发挥对国内国外两种资源的统筹运用优势与链接内外循环的纽带作用。

第一节　疫情冲击下跨境园区面临的挑战

一、全球跨境投资活动陷入低迷

2021年1月24日，联合国贸发会议（UNCTAD）发布的《全球投资趋势监测》报告指出，全球外国直接投资（FDI）从2019年的1.5万亿美元下降到2020年的8 590亿美元，下降了42%，比2009年全球金融危机后的低谷低了30%以上，回到20世纪90年代的水平。预计2021年全球外国直接投资仍将继续处于低迷水平，下滑幅度预计在5%—10%左右，并将在2021年底到达谷底，

2022年开始逐步复苏①。全球投资环境复杂多变,国际资本普遍受到约束,投资行为更趋理性,投资意愿趋于下降,投资能力大幅缩水,直接影响“一带一路”跨境园区的建设与运营。

(一) 疫情导致投资意愿与活动减少

随着疫情的不断蔓延与持续,各国纷纷出台了应对疫情的管控措施,对外直接投资和外商直接投资活动都明显受到抑制或者被延迟,跨境投资数额和效率大幅下降。一方面,受疫情影响各种风险因素增加,跨境投资面临风险趋于多样化,投资经济效益面临较大不确定性,预期收益普遍下降:联合国贸发会议(UNCTAD)2020年3月发布的《全球投资趋势监测》显示,全球国际投资份额中最大的5 000家跨国公司针对疫情影响预期收益平均下调9%,其中受疫情影响最大的汽车企业和航空企业分别下调了44%和42%。跨国公司大幅削减跨境投资支出,已有投资活动被迫中止或者搁置,计划投资活动取消或者延迟,2月份跨境收购的完成率大幅下降,不足正常活动的1/4②。富而德律师事务所发布的报告显示,二季度全球并购交易创16年来新低③。疫情除了对跨国投资活动造成了直接的负面影响,投资流量的降低也间接地通过再投资活动的下降进一步影响跨境投资:投资收益下降直接导致未来可投资数额的下降。另一方面,因疫情诱发的收紧外商投资已经成为多国普遍做法,受疫情影响较大的行业如医药、制药、医疗器械等针对外商投资限制的范围更加宽泛;涉及产业链安全和科技领域的行业如数据、5G等针对外商投资的限制升级,导致这些行业已有投资陷入进退两难的困境,计划投资审批更加严格,程序更加繁杂,门槛更高。为了保护国内战略性资产,相关保护性政策不断出台,如欧盟发布了《欧盟外商直接投资指南》,以确保欧盟关键资产和技术免遭不符合其利益的投资。同时,基于对疫情走势的判断,预防性措施呈现出长期化倾向,并适度超出必要合理的范围,跨境投资隐性成本大幅增加。金融市场动荡和违约风险上升也直接影响跨国公司的投资意愿,随着疫情的持续化、常态化,境内外市场恐慌和避险情绪进一步上升。

全球投资活动受到疫情的直接冲击,面临更加严峻的内外部环境。从投

---

① 联合国贸发会议:《全球投资趋势监测》,2021年1月,https://unctad.org/webflyer/global-investment-trend-monitor-no-38。

② 联合国贸发会议:《全球投资趋势监测》,2020年3月。

③ 富而德律师事务所(Freshfields Bruckhaus Deringer):《2020年第二季度全球并购市场监测》,https://www.freshfields.com/49f570/globalassets/our-thinking/campaigns/ma-monitor/20q1/ma-monitor-q2_2020_v4.pdf。

资目的来看，受疫情扩散影响最大的将是市场导向、效率导向和资源导向的投资。由于疫情引发的需求冲击，以市场导向为主的全球投资将被延后，预计随着疫情得到控制，生产消费需求的回升将带动此类投资的回暖。效率导向型和资源导向型的投资由于依托全球价值链网络和供应链网络，根据地区嵌入全球价值链的程度和疫情对物流的影响，跨国公司开始重新审视其供应链和全球组织架构，或将重塑全球价值链和投资格局①。

（二）投资下降影响园区项目建设

从投资方式来看，跨国投资的决策周期较长，项目生命周期有的长达数十年，因此疫情对现有项目和在建项目的即期影响有限；对新的投资和跨国并购项目而言，由疫情控制措施导致的生产关闭或产量降低将导致新固定资产投资的暂停，企业将延迟扩张或推迟并购。疫情对全球投资趋势造成的影响具有滞后性，因此对跨境园区的即期影响有限，主要体现在项目建设进程上，但是长期性的影响不可忽视。

1. 影响在建和运营期项目

防疫措施对在建和运营项目的影响主要体现在两方面，一方面是东道国出于本国利益考虑甚至由于反华势力或者仇外心理而限制中方企业继续参与项目的建设运营，或者以检验检疫、停工检查等手段妨碍已开工建设项目的推进或者已竣工项目的验收，造成中方投资项目被迫中断，投资损失巨大。另一方面是人员和商品出入境管制导致在建项目无法开工，后续投资资金无法到位等问题。

2. 影响考察和筹备期项目

一是防疫措施中对人员的出入境限制对考察期和筹备期项目影响较大，且这种影响是即时的。出入境限制导致面对面交流变得异常困难，沟通、交流以及现场考察、调研与评估的缺失直接导致投资意向的下降甚至消失。二是全球流动资金下降，国际资本普遍受到约束，且中短期内跨境投资的流向受疫情影响较大，更多资金用于防疫、保障民生与刺激经济增长，可用于跨境园区项目的投资相应地就会减少。三是全球经济大范围停摆，制约了新项目的开发建设。经济活动减少，商务往来受限，企业新业务开拓被无限搁置，保障已存在投资项目的顺利推进被放在新项目开发建设的前面。四是政策风险、政治风险以及违约风险水平升高且相互叠加，部分计划期或者筹备期项目调整

---

① 中国信保资信评估中心：《疫情对全球跨境投资影响分析》。

投资策略甚至计划终止导致计划投资落空。五是为规避汇率风险，各国投资者可能寻求使用本币进行项目投融资，增加项目谈判的摩擦成本，进而对投资项目落地产生一定的负面影响。

二、市场需求放缓影响跨境园区投资

疫情对跨境园区的影响不仅局限于受疫情影响严重的经济体，消费需求的普遍减弱也将影响其他国家对跨境园区的投资。

一是企业需求和订单大幅减少。经济衰退将直接导致企业需求和订单大幅减少，疫情影响下的国际贸易业务严重受挫[①]。短期内因全球贸易物流阻断导致跨境园区企业遭遇订单量下降，境外项目所需原材料供给等无法及时送达，引发停工减产等问题。长时期看，疫情造成的经济大幅衰退直接导致企业的收益下降，生产经营前景惨淡，以及大量中小企业倒闭，最终结果是需求下降进而订单减少。企业订单的减少意味着生产活动的减少，但厂房、生产线等固定资产仍需计提折旧，劳动者基本工资仍需支付，相关项目建设更难回收资金。长时间停工，许多企业面临因无法生产但又有必要支出而倒闭的风险。

二是居民消费能力下降，消费市场萎缩。国际劳工组织公布的《新冠肺炎与全球就业》报告显示，2020 年全球工作时间损失情况持续恶化(尤其是发展中国家)：第一季度工作时间相比 2019 年下降了 5.4%，相当于 1.55 亿个全职工作岗位消失，第二季度减少了 14%，相当于减少了 4 亿个全职工作岗位，其中美洲的工作时间下降最大，为 18.3%[②]。居民工作时间的减少或者工作岗位的消失意味着收入下降，收入下降最直接的影响就是消费能力的下降。全球普遍性的失业率增加，普遍性的市场需求大幅度萎缩，对跨境园区产生直接冲击。且随着疫情的蔓延，恐慌心理降低了消费者采购的信心，需求进一步降低。

三是东道国相关行业需求放缓甚至转移，诱发产业重心转移、产业格局变化。疫情将导致短期内对基础设施建设的需求放缓，跨境园区的境外建设需求也将下降。同时，疫情导致对制药、医疗器械等医药行业和大数据、云计算等互联网行业的需求大幅增加，其他行业的需求相应下降，造成了跨境园区的经营困难；产业发展与布局重心转移，促使跨境园区内企业转产从事医疗卫生相关行业，互联网的快速发展减少了对相关基础设施的需求。联合国贸发会

---

① 赖四清：《疫情凸显境外经贸合作区关键作用》，《中国投资》2020 年第 11 期。

② International Labour Organization: *COVID - 19 and the world of work*, https://www.ilo.org/global/topics/coronavirus/lang-en/index.htm.

议(UNCTAD)报告指出，投资者对新的海外生产性资产的投资可能会保持谨慎：根据已发布的最新跨境并购项目来看，2021 年的外国直接投资增长将更集中在科技和医疗健康领域的跨境并购项目而非新的经营性资产投资项目；对于发展中国家来说，尽管在 2020 年其外资流动相对较为稳定，但其已发布的绿地项目投资额同比下降了 46%，而绿地项目的投资对发展中国家的生产能力和基础设施发展以及可持续复苏前景至关重要，这使得发展中国家在 2021 年的外国直接投资前景存在很大不确定性①。

疫情形势仍然严重的欧美国家既是中国关键中间产品供给市场，也是中国最终产品需求市场，外需萎缩和供给短缺相互交织，共同冲击中国境内生产，最终传递至中国主导的“一带一路”跨境园区。

三、供应链受阻或断裂影响园区生产建设

疫情暴发的第一阶段主要发生在中国境内，中国实行了严格的居家隔离措施，对境内人员出境和商品进出口实行了严格的管控。中国作为世界制造大国，全球产业链的供应中心之一，全球价值链的三大中心之一，境内企业停工停产导致全球供应链迅速中断，沿产业链对上下游企业的生产造成较大影响。而“一带一路”跨境园区所需中间产品也多数来源于中国境内，相关产品无法到位造成园区内企业被迫停产或者重新选择替代品或者供应商，造成生产的不稳定以及成本的上升。产业链的受阻进一步影响资金链的通畅，两者叠加形成恶性循环。

疫情暴发的第二阶段主要在境外，虽然中国已经全面恢复正常生产生活，但是中国深度融入全球产业链中，境外疫情大范围暴发一方面造成需求市场的萎缩，另一方面同样通过供给端造成产业链受阻或者中断。中国需要大量进口的中间产品和原材料产业链中断，导致国内相关产品生产停止，进一步难以满足跨境园区相关项目对产品、设备和零部件的需求。境外园区所需的来自他国的产品、设备和零部件国外产业链受阻中断，也会造成跨境园区相关项目的中止甚至终止或者被迫拉长生产周期。产业链受阻或者中断导致相关物资不能到位或者不能按时到位，最终影响跨境园区的生产经营，或导致园区内生产的产品不能按期交付，增加违约风险。

---

① 联合国贸发会议：《全球投资趋势监测》，2021 年 1 月，https://unctad.org/webflyer/global-investment-trend-monitor-no-38。

目前,疫情存在长期化常态化倾向,疫情中各国都存在物资储备不足,生产能力跟不上防疫与生活需求的问题,产业链安全问题成为各国当前以及未来很长时间内关注的重点问题,造成产业链大范围重塑的可能性增加。尤其是发达国家一直处于疫情震中,而制造业高度依赖中国,例如,美国借疫情之机,开始布局“制造业独立”,想摆脱对中国制造业的过度依赖,日本亦斥巨资资助日企撤出中国,以及德国联邦政府内阁通过《对外贸易和支付法》的修正草案,以保护德国具有战略意义的企业①。各国对产业链供应链的重新布局或者采取的相关措施,将对跨境园区的相关项目造成影响,如当地政府增加对项目的管控以强化对所在产业链的控制力。

四、人员流动受阻迫使园区生产骤减

疫情防控最有效的手段之一就是保持物理距离,出现疫情的各个国家都加强了对人员流动的管控,尤其是对疫情严重地区的出入境限制。一方面,政府提倡少出门不聚集,人员自发性的流动大幅降低,假期延长,影响跨境园区相关人员的到岗。另一方面,国家出台相关规定,交通管制、航班停运、出境限制,人员被动的减少流动性,成为人员流动受阻的主要原因,上至园区管理人员下至普通一线工人都无法按时到岗,假期被迫拉长。中国民航局官方数据显示,2019 年中国全年旅客运输量 6.6 亿人次,2020 全年旅客运输量约为 4.18 亿人次,即 2020 年全年旅客运输量锐减近 2.42 亿人次,同比降低约 1/3;其中,2020 年 2—5 月,旅客运输量比上年同月分别减少了 84.5%、71.7%、68.5%和 52.6%②。商务部统计数据显示,2020 年,中国对外劳务合作派出各类劳务人员 30.1 万人,较上年同期减少 18.6 万人③。就国际数据来看,全球航空数据公司 Cirium 发布的《2020 航空洞察报告》显示,疫情及其影响抵消了全球客运量过去 21 年的增长:与 2019 年相比,2020 年全球客运量下降了 67%,回到 1999 年的水平;而为了抑制疫情采取的旅行限制导致航空公司削减了 49%的航班;与此同时,2020 年的所有执飞航班中,国际航班骤减更为明显,77%为国内航班④。

---

① 白玉华:《疫情冲击下中国制造业对越南投资的困境与对策》,《国际贸易》2020 年第 7 期。

② 数据来源:中国民用航空局。

③ 数据来源:中华人民共和国商务部,http://fec.mofcom.gov.cn/article/tjsj/ydjm/lwhz/202101/20210103033329.shtml。

④ 全球航空数据公司 Cirium《2020 航空洞察报告》。

目前，境外疫情仍然不可控，对于医疗条件落后的国家，跨境园区建设面临更多风险。无论是国内主动性的控制人口流动，还是国外限制外籍人员入境的各项措施，都给跨境园区建设带来劳务风险，影响园区相关项目的进展。

五、逆全球化的长期影响

（一）经济衰退导致逆全球化进程加快

经合组织（OECD）指出，新冠肺炎疫情大流行是人类记忆中没有先例的全球性卫生危机，是21世纪最严重的经济衰退①，不少学者认为其对经济的影响甚至超过大萧条时期，对本已处于艰难复苏的全球经济来说无疑雪上加霜，前景堪忧。2020年1月5日，世界银行在《全球经济展望》中预测，2020年世界经济预计衰退4.3%，其中发达经济体衰退5.4%，新兴市场和发展中经济体衰退2.6%。与此同时，世界贸易量大幅萎缩，预计减少9.5%。2021年，在假设大规模推广新冠病毒疫苗接种的情况下，世界经济有望实现缓慢复苏，实现4%的正向增长②。经济衰退成为共识，而衰退程度取决于疫情的控制程度。目前来看，疫情常态化得到不少专业学者认同，新冠病毒将与人类长期共存，这是包括世界卫生组织在内的科学界的基本判断③，即未来刺激经济增长和防疫成为一种相互交织的长期行为。疫情的暴发和长期化可能不会改变全球化的基本逻辑，但一定会加速全球化的调整，强化逆全球化的趋势，未来的全球化将退回到20世纪80年代的“有限全球化模式”。疫情凸显的产业链的脆弱性与各国之间的不信任加速产业链回流，各国致力于构建本土的、更加完整的、更加独立安全的产业链，同时疫情加快世界中心向亚洲倾斜，推进了全球经贸格局的大调整趋势，逆全球化成为经济全球化进程中未来一段时期的主旋律。

（二）逆全球化影响跨境园区的布局

逆全球化将激发各国的保护主义，跨境园区发展的大环境长期复杂化。全球化的走势很大程度上取决于核心国家的价值取向，目前的全球化是美国

---

① OECD: *The global outlook is highly uncertain*, https://www.oecd.org/economic-outlook/june-2020/.

② 世界银行：《全球经济展望》，2021年1月，https://www.shihang.org/zh/publication/global-economic-prospects。

③ 张劲松：《后疫情时代抗疫常态化与经济社会发展》，《江汉论坛》2020年第8期。

主导建立的全球化,而美国现今奉行"全球收缩"和"美国优先"的经贸保护政策,是逆全球化的主要推动者。逆全球化将进一步激发各国的贸易保护主义,促使当前"单边主义"和"去全球化"支持者借机发挥,形成长远的负面影响,导致贸易摩擦的升级和双边甚至多边关系的紧张,全球贸易投资环境将呈现长期复杂化和多变化,深刻影响跨境园区的发展。

逆全球化将加速产业链格局的调整,影响跨境园区未来发展方向。疫情防控的物理隔离使得各国认识到全球化产业链的脆弱性:一方面疫情造成的供应链断裂危机沿着产业链上下游快速传导,另一方面供应链断裂造成上下游企业生产困难。未来各国将从国家安全角度致力于构建本土的、更加完整的、更加独立安全的产业链,产业链布局的本土化和区域化成为大势所趋。全球产业链的重塑将影响作为中国全球产业链布局载体的跨境园区建设,不利于跨境园区作为中国扩大对外开放的平台作用的发挥,减缓跨境园区相关产业布局进度。

第二节 疫情暴露跨境园区建设的风险与问题

一、加剧跨境园区面临的现存风险

截至北京时间2020年12月31日6时30分,全球累计确诊新冠肺炎病例突破8 000万,达83 720 315例,造成的经济冲击与损失超过2008年的金融危机,甚至多数学者认为超过大萧条时期。然而,目前全球仍未建立协调统一的应对机制,各个国家之间的政治价值观冲突更甚,全球性治理机制建立无望,全球经济衰退的风险不断增加积累,"一带一路"跨境园区的共建与推进面临各种风险叠加甚至恶化的局面。

跨境园区由于跨境特性,与一般的产业园区相比,受国际政治、经济等的影响更大,面临着双倍甚至多倍风险,政治风险、融资风险、政策风险以及两国价值观念冲突风险尤其突出。目前大多数园区仍处于建设发展的初级阶段,面临着外部环境不稳定、合作模式缺乏保障机制及缺乏系统性统筹规划等挑战,"一带一路"沿线多以发展中国家或地区为主,在政治经济稳定性、营商环境、产业配套等方面仍不成熟,投资海外产业园区经常会遇到项目搁置、政府不批准、政权不稳、市场消纳能力不足等问题①，而新冠肺炎疫情将对 2020 年园区经济既定的发展目标带来 20%—30%的负面影响②。

2010 年，为了顺应中国“走出去”步伐加快、对外投资合作规模迅速扩大的形势，保障中国对外投资合作顺利推进，指导企业加强境外安全风险防范，商务部印发了《对外投资合作境外安全风险预警和信息通报制度》，指出了主要的风险种类：(1) 政治风险，指驻在国的政局变化、战争、武装冲突、恐怖袭击或绑架、社会动乱、民族宗教冲突、治安犯罪等；(2) 经济风险，指经济危机、金融市场动荡、主权债务危机、通货膨胀、利率汇率变动等宏观经济形势变化；(3) 政策风险，指驻在国政府的财政、货币、外汇、税收、环保、劳工、资源政策的调整和国有化征收等；(4) 自然风险，指地震、海啸、火山、飓风、洪水、泥石流等自然灾害及重大流行性疾病。结合新冠肺炎疫情防治过程中暴露出的各国之间的价值观冲突和政府以及企业外债危机，本文着重分析以下五类风险。

(一) 政治风险上升

随着全球抗疫过程中各国价值观念的冲突凸显，一方面美国政治极化的程度上升，大国关系更加复杂，造成全球政治环境风险因素上升，另一方面全球经济受到重创，疫情冲击下造成地缘政治风险因素增加。

1. 政治环境风险复杂多变

全球政治环境主要受中美等大国关系影响，疫情冲击下中美两国摩擦不断升级，且愈演愈烈，全球政治环境急剧恶化。一方面，中美贸易摩擦由来已久。但是随着美国国内疫情防控失败，经济重启困难重重。美国商务部数据显示，2020 年美国实际国内生产总值萎缩 3.5%，创 1946 年以来最大年度跌幅。美国劳工部公布的数据显示，2020 年全年美国失业率最高达到了 14.7%，创下 20 世纪 30 年代经济大萧条以来最高值。疫情重创了美国经济复苏的根基，衰退已经成为共识，造成美国通过升级贸易摩擦来转移、缓解国内矛盾，中美两国冲突加剧。且受疫情影响，中美贸易协议的履行也面临更大的不确定性。受中美两国关系影响，中澳、中印、美欧等多国之间的冲突加剧，全球环境复杂多变，各类风险因子急剧增加。另一方面，历年美国大选都会出现对中国态度的反反复复，叠加美国疫情仍然处于高位增长期，经济重启困难重重，政

---

① 安永《引航》第 4 期报告《中国海外产业园区如何开启“一带一路”合作新篇章?》。

② 毛峥：《后疫情时代，产业园区何去何从——2020 年产业园区发展报告》，《中国科技产业》2021 年第 2 期。

府稳定性下降,两党政治角逐势必延续聚焦中国问题的方针。

最后,中国抗疫成功与美国抗疫失败形成鲜明对比,两国政治价值观分裂凸显。作为世界超级大国,在疫情全球流行过程中,美国并未像中国一样快速遏制住疫情的暴发与蔓延,使得两国在疫情防控、治疗、恢复等过程中形成鲜明的现实对比。随着中美抗疫局势的差异化演变,两国意识形态对立加剧,疫情凸显了中国治理、中国道路和中国模式的正确,彰显了中国共产党集中统一领导的政治优势,也暴露了美国联邦体制下的政治弊端——统一领导的缺失使得各州防疫各自为政,局面混乱不堪,效率低下,疫情使得两国政治价值观前所未有的对立与分裂。疫情全球流行的背景下,各国的防疫差别化与疫情发展将进一步暴露全球各国政治制度的差异与缺陷。

2. 地缘政治风险因子增加

新冠肺炎疫情的蔓延以及持续使得多国之间的关系蒙上了阴影。典型的如中印边界冲突,印度多次越过两国边界主动挑起事端,以及南中国海问题,美国多次侵犯中国南海领域,等等。同时,随着美国成为疫情震中,美国操纵的西方地缘政治秩序势必随着国内矛盾叠加而被打乱,面临深刻调整。随着中东地区部分国家疫情的蔓延,受限于经济发展水平以及公共卫生医疗水平较低,中东地区的疫情加剧与经济受创形成恶性循环,加剧了各国政治的不稳定性,延续了已经存在的政局动荡局势,中东地区的地缘政治风险仍然处于高位。疫情加剧了各国政治动荡,使得地缘政治风险因素增多。

(二)经济风险增加

经济合作与发展组织(OECD)2020 年 12 月发布的最新《经济展望报告》指出,世界经济复苏仍然伴随很大的不确定性,预计即使到 2021 年底,许多经济体也无法恢复至疫情大流行前的 2019 年水平。该报告指出,经济的稳健增长依赖于疫情的有效控制①。目前除了中国抗疫成功并且生产生活逐步恢复,经济保持良好的增长势头,西方发达国家以及南美、南非等疫情仍在蔓延,经济重启不断被搁置。疫情中的各国一方面企业倒闭潮出现,大企业资金紧张,中小企业大量倒闭,政府收入减少;另一方面失业率大幅增加,各国贫困人口大量增加,政府失业救助支出大笔资金,且疫情延续,给本已困难重重的经济雪上加霜。OECD 指出,劳动力市场将持续低迷,就业率和参与率预计将保持

---

① OECD, *Turning hope into reality*, https://www.oecd.org/economic-outlook/#global-outlook.

在疫情大流行前的水平以下。同时，劳动力市场持续疲软反过来又可能抑制工资和收入的增长①。疫情之下，多数国家的生产生活受到影响，宏观经济不确定性增加。

（三）政策风险多变

新冠肺炎疫情是21世纪以来最大的黑天鹅事件，且逐渐演变为灰犀牛事件，疫情期间各国新的政策规定、法律法规频出，尤其是涉及外资外贸，造成政策多变，风险增加。

一方面，各国政策发布密集，可预测性差。一些国家不断出台新的针对中国的外资外贸政策，如美国2月公布了新的一批加征关税排查清单，8月扩大芯片出口管制停止供货华为；印度上调部分中国产品进口关税，重新修订关税法，增加进出口程序等。同时，疫情导致多国暂停对中国的粮食出口，疫情的物理隔离造成多国暂停进出口业务等。以美联储为首的全球宏观政策当局开启政策宽松大潮，各项新政层出不穷，造成企业应对不暇。尤其是涉及人员的出入境管制措施，涉及上下游中间产品的货物贸易管制措施，以及新的检验检疫要求等，随着新冠肺炎疫情的发展而不断调整。另一方面，各国面对疫情都针对性地颁布临时法律、法令、条例或采取相关的行政措施，经济发展水平落后的国家或者政局动荡的国家政策朝令夕改，政策的不稳定不持续导致企业经营的不稳定不持续。

（四）违约风险加大

疫情造成的违约风险主要出现在两个层面，一个是政府的违约，另一个是企业的违约。跨境园区作为境外园区首当其冲，疫情的持续导致政府违约风险出现甚至大幅上升。

1. 政府违约

政府违约主要源于两方面的原因。一是疫情导致政府支出大幅增加，收入大幅下降，造成政府财政吃紧。政府支出方面：包括为了缓解失业而产生的政府补助，对中小企业资金困难的扶持而支出的救助性资金，以及大量采购医疗器械、口罩及其他防护物资增加的支出，还有为了刺激消费需求、刺激经济增长而使用的财政政策等。政府收入方面：疫情对中产阶级造成的冲击最大，大量中产阶级失业，同时大量中小企业倒闭，大型企业也不得不削减开支，停止计划中的投资或者在建项目，造成政府税收收入大幅度缩水。收不抵支

---

① OECD, *Economic Outlook*.

导致政府债务水平大幅攀升。跨境园区基于两国政府层面的合作很多,而疫情的高支出与低收入降低了政府的付款与偿款能力,诱发了政府的违约行为,增加了政府违约的可能性。同时基于国内经济安全优先的考虑,东道国政府会优先考虑本国本土产业园的各项安排。二是“一带一路”沿线主要是发展中国家,政府债务风险本来已处于高水平,疫情冲击下政府债务风险更加不可控。中国“一带一路”跨境园区多数建在经济发展水平比较落后的发展中国家,其经济基础薄弱,经济增长不稳定,同时政府抵御风险的能力也较差,融资能力有限,面对疫情造成的政府高支出与低收入,以及国内经济政治社会动荡,其违约可能性更大,疫情的全球大流行持续越久则其违约的范围越大、风险越高,甚至触发新一轮的债务危机。

2. 企业违约

企业违约主要出于三方面原因。一是企业倒闭。疫情暴发以来,不管是疫情严重的国家还是未蔓延的国家,都出现了中小企业倒闭潮,尤其是发展中国家中小企业抗风险能力差,疫情冲击下迅速破产。一方面,经济受到重创,居民收入缩水甚至失业导致收入失去保障,消费需求与消费能力同时下降,企业订单减少,酒店和餐饮业尤其突出。另一方面,物理隔离促使企业难以开门营业,进出口业务受限或者停滞沿产业链传递对产业链上下游企业造成影响,企业供应链断裂,境外市场大幅萎缩,进一步催生了企业破产。二是企业资金流动紧张甚至资金链断裂。疫情常态化增加了现金流动需求,也增加了企业催收欠款的难度,更大幅降低企业的盈利水平,利润水平平均为正常时间利润的40%—50%①。加上疫情管控,在建项目无法开工,延长了项目回收资金的时长。同时企业无法营业,但是人工费用支出仍在进行,多方面困难叠加,企业现金流减少,现金需求却未同等减少。最后,金融机构同样受疫情影响,导致企业融资空间收缩,融资成本增加,间接减少了企业的流动资金。资金链断裂诱发了企业违约行为,也增加了企业守约的困难,损害了企业的偿债能力。三是由于跨境隔离等防疫措施导致企业被动违约。人员以及商品的不同程度入境管制措施增加了企业违约风险,如项目无法开工导致工程不能按时验收的违约,工厂无法开工生产导致的产品交付违约,中间产品跨境流转受限导致产品交付时间违约以及质量标准违约等。

疫情一方面增加了违约的可能性,另一方面也加剧了违约后果的严重性。

① OECD, *Economic Outlook*.

目前疫情呈现出常态化趋势，疫情影响也将持续，将进一步推升违约风险。

（五）价值冲突更甚

疫情防控措施充分凸显了国家之间的价值取向与行为方式冲突。一方面各国对疫情防控态度存在差异，以中国为代表的部分国家把人民生命安全放在第一位，出台相关防疫指南以及防疫措施，举全国之力抗疫，以牺牲经济的代价迅速遏制疫情的暴发，全方位保障生产生活的正常运转。而以美国为代表的西方发达国家崇尚“群体免疫”、自然免疫等，面对疫情的蔓延持放任的态度，政治与资本凌驾于民众的健康与生命安全之上，防疫甚至成为政治手段，沦为政治精英的工具。部分国家虽然未遵循群体免疫的思路，但是受发达国家的鼓吹而采取比较佛系的抗疫手法。价值取向与行为方式的差异给在境外的中方人员造成了困扰，戴不戴口罩、要不要保持物理距离等防疫措施加剧了双方的价值分裂。

另一方面，截至 2021 年 3 月 3 日 11 时，疫情造成 2 562 469 人的死亡，恐惧加深了种族歧视和仇外心理。以美国为例，黑人、穷人等死亡率远高于白人和高收入人群，民粹主义和民族主义兴起。同时，西方发达国家利用新冠肺炎病毒对中国进行种族主义色彩的攻击，反华仇外情绪高涨，加大了中国跨境园区的建设与运转的难度，也对相关中方人员在境外的人身安全形成威胁。

二、暴露跨境园区建设的现存问题

“一带一路”跨境园区建设是为了适应国际国内新形势下产业链调整的大趋势，也是为了帮助中国企业更加快速地适应东道国环境，为境内外企业开放合作提供平台。根据中国境外经贸合作区网站显示，至 2019 年 11 月，商务部统计在内的跨境园区入驻企业接近 5 400 家，累计投资数额超过 410 亿美元，为东道国创造税收收入 43 亿美元，解决 37 万人就业问题①，促进了中国的对外开放，也促进了当地经济增长，取得了良好的成绩。然而随着疫情暴发，跨境园区建设、运营、管理过程中的问题逐渐暴露，疫情放大并加重已有问题。

（一）前期投入过大后期融资困难

随着“一带一路”建设的推进，跨境园区的建设进入新一轮的浪潮，盲目追

---

① 《商务部〈国际商报〉刊发我会境外合作区疫情期间调研文章》，http://www.cocz.org/news/content－3001444.aspx。

求过大过多的现象逐渐出现,并在疫情的冲击下显得后劲不足。

1. 资金占用过多

一是园区基建投资数额巨大,开发企业资金回收困难。跨境园区由于建设在国外,所需资金投资额较大,建设项目周期较长,同时资金投资回报期也较长,多数园区存在资金被大量占用,而工程项目迟迟无法竣工的问题。加上企业入驻也需要一个较长的招商、落地、开工、量产等周期,开发企业可能很多年都处于收支不平衡的状态,如埃塞俄比亚、柬埔寨的园区都在开工建设七八年后才实现年度收支平衡,而收回成本则依然遥遥无期。二是跨境园区多数处于发展中国家,即便初期土地、劳动力等生产要素价格低廉,但是随着园区的建设,周边土地以及劳动力工资大幅上涨,在园区的拉动效应下,改造、升级、扩张的成本数倍上涨,如埃塞俄比亚东方工业园周边土地价格 10 年上涨了 68 倍①;同时发展中国家经济发展落后,一方面基础配套设施薄弱甚至为零,园区建设从无到有,打造"三通一平""五通一平"等条件动辄便需上亿美元投入,建设资金沦为沉没成本,风险较大;加上当地政府出于利益考虑致使本土企业插手园区建设,阻碍了园区的发展;另一方面物资奇缺,招商困难,开发企业只能不断投入资金保障园区建设进程的顺利推进,使得回收期进一步拉长。三是入驻企业,特别是制造业企业通常具有资产专用性较强、固定投资比重大、回收期长及追求规模经济的特点②,国内企业入驻跨境园区同样面临收不抵支的困境,尤其是境外并不成熟的市场竞争体系,入驻的中方企业中短期无法获取经济收益,陷入财务困境。

2. 融资乏力

一方面是中国金融机构在境外所设分支机构偏少,仅有的少数分支机构在境外放款的能力有限,银行的全球授信体系并不支持母公司为境外子公司进行担保和抵押,跨境园区的中方企业境外融资渠道有限,境外融资需求无法得到满足。另一方面跨境园区所在东道国对中方企业的融资需求持更加谨慎的态度,加之经济发展水平欠发达的国家银行机构资金实力不足,获得当地贷款更是难上加难。同时,基于各种融资条件制约,如园区建设完成后,进入企业数量和规模达到一定标准,形成稳定的现金流或者产出量等才可能具备境

---

① 《境外经贸合作区奏响"一带一路"共赢之歌》,http://www.xinhuanet.com//silkroad/2017-04/14/c_129536091.htm。

② 李鲁、刘乃全、刘学华:《园区出海服务"一带一路"的逻辑与对策:以上海为例》,《外国经济与管理》2017 年第 7 期。

外融资的资格。与此同时，经济发展水平落后的国家普遍存在金融市场不开放、体制机制法制不健全、信用等级差、外债风险高等问题，给中方企业在其境内融资造成较大阻碍。

随着疫情的持续，跨境园区开发企业和入驻企业资金占用过大，而后续融资困难重重，资金问题导致的流动性短缺风险增加，可持续投入和融资问题凸显，成为跨境园区面临的突出问题。

（二）缺乏产业链布局规划影响企业协作

疫情暴发后，各国相继采取物理隔离的方式加强出入境管理，航班停运、货物进出口管制、生产停滞、物流受阻等导致全球供应链中断，全球化产业链的脆弱性凸显，同时也暴露出中国"一带一路"跨境园区存在的产业规划问题。一是受多方面因素综合影响，中国已有的部分合作区由于缺乏前期科学战略规划和顶层设计，整体功能定位不明确，在招商时盲目追求入区企业数量，导致区域内外部产业关联性不强，只是实现了企业的简单集聚，没有上升到产业集群的高度①，因此无法在疫情期间相互协作，保障区域产业链的顺利对接。二是很多园区建设初期只关注基础设施建设，而缺乏产业建设的规划支撑。产业投资合作是构建基础设施互联互通的有力支点，以促进"一带一路"沿线国家对基础设施建设产生迫切的现实需求，而缺乏产业基础规划作为支撑，发展基础设施建设将难以跨出实质性步伐②。三是跨境园区所在东道国经济水平落后，产业配套将成为制约园区和园区内企业可持续发展的重要因素，因此园区建设不仅仅是园区，还应该重点关注园区主导产业的产业链布局，形成园区内外的产业协同。疫情凸显了产业链安全的重要性，体现了供应链分散的安全性，也暴露了跨境园区在安全性与分散性之间的失衡。

（三）园区模式不清造成可持续发展乏力

跨境园区的建设由来已久，目前已达100多个，但是可持续发展的问题始终存在。一是境外经贸合作建设、运营由于未签署政府间合作协议，没有形成双方政府框架内的合作机制，因此其投资主体在东道国没有获得应有的法律地位③，不利于园区的持续顺利地推进。二是跨境园区运营商业模式还比较局

---

① 屈秋邑：《产业链视角下中国境外经贸合作区发展模式研究——以"泰达海外模式"为例》，西南财经大学，2019年。

② 邹昊飞、杜贞利、段京新：《"一带一路"战略下境外经贸合作区发展研究》，《国际经济合作》2016年第10期。

③ 邹昊飞、杜贞利、段京新：《"一带一路"战略下境外经贸合作区发展研究》，《国际经济合作》2016年第10期。

限。园区开发建设本质属于商业项目,出于商业考虑运营模式主要存在三种:一是通过园区开发、建设、招商和运营管理获利;二是提供综合性的商贸和现代生活服务,打造产业城区,通过整合土地资源增值获利;三是构建新型组织结构推广品牌与知识管理,输出园区开发模式。然而目前大部分的海外园区只落实了第一种模式[①],收入渠道有限。同时,中方园区开发企业与所在国的政府分属不同主体,双方的利益考虑有较大的差异。海外园区需要在其公共政策属性(即战略、发展、外交等功能)与商业属性中间寻找平衡,但不能忽略其商业的可持续性。事实上,如果海外园区不能实现经济商业上的成功,而过度依赖来自中国政府的补贴和不断投入,也会严重影响园区发展的速度与规模,使园区无法很好履行其他方面的公共政策功能[②]。四是目前跨境园区集中设立在发展中国家,合作水平有待提高,合作方式多样但过于集中。目前的经贸合作区合作方式包括资源开发型、综合开发型、融资主导型、技术创新型、商贸物流型等多种类型,但资源开发和综合开发型占据主导地位。资源开发型大多设在石油天然气能源资源丰富的国家,以及中亚、东南亚等矿藏或农业资源发达的国家,而商贸物流型和技术创新型等新型合作方式却较少。同时还存在园区扎堆、竞争激烈的问题。园区布局八成在亚洲,主要集中于东南亚。如中国与俄罗斯成立多个合作区,仅农林合作区就有 3 个;东南亚泰国、柬埔寨、越南都有战略定位接近的园区,且越南一国设立了 2 个合作区,而同为东南亚国家,三国国情、资源、地理区位相近,密集设立合作区容易形成恶性竞争[③]。五是定位不清、发展缓慢。跨境园区多以传统行业为主,尤其是加工制造类园区。各园区虽均有自身的定位,但总体来看综合开发型园区较多,商贸物流园区、高新技术产品等专业性园区较少,更多的园区往往定位过高,大量扩建多功能的一体化园区,导致大量园区服务设施浪费以及运营管理精力分散[④]。

---

① 唐晓阳、唐溪源:《从政府推动走向市场主导:海外产业园区的可持续发展路径》,《外交评论(外交学院学报)》2019 年第 6 期。

② 唐晓阳、唐溪源:《从政府推动走向市场主导:海外产业园区的可持续发展路径》,《外交评论(外交学院学报)》2019 年第 6 期。

③ 陈梦、周明璐:《“一带一路”沿线境外经贸合作区建设及发展研究》,《安徽广播电视大学学报》2019 年第 4 期。

④ 陈梦、周明璐:《“一带一路”沿线境外经贸合作区建设及发展研究》,《安徽广播电视大学学报》2019 年第 4 期。

第三节　疫情为跨境园区带来的变革机遇

一、疫情凸显跨境园区的独特优势

“一带一路”跨境园区作为中国扩大对外开放的载体，在疫情期间起到了有效利用国际国内两种资源支持国内经济复苏与国际合作抗疫的重要作用，成为疫情期间保障物资供应稳定与产业链上下游有效衔接的重要平台，是中国“一带一路”建设重要且成功的实践，成为保障中国经济稳定安全的“压舱石”。在国际贸易与投资整体下滑的背景下，中国与“一带一路”沿线国家的经贸合作仍保持增长态势，成为全球经济发展的亮点：2020 年，中国企业在“一带一路”沿线对 58 个国家非金融类直接投资 177.9 亿美元，同比增长 18.3%，占同期总额的 16.2%，较上年同期提升 2.6 个百分点①；对“一带一路”沿线国家进出口总额 93 696 亿元，比上年增长 1.0%②；中欧班列累计开行 1.24 万列、运送 113.5 万标箱，分别同比增长 50%、56%，国内累计开行超过百列的城市增至 29 个，通达欧洲城市 90 多个，涉及 20 余个国家，累计发送国际合作防疫物资 931 万件、7.6 万吨③，充分保障了疫情下的物资供应稳定和物流运输通畅。随着“一带一路”建设的持续有效推进，跨境园区作为承载投资国与东道国经济空间拓展的作用将进一步凸显，符合疫情长期化下中国与沿线国家深化经济合作的共同需求。

（一）充分利用国内国外两种资源

非疫情期间，跨境园区担负着促进中国企业对外投资、推广市场改革发展经验以及加强两国关系的重任④。而疫情期间，跨境园区作为联系两国关系的纽带作用凸显：在新冠肺炎疫情的特殊时期，“一带一路”跨境园区有效实践

---

① 《2020 年我对“一带一路”沿线国家投资合作情况》，http://fec.mofcom.gov.cn/article/fwydyl/tjsj/202101/20210103033338.shtml。

② 《中华人民共和国 2020 年国民经济和社会发展统计公报》。

③ 《2020 年中欧班列开行数量同比增长 50%》，http://www.mofcom.gov.cn/article/i/jyjl/e/202101/20210103028723.shtml。

④ 唐晓阳、唐溪源：《从政府推动走向市场主导：海外产业园区的可持续发展路径》，《外交评论（外交学院学报）》2019 年第 6 期。

了对国内和国外两种资源市场的统筹运用，成为连接中国与海外国家共同抗疫的重要纽带。

1. 采购防疫物资的重要平台

在中国疫情暴发初期，各类医疗物资器械大量消耗，先期储备不足，后续供应不上。跨境园区有效发挥了集聚防疫物资、快速转产生产支持国内防疫抗疫的重要作用。一是跨境园区充分发挥处在境外的地理优势，在当地积极采购口罩、防护服等防护物资运回国内，有效缓解了疫情初期一线人员物资缺乏的困境，如柬埔寨西岗特区工业园从2020年1月27日到3月10日累计向国内发回1 700万只口罩和6.9万件防护服①；二是充分发挥处在境外的人员优势，积极组织当地员工快速到岗，迅速转产、开工生产，一方面生产口罩等防疫物资供应国内，一方面为国内防疫物资、医疗物资的生产供应各种原材料和中间产品，缓解了国内紧缺物资供应链的紧张，保障了特殊物资供应的顺畅。

2019年中国内地口罩产量超过50亿只，日产2 000多万只，超过世界产量的一半，其中可用于病毒防护的医用口罩占比54%②，即全球50%以上的口罩产能集中在中国。境外疫情暴发后，防疫物资短期需求暴涨，各国面临着一无生产能力二无物资储备的双重困境。与此同时中国率先控制住疫情，并顺利实现生产生活的恢复，经济稳定发展，通过跨境园区的平台作用，积极同东道国政府进行抗疫合作，捐助防疫物资，保障当地正常生产生活的物资供应，帮助稳定疫情期间区域供应链的正常运转。如在印尼的两家大型海外产业园紧急成立了全球物资采购和捐赠平台，向印尼政府捐赠数十吨价值近700万元的防疫物资；匈牙利中欧商贸物流园协助匈牙利政府完成了5架商务包机服务，将中国采购大批应急物资运抵匈牙利，此举极大充实了当地的抗疫物资储备③。

2. 连接国际市场的重要平台

疫情期间，跨境园区利用处于境外的各种优势，有力地支援了国内与国外的抗疫工作，充分体现了与“一带一路”倡议相承接、更好地统筹国内国外“两个市场”的平台集聚效应。“一带一路”跨境园区建设以来积极探索两国政府和企业合作的新模式，通过连接国内与国外市场形成国际网络，集聚生产要

① 《后疫情时代，海外产业园区将为平衡区域经济发展发挥作用》，https://baijiahao.baidu.com/s?id=1676795524179087226&wfr=spider&for=pc。

② 温建东、李永宁：《全球联动解决防疫物资供应长短期矛盾》，《第一财经日报》2020年4月8日。

③ 《后疫情时代，海外产业园区将为平衡区域经济发展发挥作用》，https://baijiahao.baidu.com/s?id=1676795524179087226&wfr=spider&for=pc。

素、人才、技术、资本等各类资源进行配置与再组合，充分发挥了国内制造、管理等优势，有效利用了国外自然资源、劳动力、土地等生产要素优势，实现了优劣互补，保障了两国海外资源的长期稳定供应，为两国创造了更大的合作空间。

（二）政策感知，分散风险

产业园作为政府和市场有机结合的产物，具有较强的市场和政策感知能力，这是一般企业无法比拟的。“一带一路”建设带来的政策红利传输到企业端，再到企业根据政策进行经营决策调整，中间存在时间差和信息差，产业园通过汇集众多产业要素，根据政策导向挖掘产业机遇寻求突破点，能够主动响应国家战略，紧跟时代前进步伐，对于企业未来的战略布局具有重要指导意义①。疫情期间，跨境园区的政策感知和风险分散作用得到了充分凸显。

跨境园区担负着为中国企业对外投资提供平台的作用，具有公共政策工具性质②。跨境园区是两国政府推动建立，同当地政府联系紧密。疫情期间，跨境园区积极获取与发布当地政府各项政策规定，帮助企业及时了解和掌握当地最新疫情发展情况和政府防疫规定，为企业应对临时性、紧急性政策规定提供了充足的时间准备。同时为企业积极提供咨询服务，通过汇集当地各种防疫、投资、管制等信息，解答疫情期间企业的各种困惑，并汇集企业在疫情期间的困难和诉求，反馈回国内，为企业提供及时有效的帮助。在疫情突发的特殊时期，跨境园区特殊的地位和作用得到了充分凸显。

跨境园区处于境外的优势还体现在能够分散供应链风险方面。一方面，跨境园区多数建立在亚洲，尤其是东南亚地区，邻近原材料产地，在疫情物理隔离下，物流受阻或者中断，靠近原材料产地显得特别重要，能够在运输中断情况下保障原材料的及时供应。另一方面，在国内疫情暴发时，跨境园区所在区域产业链正常运转，为中国产业链整体运转分散了断裂的风险，保障了局部供应链的稳定。

二、疫情加速跨境园区的变革转型

新冠肺炎疫情全球大流行，其突发性、紧迫性与全球性等特点给中国和国际经济社会发展带来了不可逆转的重大影响。疫情暴露出跨境园区在新形势

① 陈琦：《解析“一带一路”战略下产业园区发展新机遇》，https://baijiahao.baidu.com/s?id=1642481632944736506&wfr=spider&for=pc。

② 唐晓阳、唐溪源：《从政府推动走向市场主导：海外产业园区的可持续发展路径》，《外交评论（外交学院学报）》2019 年第 6 期。

下的缺点,同时也催化了跨境园区的变革。

(一) 数字化、智能化步伐加快

疫情期间最突出最深刻的变化就是以数字经济为核心的线上办公、线上交易等线上活动充分展示了它的活力与无限潜力,在抗疫过程中发挥了重要作用。2020 年 4 月,联合国开发计划署驻华代表处发布了《新冠肺炎疫情对中国企业影响评估报告》,该报告指出“以人群聚集为主要场景的行业面临巨大挑战,线上行业释放‘逆势’发展潜力,如数字媒体、电子商务及在线教育”。同时该报告显示,在其他行业面临生存困境时,在线办公、在线教育、在线游戏却未受任何负面影响,还分别大幅增长了 537%、169%和 124%[①]。疫情展示了数字经济的发展潜力与发展机遇,推进了企业向线上转型的步伐。

中国疫情暴发期间,利用大数据、互联网+、移动互联网等信息技术实现物资的查询、调配与存储,进行人员流动轨迹的追踪与监测,进行跨区域、跨行业、跨系统等的沟通交流,利用人工智能进行技术识别、病毒检测、体温测量等多方面成功的数字化、智能化应用,为未来“一带一路”建设指明了方向。疫情在海外暴发后,数据孤岛问题凸显,严重影响了经济发展水平落后地区的疫情防控成效,这是“一带一路”发展的新机遇,更是“一带一路”跨境园区发展的新机遇与新商机。疫情期间,数字经济的快速发展与应用使得面对面显得不那么重要,网上招商引资、网上沟通交流、视频电话会议、网上服务等解决了疫情防控期间跨境园区的日常管理与建设运营,线上应用新模式的涌现将加快跨境园区数字化的转型步伐。

虽然疫情对经济造成的负向连锁循环反应影响了“一带一路”建设的顺利推进,但也在挑战中孕育了先机,数字化彰显了促进经济转型的动力作用,为跨境园区未来的发展指明了方向。后疫情时期,跨境园区应积极利用大数据对产业链布局进行完善与调整,研判产业链契合情况,发现薄弱环节,构建反应迅速、衔接高效、供应通畅的、更加安全的产业链。同时积极开发新模式,打造专业化的数字应用平台,降低线下沟通的人力、物力、财力成本,推动跨境园区建设、开发、运营与管理全方位的数字化。疫情为传统跨境园区的转型提供了巨大的空间,也让传统跨境园区看到了转型的必要性与紧迫性,数字经济对经济转型发展起到了实质性的推动作用,跨境园区应顺应这一趋势,适应后疫

① UNDP 中国:《新冠肺炎疫情对中国企业影响评估报告》,https://www.cn.undp.org/content/china/zh/home/library/crisis_prevention_and_recovery/assessment-report-on-impact-of-covid-19-pandemic-on-chinese-ente.html。

情时代的数字需求的变化，加快变革步伐。

（二）由制造型加速向科创型转变

新冠肺炎疫情带来的全球性危机凸显了世界各国在医疗卫生、健康产业、通信设施、物流运输等领域的巨大缺口。“一带一路”沿线发展中国家在疫情期间暴露出了经济基础薄弱、发展动力不足、医疗卫生服务不足等多种严重问题，疫情打乱了跨境园区所在国家的产业布局与引资重点，当前与医疗卫生有关的企业成为跨境园区所在地重点与急切引进的对象。而涉及高科技领域、国家安全的关键领域更加敏感。

中国国际贸易促进委员会网站显示，截至 2018 年 11 月，纳入统计范围的跨境园区有 103 个，其中“一带一路”沿线园区达到了 80 个①，但多以综合型制造园区为主，且多数分布在发展中国家。疫情的长期化促使跨境园区不得不顺应产业格局的调整，抓住疫情带来的产业机遇，弥补疫情暴露出的短板问题。一是既要立足中国制造业的比较优势，也要面对中国技术水平发展不足的劣势，充分利用产业重塑的机遇，加快布局一批科技型、创新型的产业项目；二是顺应国际投资的大方向，从传统基础设施的建设转向新型的基础设施建设；三是顺应服务需求的变化，抓住服务贸易发展的窗口期，实现跨境园区的功能转型。

（三）由实体向跨境电商平台转变

跨境电子商务作为新兴业态已经在全球经济复苏过程中呈现出了良好的发展势态，而疫情期间物流交通的受阻进一步激发了跨境电子商务的发展潜力。据海关总署官方网站显示，2019 年通过海关跨境电商管理平台进出口额达到了 1 862.1 亿元，增长了 38.3%，高于市场采购方式增长率 18.6 个百分点；而 2020 年，中国跨境电商贸易出口仍然实现同比增长 40.1%的超高增长速度，成为稳外贸的重要支撑②。在新冠肺炎疫情全球化的背景下，跨境电商彰显了巨大的市场潜力，成为境外防疫物资传递的重要渠道和海外市场开拓的重要平台。

目前国际疫情形势仍然严峻，这一背景对跨境电商运营策略和商业模式带来深远的影响：一是在跨境出口方面，国际供应链数字化赋能成为新趋势。境外疫情高发，市场活跃度下降，国内跨境电商供应链压力相对较小。二是在跨境进口方面，线上线下融合成为开拓国内市场的突破口。此次疫情期间，网

---

① 《“一带一路”沿线园区名录》，https://oip.ccpit.org/ent/parkNew/139。

② 《海关总署 2020 年全年进出口有关情况新闻发布会》，http://fangtan.customs.gov.cn/tabid/1106/Default.aspx。

上超市、网上菜场、网上餐厅等场景的开辟将线下生活转移到线上,居民的消费意识和消费习惯得到重塑。在营销方式上,"主播带货"等新形式成为主要手段。三是结合境内外消费市场新趋势,C2M 模式成为企业拓市新引擎。疫情期间,境内外消费者线下消费减少,线上"云"购物、"云"逛街增多,积累了大量消费者前端数据①。面对跨境电商发展的新趋势,跨境电商平台建设为跨境园区提供了转型的新方案,未来"一带一路"跨境园区建设应进行平台模式的转变,并辅助体制机制的改革支持,借助数字经济的飞速发展和"一带一路"物流基础设施及互联网基础设施的完善,充分利用中欧班列等通道建设,为境内外企业搭建跨境电子商务平台,适应疫情的常态化,助力全球经济的复苏。

第四节　疫情对跨境园区建设的启示

新冠肺炎疫情的暴发中断了后金融危机时代世界经济的复苏进程,如何应对突发事件,尤其是全球性危机事件应该成为"一带一路"跨境园区未来发展建设的重要内容之一。

一、顺应变革趋势,搭建跨境电商平台

跨境电商平台强劲的发展势头与巨大的市场潜力,以及疫情期间凸显的渠道优势显示了对外贸易的主流趋势。危机之后的强劲复苏期是跨境园区抓住机遇开拓境外消费市场的窗口期。通过抓住线上经济赋能"一带一路"建设的历史机遇,改变跨境园区的发展思路与功能定位,促进大数据、互联网+、人工智能等新技术的植入与融合,以新业态、新模式、新理念、新格局构建以跨境电商平台为中心的园区发展模式,实现传统制造型跨境园区向服务业态转变,既充分借助"一带一路"通信基础设施与传统基建打造的互联互通大网络,又更好地同"一带一路"建设相衔接。

二、强化通道建设,构建产业链双循环

据商务部资料显示,中欧班列为畅通抗疫物资的运输发挥了重要作用:

---

① 郑亚莉、戴小红、张若洲:《关于新冠肺炎疫情对跨境电商发展的影响与对策建议》,https://www.cndca.org.cn/mjzy/lxzn/czyz/jyxc/1512746/index.html。

2020年累计发送国际合作防疫物资931万件、7.6万吨①，成为大面积断运停航情况下欧亚大陆之间的“生命通道”，是中国与全球共同抗疫的“命运纽带”。跨境园区是发挥中欧班列辐射作用的重要平台，是推动建设以中欧班列为核心的国际多式联运物流服务网络的战略节点。因此跨境园区要积极同中欧班列实现对接，通过中欧班列的作用增强园区自身的辐射范围，实现由园区这一节“点”到班列这一“线”路最后到欧亚这一全“面”区域的点、线、面扩展，通过“产业＋通道”的经济模式在后疫情时期为国际产业链供应链提供有力保障。

同时，跨境园区要借助“一带一路”通道建设，发挥园内大型企业的带头作用，积极推进重点领域、紧急项目的复工复产，畅通区域供应链，以更加完善的区域价值链融入全球大价值链体系中，打通“一带一路”内循环，融入世界经济大循环，为畅通世界经济循环做好区域衔接。在积极稳定国际产业链的同时促进跨境园区的本土化。不仅是用工的本土化，项目建设的原材料、中间产品、物流体系以及消费市场、合作企业都向本土化倾斜，做好储备和转产能力建设工作，重视生产布局的区域、上下游、园区内外的平衡，为特殊时期的复工复产与正常生活提供应急保障，通过融入并支撑当地社会经济发展促进跨境园区在海外的可持续发展。

三、加强风险研判，提高危机管理水平

世界面临百年未有之大变局，经济发展进入风险易发多发期，跨境园区必须面对这一世界经济发展新常态。

根据麦肯锡的最新测算，中国同世界经济在贸易、资本和技术三方面综合依赖度由金融危机前的0.9下降到2017年的0.6，同时世界经济对中国的依赖度由中国加入世界贸易组织前的0.4增加至2017年的1.2。“一带一路”跨境园区的跨境特性使得园区在无论中国同世界是单向依存度高还是双向依存度高时都必须综合考虑国内与国外存在的各种风险以及发生的可能性。在危机面前，没有任何人、任何国家能够独善其身。后疫情时代，跨境园区必须加强对境外已存风险的研判能力，时刻关注国际形势变化，严防风险。同时强化与当地政府的紧密联系，提高转化危机与应对危机的能力。

应该看到，跨境园区的建设是为了更好推进“一带一路”建设，是适应全球经济格局调整的必然选择，是中国致力于实现沿线国家共同发展的大国担当。

---

① 《2020年中欧班列开行数量同比增长50%》，http://www.mofcom.gov.cn/article/i/jyjl/e/202101/20210103028723.shtml。

第六章 “一带一路”跨境园区对东道国经济发展的影响

“一带一路”是中国提出的旨在将地缘毗邻、政治互信、经济互补的国家间的发展优势转化为务实合作、共赢发展的重要倡议。经过 8 年的发展，“一带一路”依托中国与沿线国家的双边、多边贸易机制，借助多种区域合作发展平台，在探索推进经济增长、实现全球化再平衡、创新区域合作新模式等方面已经取得了一定的成绩。“一带一路”跨境园区作为中国对外投资和国际经济合作的重要途径和企业抱团“出海”的主要载体，不仅能为中国的投资者开拓更多的投资渠道，获取更多的投资利润，也能够为东道国创造更多的就业岗位，增加更多的税收收入，形成新的产业集群和经济增长极。中国与沿线东道国共同建设跨境园区是推进国家战略的重要途径，也是加强与“一带一路”沿线国家经济、外交往来，构筑互利共赢的命运共同体的重要抓手。本章从“一带一路”跨境园区建设对东道国产生的经济、政治、文化等方面影响入手，总结跨境园区在与东道国政府、企业等主体在合作过程中选择的发展模式，剖析不同模式对东道国经济社会发展产生的影响，进而提出相应的对策建议，加强跨境园区在“一带一路”沿线国家的建设。

第一节 “一带一路”跨境园区建设与发展的重要意义

受新冠肺炎疫情全球大流行、中美经贸摩擦的影响，全球经济贸易进入了历史冰点，但全球化的发展趋势并没有变，新一轮国际产业转移仍在继续，人才、资金等发展要素也仍在流动。“一带一路”跨境园区是中国在应对贸易单边主义、贸易保护主义势力日益强劲的情况下具有中国特色的投资模式，不仅架起了中国企业抱团“走出去”的桥梁，也为推进中国与沿线东道国在经济、社会、文化全方位、宽领域合作做出了重要探索。跨境园区不仅能够充分发挥各国的比较优势，而且能够推动东道国工业化进程，促进区域整体经济的持续、快速增长和产业结构的优化升级。

一、有利于形成对外直接投资的新模式

新一轮国际产业转移由过去单纯的资金转移与输出向以资本为核心带动产业整体输出的方向转变，传统依靠单个企业“出海”进行国际投资、开拓海外市场的模式已难以为继，迫切需要集合资本、技术、服务等各项内容整体输出。“一带一路”跨境园区正是在中国与东道国政府的共同推动下实现企业的“抱团”投资，能够有效满足东道国对资本、技术、服务的多方面需求，也符合产业转移的发展趋势与规律，本质上是以产业集群为特征的对外直接投资新模式。与一般企业单独对外投资相比，“一带一路”跨境园区是企业抱团的对外投资，入驻园区的企业能够享受到产业集群带来的各种优势，如完善的基础设施配套，紧凑而集中的产业链布局，企业交易费用的降低，专业协作、紧密配合的分工体系。园区内的资源共享等能够极好地弥补单个企业规模不经济的缺陷，加速集群内部企业知识的累积、传递与扩散，缩短技术溢出的时间，形成创新发展新优势；集群内的企业能够对东道国的各种资源形成强大的吸纳效应，能够争取东道国政府给予的各种优惠政策，极大降低企业国际化运营风险与成本。“一带一路”跨境园区形成的新兴对外直接投资模式不仅有利于降低中国企业的成本和国际化运营风险，也有利于在东道国形成经济相通、产业互补的新集群，实现经济社会发展的互利共赢。

二、有利于推动东道国的工业化进程

“一带一路”沿线国家大多是工业化、信息化发展水平较为落后的发展中国家，中国境外园区也大多分布在东南亚、南亚、中亚和非洲，根据世界银行发布的相关数据，尽管“一带一路”沿线 66 个国家拥有世界约 65％的人口，但其经济总量却仅占世界经济总量的 29％，其中接近一半的国家属于中等偏下收入水平，有 9 个国家的工业化才开始发展，工业增加值占国内 GDP 总量的比值不足 20％，工业化进程的缓慢和经济发展水平的落后使得这些国家迫切需要加快工业化发展进程，也促使对外开放意愿不断上升，提高政府的办事效率，积极改善营商环境，重点引进具备一定技术实力和资金较为雄厚的企业，

借助世界经贸往来带来的人才、资金、技术等生产要素加速工业化发展进程，提升本国的经济实力。跨境园区的建设不仅是中国推进“一带一路”建设，加强与“一带一路”沿线国家经贸合作的重要载体，为中国企业拓展海外业务提供机会，而且能够通过两国共建产业园区的方式将中国的人才、资本、技术等资源与当地的资源和市场优势相结合，有力推动了东道国轻纺、建材、家电、钢铁、化工、汽车、机械等行业发展，不断推进优质的资源要素集聚，协助东道国加快工业体系的建设，满足沿线国家工业化发展和经济增长的需求。

三、有利于充分释放贸易双方比较优势

中国自 1978 年改革开放以来就步入了经济高速增长的快车道，并在这 40 多年中逐步建立起了门类较为齐全的工业体系，成为“世界工厂”。随着以大数据、云计算、人工智能、区块链、移动互联网为代表的新兴产业发展，中国正紧抓信息技术带来的发展机遇，积极将信息技术与实体产业进行融合发展，推动产业转型升级，逐步转移缺乏比较优势的产业，攀升国际价值链高端。“一带一路”沿线国家众多，分布广泛，并且这些国家的政治体制、经济发展水平、资源禀赋等方面均存在较大差异，有的国家拥有大量劳动力，人口红利丰厚；有的国家自然资源丰富，在矿产资源开采及深加工方面具有发展优势；有的国家面积狭小但经济发达，拥有成熟且强大的消费市场，消费吸纳能力强。中国工业化、城市化、信息化快速发展的过程中，相当一部分企业已经积累了雄厚资本，创造了更有效率、适应性更强的管理模式，并积极加大研发投入，培育更先进的生产技术，探索更有效的管理模式，使之逐渐成为中国“走出去”过程中的比较优势。跨境园区建设能够把中国先进企业的资本、管理、技术优势与“一带一路”沿线国家的自然资源、劳动力、市场等比较优势有效结合，各取所长，创造更大的发展空间，推动区域整体经济社会发展。

四、有利于有效推动区域整体发展

当前，新冠肺炎疫情还在全球肆虐，世界主要经济体经济预期下降，西方主要国家受疫情拖累政治风险不确定性也在增加，贸易单边主义、保护主义盛行，逆全球化思潮抬头。“一带一路”跨境园区的建设不同于双边贸易协定、自由贸易协定等传统经贸协定，其以“特区”建设的形式不仅将中国高新区、开发区、科技园区等成功经验推广到沿线东道国，而且园区建设在某种程度上也能够促进东道国的基础设施建设，从而使得东道国对资金、人才、技术等生产资

源吸引力增强，能够快速吸收先进的技术改进本国生产，从而优化资源配置，促进产业结构优化升级，推动经济快速发展。跨境园区也为中国企业提供了更为可靠的投资保护和政策保障，既契合多元化的对外投资理念，又创新了对外投资模式，充分体现了中国支持经济全球化和对人类命运共同体理念的践行。此外，中国在境外建设经贸合作区既有利于转移国内过剩产能，也能利用东道国丰富的自然资源及其廉价劳动力为中国企业节省运营成本，促进国内经济持续、健康发展。因此，"一带一路"跨境园区建设是应对不确定国际形势对投资产生巨大负面影响的手段，能有效解决双边的贸易摩擦，形成互利共赢的良好局面。

第二节 "一带一路"跨境园区的发展现状

"一带一路"是中国扩大开放广度和深度，加强与沿线国家的经济、社会、文化合作，稳定要素供给，促进整体区域经济一体化发展，加速中国经济结构调整，产业结构优化升级的重要战略。"一带一路"跨境园区的建设与发展是全球经济合作的新兴产物，也是中国与沿线东道国加强经济合作的新平台。"一带一路"倡议提出至今，沿线国家跨境园区的数量有所增加和质量有所提升，在中国与东道国的经济合作空间拓展、合作区域布局、合作经济效益等方面发挥了重要作用。当然，由于"一带一路"沿线国家的复杂国情和经济、社会、文化等方面的差异，跨境园区的发展虽然在增加东道国投资、带动就业等方面取得了重要成绩，探索出了东道国政府托管模式、股份合作模式、政府机构间合作共建模式的合作新方式，但在发展过程中也面临着来自东道国政府、园区、企业等方面的问题与挑战。

一、"一带一路"跨境园区发展成绩斐然

（一）东道国经济成效显著

经济发展是中国与"一带一路"沿线国家的共同诉求，也是跨境园区持续发展的重要基石。伴随着"一带一路"的持续推进，中国与沿线国家的经济合作日益增多，跨境园区的数量迅速增加，根据中国"一带一路"网发布的数据，仅 2013—2018 年间中国与沿线国家的进出口总额达到 64 691.9 亿美元，先后

建立了82个境外合作区,实现直接投资净额累计986.2亿美元,且主要集中在制造业、金融业、租赁和商务服务业、批发和零售业、交通运输、仓储和邮政业、采矿业等行业,不仅能够极大地利用东道国的资源优势,还能够为其带来大量的就业岗位并创造巨额税收。例如,中国在非洲的经济合作中,中非境外贸易合作区建设就已经成为非洲经济发展的重要组成部分。截至2018年6月,中国在非洲的合作区投资已经超过了60亿美元,在基础设施投资建设方面,多个中国境外经贸合作区基础设施建设成本也都保持在1亿美元以上。合作区企业的入驻对于东道国的经济产值、税收以及就业方面都有显著的贡献:在税收方面,中国在非洲合作区的税费上缴总额已经超过了8亿美元;就业方面,中国在非洲设立的境外经贸合作区,已经使非洲5万人以上获得了就业机会,其中尤以纺织服装和制鞋为主导产业,对于合作区就业贡献更大①。总之,“一带一路”跨境园区建设不仅促进了中国与沿线国家的双边经济、贸易发展,也增进了区域之间的政治与外交关系,沿线东道国也能学习了解中国开发区、高新区、自贸区、保税区等园区建设的诸多经验,获得更多的投资、技术和人才,取得国内经济的快速增长。

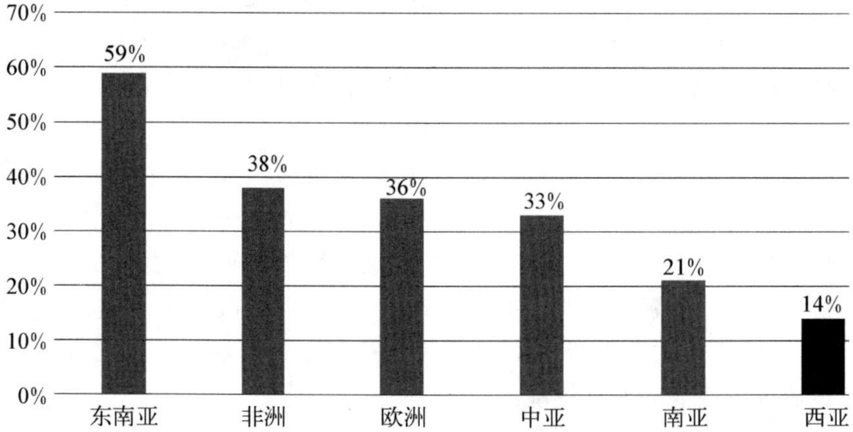

图6-1 2018年中国对“一带一路”沿线国家和地区投资占区域吸引总投资比重

资料来源:根据《2018年中国企业对外投资调查分析报告》整理所得。

(二) 地域分布广泛

“一带一路”沿线共有65个国家,分布在东南亚、南亚、中亚、西亚、非洲、

① 李可:《中国境外经贸合作区建设对东道国经济的影响研究》,《营销界》2019年第5期。

欧洲，而已经建立的跨境园区遍布中蒙俄、新亚欧大陆桥、中国—中亚—西亚、中国—中南半岛、中巴、孟中印缅六大经济走廊，并且呈现出了“大分散、小集中”的空间发展特征，即分布区域广，园区之间的空间距离较大，整体较为分散，在已经布局的园区周边又新建了新的园区。从跨境园区具体分布来看，亚洲、非洲的跨境园区数量最多，其中东南亚有 26 个、非洲 25 个、欧洲 14 个、中亚 7 个、南亚 6 个、西亚 4 个。跨境园区高度集中在东南亚的柬埔寨、印度尼西亚、越南等地理区位条件良好、交通便利、基础设施较好的城市，充分利用东南亚的丰富资源；跨境园区在南亚主要集中在与中国外交关系较好的巴基斯坦、斯里兰卡两国，虽然中印两国在经贸方面存在一定摩擦，但由于印度在南亚地区具有强大的经济影响力，其科技水平、劳动力素质等方面均优于其他国家，因此印度也是中国跨境园区相对集中的国家；中亚的乌兹别克斯坦、格鲁吉亚、哈萨克斯坦等国矿产资源丰富，能够为制造业发展提供充裕的原料；欧洲的俄罗斯、匈牙利、塞尔维亚等国制度建设完备，营商环境良好；非洲的埃及、埃塞俄比亚、尼日利亚等国普遍具备富足的自然资源以及劳动力价格低廉的优势。此外，“一带一路”跨境园区的选址和布局除了选择国家外，还趋向于在邻近铁路、公交枢纽、航空、港口等交通便捷、基础设施良好的区域布局，这使得园区分布比较集中于东道国经济发展水平较高、人口密集、社会稳定的首都以及国内的大城市，这样的布局方式也有利于形成新的经济增长极。

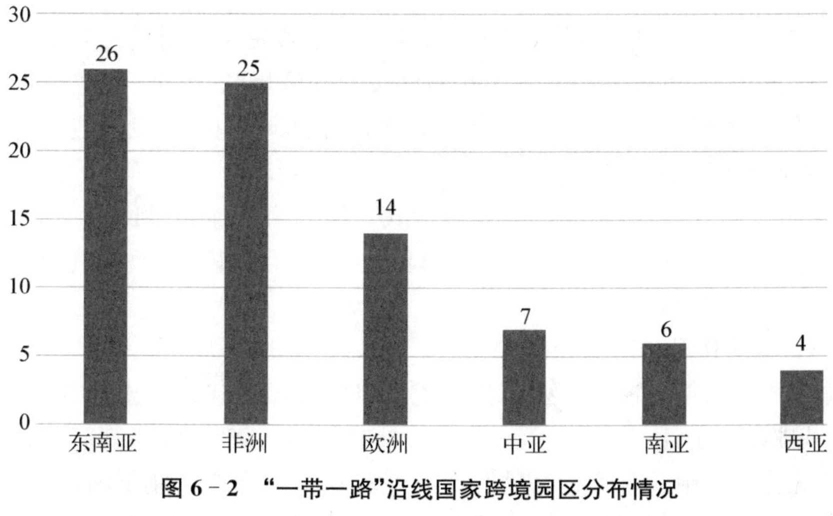

图 6-2 “一带一路”沿线国家跨境园区分布情况

资料来源：根据中国国际贸易促进委员会发布的相关数据整理而成。

(三) 形成多元化发展态势并向高质量发展迈进

“一带一路”跨境园区的建设与发展主要是基于中国和东道国不同的比较优势,园区起初的产业布局主要集中在农产品加工业、矿产开采及深加工业、制造业等行业,但随着园区的不断发展成熟和管理效率的提升,部分园区正积极向商贸物流、科技合作等产业迈进,多元化发展态势业已形成。如在东道国交通便捷的区域培育出白俄罗斯明斯克中白工业园、阿拉木图中国商贸物流产业园、波兰(罗兹)中欧国际物流产业合作园、明斯克商贸物流产业园等物流产业园区;依托印度良好的工业基础和产业配套建立了以工业为主的印度(浦那)—中国三一重工工业园;利用东道国能源优势建立了以能源开采和深加工为主要特征的哈萨克斯坦中—哈阿克套能源资源深加工园区、瓜达尔能源化工园区;依靠东道国独特的自然条件和农业基础优势建立了华信中—俄现代农业产业合作区。跨境园区在向多元发展态势进发的过程中也逐步升级自身的建设理念、产业层次和运营模式,2019 年联合国计划开发署和中国商务部联合发布《中国“一带一路”境外经贸合作区助力可持续发展报告》,这是联合国首次将中国境外园区的发展经验向全球发布,充分认同了中国在“一带一路”建设中“共商共建共享”的理念,总结了园区产业在不断向多元化、高端化方向发展的态势,肯定了园区的运营模式,并指出跨境园区正不断向高质量的发展迈进。

二、“一带一路”跨境园区发展的主要模式

“一带一路”跨境园区的发展不仅要满足中国投资企业对资金安全和回报率等方面的要求,也要满足东道国对园区带动经济增长、就业、产业升级等方面的诉求,因此跨境园区建设需要大量借鉴国际、国内园区开发与建设的成功经验,并结合东道国自然环境、区位交通、资源禀赋、政治环境等方面因素,探索独特的“一带一路”海外园区建设新模式。经过 7 年探索,目前“一带一路”跨境园区建设已形成了东道国政府托管模式、股份合作模式、政府机构间合作共建等 3 种主要模式。

(一) 东道国政府托管模式

东道国政府托管模式主要是指东道国将跨境园区建设的土地开发、园区规划、基础设施建设、招商引资、产业定位、园区运营管理等一系列职能在一定期限内完全委托给具有资金基础和产业经验的中国合作企业集团,东道国政府只负责审批并监督园区建设的常规事项,不参与园区经营管理。该模式下

会预先签订合作协议，明确双方权利与义务。东道国政府托管的发展模式主要适用于东道国本身经济发展状况良好、市场机制健全、基础公共服务完善、政局稳定的国家，同时也要求受托企业资金实力雄厚，具备园区前期开发、后期运营的能力，并具有一定的园区开发与建设的成功经验。总之，东道国政府托管模式对委托方和受托方均有较高要求，当一方不满足受托条件，园区建设与发展就会陷入重重困难之中。

表 6－1 “一带一路”沿线采取政府托管模式的跨境园区

园区名称	所在东道国	建设企业	母公司
柬埔寨枯井省斯努经济特区	柬埔寨	中启海外(柬埔寨)实业有限公司	中启海外集团
柬埔寨齐鲁经济特区	柬埔寨	齐鲁(柬埔寨)经济开发有限公司	淄博众德投资发展有限公司
老挝磨丁经济合作区	老挝	老挝磨丁经济开发集团有限公司	中国云南海成集团
印度尼西亚东加里曼丹岛农工贸经济合作区	印度尼西亚	如皋市双马化工有限公司	
中民投印尼产业园	印度尼西亚	中国民生投资股份有限公司	
越南北江省云中工业园区	越南	富华责任有限公司	
越南龙江工业园	越南	龙江工业园发展有限责任公司	中国浙江前投资管理有限责任公司
中国—越南经贸合作区	越南	深越联合投资有限公司	深圳市投资控股有限公司
巴基斯坦瓜尔达尔自贸区	巴基斯坦	瓜尔达尔自贸区有限公司	中国海外港口控股有限公司
巴基斯坦开普省拉沙卡伊特别经济区	巴基斯坦	中国电力工程有限公司	中国机械工业集团有限公司
万达印度产业园	印度	大连万达集团有限公司	
斯里兰卡中国工业园	斯里兰卡	中国交通集团建设有限公司	
格鲁吉亚华凌工业区	格鲁吉亚	新疆华凌工贸集团有限公司	
哈萨克斯坦中国工业园	哈萨克斯坦	新疆三宝集团投资开发有限公司	

续表

园区名称	所在东道国	建设企业	母公司
中国阿联酋“一带一路”产能合作园区	阿拉伯联合酋长国	江苏省海外合作投资有限公司	
中国—阿曼产业园	阿曼	阿曼万方责任有限公司	中阿万方投资管理有限公司
俄罗斯乌苏里斯克经贸合作区	俄罗斯	康吉国际工贸有限公司	康吉国际投资有限公司
俄罗斯圣彼得堡波罗的海经贸合作区	俄罗斯	上海实业集团	
塞尔维亚中国工业园	塞尔维亚	中国路桥集团国际建设有限公司	

资料来源：根据各个园区官网资料汇总整理。

（二）股份合作模式

股份合作模式是由多家中资控股公司与东道国政府或者企业进行股份合作共同建设园区的做法，也是目前最为流行、应用最多的一种园区共建方式。该模式是指中国组建的实施公司与东道国政府或者企业合作共建跨境园区，双方可以按照一定的出资比重成立合作开发公司，资金、土地、技术等均可以作为入股方式，新成立的合作开发公司负责园区建设、招商、管理等各项工作，所获得利润按出资比例进行分配。股份合作模式要求中资企业率先在国内组建一家实施境外园区建设的企业，再由这家实施企业与东道国政府和企业进行园区共建的合作对接，确定双方出资比例，组建双方的合资公司。股份合作模式的共建园区由组建的合资公司共同完成，并在园区运营后按照出资比例或者协定对园区收益进行分配。股份合作模式是“一带一路”跨境园区建设采用较多的发展模式，也是主流的境外园区发展模式。该模式适用于地理距离远、营商环境不佳、市场机制体制不健全、开放程度低、法律不完善且透明度低的国家，也适用于在风俗习惯、宗教信仰等方面差异较大的国家。股份合作模式能够帮助中方企业尽快适应东道国的发展环境，权责明晰也有助于调动各方的积极性，共同推动跨境园区的顺利建设与发展。

（三）政府机构间合作共建模式

政府机构间的合作模式主要是中国政府机构和东道国政府机构之间达成的在东道国建设合作区的共建模式，建成的园区由两国的政府机构共同管辖或者由两国政府共同的授权机构代为管辖。政府机构间合作共建模式是“一带一路”跨境园区建设独有的海外园区建设发展模式，主要是指中国和东道国政府机构在某些方面达成共识并在东道国设立合作区的产业园区建设模式，多由两国政府或政府授权机构根据不同分工实施共同管理。该模式最大的特点是双方政府直接参与园区管理，而其他模式中政府仅仅起到引导发展的作用，园区管理与运作均是企业和市场的行为。政府机构间合作共建模式不仅能为跨境园区的建设与发展带来资金、生产资源、人才等发展必不可少的要素，还能够根据园区的发展需要在政策倾斜、融资支持、简化审批等方面提供相应支持，为园区营造良好的发展环境。该模式主要适用于经济发展较为落后的国家，政府迫切需要引入外部力量发展国内经济，也希望园区建设能够带来产业集聚效应，提升国家的整体经济实力。

表 6－2　“一带一路”沿线采取政府机构间合作共建模式的跨境园区

园 区 名 称	所在东道国	建 设 企 业
中缅边境经济合作区	缅甸	两国政府授权机构
柬埔寨齐鲁经济特区	柬埔寨	齐鲁（柬埔寨）经济开发有限公司
中哈霍尔果斯国际边境合作中心	哈萨克斯坦	哈萨克斯坦授权管理机构是“杰特苏”社会企业家集团国家控股公司；中国合作授权机构是中方合作管委会
伊朗格什姆自贸区	伊朗	伊朗授权管理机构是伊朗格什姆自贸区；中国授权管理机构是广东自由贸易试验区

资料来源：根据各个园区官网资料汇总整理。

三、“一带一路”跨境园区面临的问题与挑战

（一）全球政治环境复杂，政府层面未能形成完善的合作机制

当前国际政治经济局势错综复杂，新冠疫情大流行，中美经贸摩擦不断，欧美大国在相关地区的博弈加剧，这些使得全球地缘政治风险加剧。“一带一路”沿线 66 个国家的分布从东南亚经中东再延续到北非，这些国家历来是大国关注的重点区域，也是大国博弈的焦点，地缘政治风险要高于其他地区。地缘政治风险对这些国家吸引投资、产业发展、运营管理等方面都带来了一定挑战，对跨境园区的建设与发展也形成了重大影响。南亚、东南亚的部分国家受民粹主义思想影响较大，国内不同的阶层与种族之间的对立情绪严重，政党之间权利争夺可

能会引发国内冲突,政权更迭可能会带来政局不稳的风险。国家本身政局不稳使得国家不能确定长期的发展规划和政策优惠,给外商投资带来较大的不确定风险,加大了跨境园区建设与发展的不确定性。此外,沿线东道国的政治体制、发展水平、发展模式有着较大差别,有些国家经济发展水平相对落后,制度与基础设施也相对不完善,并且这些国家政治稳定性不高,投资保护机制不健全,跨境园区无法获得与东道国本土企业平等的优惠政策,营商环境不佳给跨境园区发展带来一定的困难,因此,“一带一路”跨境园区受到两国政府影响较大。

(二) 多元化盈利模式尚未形成,园区盈利能力有待提升

“一带一路”跨境园区主要由两国政府牵头,并按照“政府支持,企业主体,市场经营”的原则推动建设,园区内的企业要在市场化发展的大环境下自主开发建设。由于跨境园区建设初期需要大量资金建设园区基础设施,待基础设施布局完善、企业入驻后产生的大量税收又需要上缴东道国政府,园区仅仅依靠土地增值、物业管理服务、咨询服务等各类服务,难以获得可观的收益,投资回报率低,前期投资回收较为困难。现有的中国境外合作区的盈利主要是来自自营的工业、土地和厂房租金,部分收入来自投资公司提供的商业服务,园区收入来源较为单一,未能形成多元化的盈利模式。根据《中国“一带一路”境外经贸合作区助力可持续发展报告》的相关数据,已经建成的42家境外合作园区中,实现盈利的合作区只占总量的45%,19%的合作区维持保本运营,36%的合作区处于亏损状态。园区发展盈利渠道单一,盈利能力差使得园区建设前期的大量投资在短期内难以回收,园区运营所需的资金缺口较大,而东道国的政治、金融体制又进一步限制了融资渠道,仅有39%的园区获得了东道国银行等金融机构的资金支持,其余61%则未能获得所需的资金帮助,因此园区亟待拓展融资渠道,提升自身的盈利能力。

(三) 综合配套设施不完善,吸引优质企业能级不高

“一带一路”跨境园区虽然选址大多在东道国政府规划的重点发展区域,地理区位优越、交通便利、市场潜力也较大,但尽管这样,由于东道国经济发展基础较差,综合配套的各类基础设施依旧不完善,很多优质企业入驻意愿不强。入驻跨境园区的企业不仅要适应陌生的市场环境、东道国法律、文化差异等复杂多变的问题,还需要面对政局变动的风险,做出正确的企业发展战略和投资决策。对于跨境园区的投资企业而言,面对不确定的发展形式,精通东道国语言、熟悉东道国及中国法律、掌握各类营销技巧和先进管理经验的人才是不可或缺的,但由于中国与“一带一路”沿线国家之前的经贸往来并不活跃,中国企业这方面的人才储备缺乏，制约了企业的发展。此外，园区内的各类企业在业务上的联系不够紧密，部分生产企业更是相互竞争缺乏合作意识，难以发挥产业链协同效应，也难以形成产业集群，获得市场上的竞争优势。

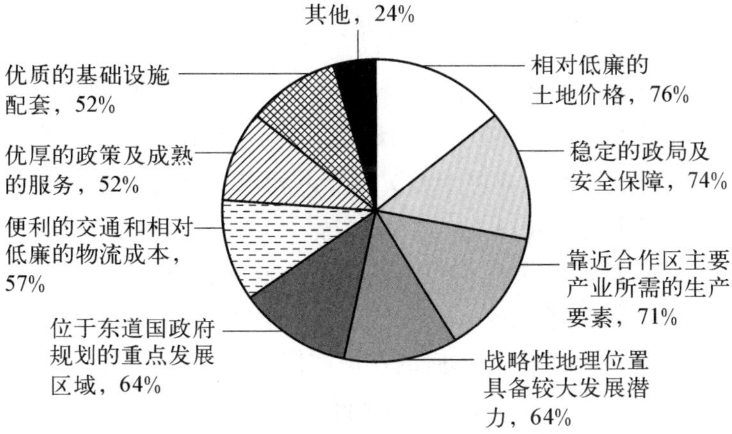

图 6-3 “一带一路”企业入驻跨境园区意愿

资料来源：根据商务部发布的相关文件整理。

第三节 “一带一路”跨境园区对东道国的经济发展影响

“一带一路”倡议是中国走向世界、践行人类命运共同体的重要设想，跨境园区的建设与发展不仅是国家战略的重要载体，而且对沿线东道国的经济发展产生了积极的影响。跨境园区一方面为东道国带去了大量的资金、高端的技术、先进的管理，另一方面也能推动东道国科学合理地配置其丰富的自然资源，充分利用土地和劳动力价格低廉的优势，承接优质的产业转移，从而整体上增加大量就业岗位，政府税收也有一定增加。此外，跨境园区发展不仅能够将中国的园区发展成功经验传播到沿线东道国，还能够促进东道国经济增长、产业创新，是一项双赢的国际经济发展设想。

一、短期内直接带动经济增长

跨境园区建设需要大量资金，中国优质企业集体抱团为东道国带去可观的投资,园区开工建设需要大量劳动工人,创造了丰富的工作岗位,并带动上下游原材料价格上涨,从而提升政府的税收收入。例如,截至2018年底,中国在非洲投资建设的跨境园区共为东道国带去60.4亿美元的直接投资,占中国整体境外合作投资总额的17.3%,其中4家园区通过了商务部的各项考核,投资额为39.9亿美元,占中国与非洲建设合作区总体投资的2/3,这表明中国对非洲的有效投资率非常高,这能直接转化为拉动东道国经济增长的重要因素。在基础设施建设方面,赞比亚—中国经贸合作区基础设施投资达到1.8亿美元,莱基自由贸易区、泰达苏伊士经贸合作区和埃塞俄比亚东方工业园区的基础设施投资都在1亿美元以上①,因此跨境园区建设也能在一定程度上提高东道国的基础设施水平,进而吸引更多的优质企业投资进入,实现经济的快速增长。此外,跨境园区的企业入驻对东道国经济产值、税费和就业均有显著贡献。例如,赞比亚中国经贸合作区的经济产值2018年累计达到142.2亿美元,占赞比亚GDP的12%。跨境园区增加经济产值的同时也为东道国政府带去了大量税收,赞比亚中国经贸合作区缴纳的税收总额为4.8亿美元。此外,由于跨境园区的产业以劳动密集型产业为主,其对就业方面的拉动作用也十分显著。

二、中期内促进东道国产业优化升级

"一带一路"跨境园区能够依托各国的资源禀赋优势形成产业集聚。跨境园区不少处于东道国边境地区,这些区域在自然气候、矿产资源、劳动力等方面具备一定优势,这一方面为与资源禀赋结合密切的产业的形成与聚集提供了条件,另一方面有助于打破国别对产业发展的限制,充分利用两国或多国的不同资源,形成不同资源的优势互补,进而促进产业集聚的形成。首先,国家的边境地区经济发展一般较为落后,基础设施条件较差,但这些区域土地和劳动力等生产资料丰富,生产成本较低。东道国经济较为发达的城市由于土地、劳动力成本的不断上升以及资源的逐渐耗损,大量企业为了追求更高的利润纷纷将占地多、损耗大的产业向成本低廉的跨境园区转移,这使得跨境园区形成了对东道国产业的吸引力。其次,跨境园区在各国政府的主导推动下,容易在政策优惠方面达成共识,东道国会更积极地出台有助于产业落地的优惠政

① 刘晨、葛顺奇:《中国境外合作区建设与东道国的经济增长:非洲的实践》,《国际经济评论》2021年第2期。

策吸引外商直接投资，吸引外资企业入驻从而进一步带动产业上下游企业集聚。再次，待跨境园区发展成熟，政府和园区管理公司会根据园区运行情况逐步优化园区产业发展规划，充分利用园区政策推动企业分工协作，进一步促进园区内要素集聚，提升流通效率和质量，使得园区产业形成互补共生关系。此外，“一带一路”跨境园区的产生也蕴含着丰富的国际市场需求，企业为了寻求更高的收益和更大市场将部分产业转移到跨境园区之内，以便于产品拥有进军国际与国内市场的机会，这极大地吸引了优质企业入驻，也强有力地推动了园区产业规模的扩大。随着跨境园区的发展、优惠政策的落地及基础设施建设的逐步完备，园区内的潜力产业会逐渐发展为行业龙头，行业头部企业也会向园区转移部分产业，产业集聚的速度和质量均有提升，从而奠定园区内产业发展的新格局，形成产业集聚协作网，实现产业的高度集聚。

“一带一路”沿线国家工业化发展水平不高，跨境园区的产业多以第二产业为主，第一、第三产业为辅，但随着园区的不断发展，第三产业占比逐年上升，园区的产业结构不断优化升级。“一带一路”跨境园区在建设初期，中国企业投入大量资金，而东道国土地、劳动力、自然资源等较为丰富且价格低廉，使得园区产业发展倾向于比较优势突出的第一和第二产业，并且出现东道国资源要素越丰富，形成的产业比重就越高的现象。但随着跨境园区的深化发展，在市场需求和供求机制的影响下，园区内产业逐步开始优化重组，土地、资金、劳动力等生产要素纷纷向经济效益更好的制造业、农产品深加工业等第二产业集聚整合，使得第二产业占园区总产值的比重显著提高。制造业也成为园区内的主导产业，制造业的快速发展与生产规模化对园区外的企业形成强烈的示范效应和扩散效应，园区外的企业也会纷纷向制造业转移，进而整体上推动东道国的工业化水平。跨境园区在发展第二产业的同时也会对生产性服务业有更高要求，为了能够尽快提升服务业水平，融入全球产业链，园区内的中国投资企业会积极增加除生产功能以外的、经济效益更好、更加高级的功能性配套服务，如增加总集成总承包、检验检测、商贸物流等服务，在满足第二产业的多样化需求之外提高第三产业的比重，使得三次产业结构逐步趋向合理，提升跨境园区的整体经济效益。

三、长期提升东道国经济发展质量

“一带一路”跨境园区的建设与发展是中国与东道国经济发展与合作的重要载体，顺应了全球经济一体化、国际经贸扩张的整体发展趋势，能够合理地配置两国或者多国的资源要素禀赋,提升资源要素的使用效率。“一带一路”跨境园区通过国际工程承包、国际技术合作、国际劳务合作、外商直接投资等多样化发展方式,加深了国际化水平,提升了资源要素使用效率和收益,推动了区域各国在资金、技术、人才等基本生产要素在数量、种类方面的互补,并扩大了国际经贸的交易量和产品交易范围。在政府优惠政策的推动下,跨境园区会快速吸纳外商投资及东道国优质企业入园,形成专业化分工并促进国际间生产要素流通,从而进一步降低成本,提高企业集群的竞争力和风险抵御能力,并取得规模经济效益。跨境园区的建设与发展在东道国会产生外部规模经济,“一带一路”跨境园区能形成新的产业集群和产业增长极,在提升国家整体经济发展水平方面具有重要作用,也将获得一定的经济成果和经济效益。此外,跨境园区在发展过程中也会将工业化进程中取得的利润转化为储蓄和投资,一方面可以吸纳大量的本地闲置劳动力,带动就业岗位增长,另一方面也能使企业有更多的资金投入生产,提高资本使用效率。

第四节　推动“一带一路”跨境园区发展的政策建议

“一带一路”跨境园区作为推动多国合作共赢的重要内容和中国企业“抱团”出海的主要平台,也是国家间发展合作的模式创新,在促进东道国产业集聚、产业优化升级和经济增长方面具有重要作用,也为中国企业对外投资开辟了新的天地。未来推动“一带一路”跨境园区发展不仅要充分认识国际、国内的发展大势,还要主动结合中国“十四五”规划及国家发展战略,形成国内战略与跨境园区发展良性互动的局面。

一、遵循互利共赢原则,推进渐进式发展

“一带一路”跨境园区本身就是“共商共建、互利共赢”的产物,未来发展应继续秉持这一理念,既考虑中国企业的投资需要,又充分考虑东道国的资源禀赋、发展需求,在主导产业的选择上关注各国的发展规划、战略目标,使园区发展符合国家发展目标。此外,还要在区域布局上多做文章,合理的区域布局不仅能够促进东道国资源和要素更好的集聚,增进示范效应和协同效应,还能够

形成新的增长极，提升东道国整体工业化水平。跨境园区在引入企业和选择合作对象时也要充分考虑企业所在国的政治发展局势、投资贸易关系，优先选择经贸发展良好、国内政治稳定、与中国有密切经贸往来国家的企业，也要考虑东道国的资源禀赋和产业基础。

二、秉承多边合作、开放包容的理念

现今，虽然新冠肺炎疫情全球大流行致使经济全球化发展受阻，中美经贸摩擦引发了单边主义和保护主义势力抬头，但全球化的整体趋势不会改变，“一带一路”跨境园区建设在发展过程要秉持多边合作、开放包容理念，在积极参与全球化治理的过程中与不同国家和不同产业、不同领域的优秀企业开展合作，推动现有的多边合作平台建设，力争把园区纳入 APEC、中国东盟自贸区、金砖国家合作机制等多边合作框架中。与此同时，跨境园区还应积极拓展海外业务，建立海外合作协议，与其他国家共享收益，共担风险，为东道国引入更多的市场资源，推动东道国企业国际化发展水平。

三、加大要素投入，形成共同支撑

“一带一路”跨境园区的建设与发展离不开人才、资金、技术等要素投入，积极利用中国企业在资金、技术等方面的优势，强化市场拓展能力，加快形成多种要素共同支撑的有利格局。首先，要加快培育一批既熟悉东道国法律、税收、财政知识，又了解中国经济社会发展大势的国际化人才，为充分发挥各国资源禀赋优势和促进园区发展提供人才保障。中国企业要建立国际化的人才选拔和培训机制，形成人才培养、选人用人一体化人才发展体系，通过内部选拔和外部聘用的方式组建国际化的人才队伍。其次，创新金融产品，合理利用多种金融工具，在园区的早期开发与后期运营都合理利用各种交易工具，发挥金融资金融通和规避风险的功能。再次，充分发挥国内企业在先进制造等方面的技术因素，放大科技在海外业务的支撑，并加强相关领域的研发工作。

四、强化安全经营，提升防范风险意识

“一带一路”跨境园区受到两国或者多国政治、经济、文化等方面的影响，规避政治、金融、贸易、宗教文化等风险，对于促进园区平稳、协调发展具有重要意义。首先，要提升跨境园区管理企业的风险识别能力，在国际、国内业务中防范各类风险，针对东道国不同特点开展宏观风险研究，重点防范法律、汇

率风险。其次,做好园区入驻企业调研分析工作,派出海外经验丰富的团队进行详尽考察,对人员雇用许可、税收缴纳合法合规性进行全面了解,强化对园区入驻企业的风险识别。再次,做好市场分析工作,重点防范因非价格因素变化带来的市场风险,加强安全保障功能。

第七章　“一带一路”跨境园区对中国对外直接投资和对外贸易的影响

随着“一带一路”建设的逐步推进，中国企业投资进入“一带一路”沿线国家的数量逐渐增多，跨境园区以“抗风险能力相对强，成本相对低”的特点成为中国企业参与“一带一路”建设的主要方式之一。参与跨境园区建设，不仅能够帮助意图“走出去”的企业增加进入海外国家的抗风险能力——“抱团”进入海外投资有助于通过建立组织的方式增加单个企业和投资者的抗风险能力，也有助于减少企业参与对外直接投资的成本——跨境园区方提供的基础设施和公共服务能够有效减小企业在海外投资的成本。因此，跨境园区建设的发展可能影响中国企业参与对外直接投资的模式，也可能有助于“走出去”的企业与国内企业共同建立国际贸易网络。

本章旨在梳理中国对外直接投资和对外贸易的现状，分析从工厂性投资向跨境园区投资转变的原因和过程，以及跨境园区在“一带一路”背景下发展的合理性，并探讨跨境园区建设对中国对外直接投资和对外贸易可能造成的影响。随着建设向纵深推进，跨境园区将吸引更多中小企业由此途径进入海外。届时，中国对外直接投资中并购投资占比将降低，投资目的地为发展中国家，尤其是“一带一路”沿线国家比重将增加，投资产业也将更趋多样化，且制造业投资的比重将提高。跨境园区建设也将有利于中国企业或嵌入原有的全球价值链，或形成以中国企业为领导的新全球（区域）价值链。此外，通过市场寻求型、资源寻求型和技术寻求型企业三类不同类型企业进入海外对中国对外贸易产生影响，未来中国对外贸易产业结构和方式都将随之发生变化，具体变化方向依各类型企业通过跨境园区进入海外的规模而定。在促进中国对外直接投资和对外贸易结构转变的基础上，跨境园区同样有利于形成国内国际双循环新发展格局，使国内国际两个市场相互促进，形成良性循环。

第一节 中国对外直接投资和对外贸易现状

自2001年加入世界贸易组织以来,中国与世界其他国家在贸易、投资上的联系越来越紧密,中国企业也更加积极、深入地参与国际投资项目,中国对外直接投资(FDI)规模持续扩大。到2007—2009年发生全球金融危机后,世界各国经济始终处于从危机中调整恢复的阶段,总体而言世界经济增长放缓,增长趋势疲软。此外,2018年以来国际经贸摩擦不断加剧,2020年暴发的新冠肺炎疫情冲击也进一步加大世界经济下行风险,中国经济面临诸多困难和调整。对外直接投资和对外贸易的投资规模和结构在近20年中发生较大改变。

一、中国对外直接投资现状分析

(一) 中国对外直接投资规模现状

根据中国商务部、国家统计局和国家外汇管理局公布的《2018年度中国对外直接投资统计公报》,2003—2016年间中国对外直接投资的流量规模呈现快速增长态势,2017与2018年有所回缓。如图7-1所示,2008年以前,中国对外直接投资每年以超过20%的速度增长,2004年涨幅高达122.9%;全球金融

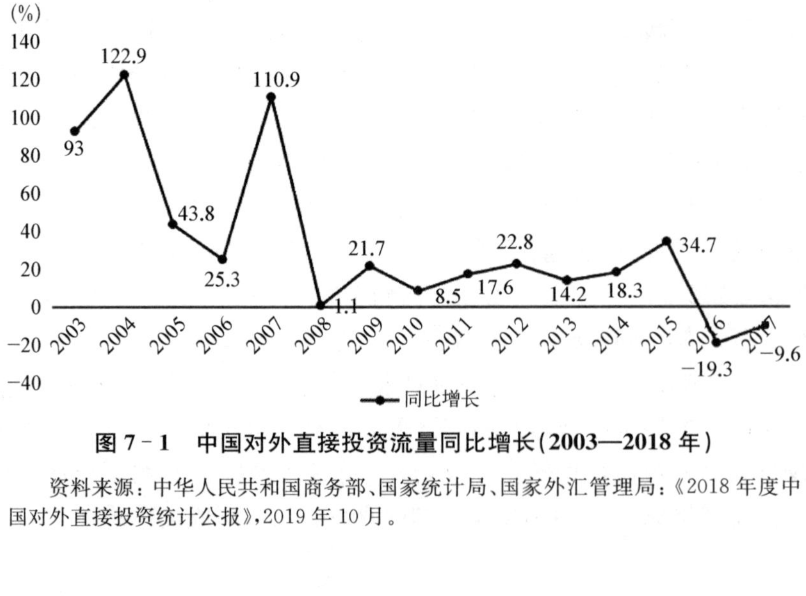

图7-1 中国对外直接投资流量同比增长(2003—2018年)

资料来源:中华人民共和国商务部、国家统计局、国家外汇管理局:《2018年度中国对外直接投资统计公报》,2019年10月。

危机后，对外直接投资流出规模从金融危机期间的短暂回落中恢复，整体缓中有进——2010—2016 年间，对外直接投资流量以年均 19.69%的速度平稳增长；2017 年起，中国对外直接投资流出额有所下降，其中 2017 年下降 19.3%，2018 年下降 9.6%。不仅对外直接投资流出的绝对规模在这 16 年间快速扩张，与其他国家相比，中国对外直接投资流出的相对规模也增长明显。2002—2010 年，中国对外直接投资流量的规模从全球第 26 位快速上升至第 5 位，且在近 5 年中(2014—2018 年)长期维持在第 2 或第 3 位。

就“一带一路”沿线国家而言，流入沿线国家的中国境内投资规模较为平稳，在波动中缓慢增长，中国企业积极参与投资活动。图 7－2 展示了 2013 年至 2018 年中国流入“一带一路”沿线国家的对外直接投资规模。2013—2018 年 6 年中，中国对沿线国家的投资规模在波动中增长，从 2013 年的 126.3 亿美元增长至 2015 年的 189.3 亿美元，于 2016 年小幅回落到 153.4 亿美元，并在 2017 年达到高峰 201.7 亿美元。中国企业参与“一带一路”沿线国家的投资活动日渐活跃。根据《2018 年度中国对外直接投资统计公报》，截至 2018 年末，中国境内投资者在“一带一路”沿线 63 个国家设立境外企业超 1 万家，涉及行业种类达 18 种，占当年中国对外直接投资流量的 12.5%。在非金融类直接投资上，2018 年中国企业对 56 个沿线国家的投资总额占同期总额的 13%；2019 年，中国企业对 56 个沿线国家非金融类直接投资占同期总额的 13.6%；2020 年 1—5 月，中国企业对 54 个沿线国家的非金融类直接投资占同期总额的 15.5%①。2018 年

图 7－2　中国对“一带一路”沿线国家投资情况(2013—2018 年)

资料来源：中华人民共和国商务部、国家统计局、国家外汇管理局：《2018 年度中国对外直接投资统计公报》，2019 年 10 月。

① 中华人民共和国商务部对外直接投资和经济合作司：《2020 年 1—5 月我对“一带一路”沿线国家投资合作情况》，http://hzs.mofcom.gov.cn/article/date/202006/20200602976303.shtml。

至 2020 年 5 月,中国对沿线国家的非金融类对外直接投资对对外直接投资总额的占比持续上升,反映出中国企业对沿线国家投资的积极性逐年上升。

总体而言,中国对外直接投资流量规模扩大的趋势进入平缓阶段,对"一带一路"沿线国家的非金融类对外直接投资占总对外直接投资的比重则有上升趋势。长期来看,随着国际局势变化,尤其由于趋于紧张的中美关系和 2020 年新冠肺炎疫情的蔓延,中国总体对外直接投资规模扩张趋势或进入休憩阶段。同时,对"一带一路"沿线国家的非金融类投资占同期总对外直接投资的比重或将进一步增加,沿线国家的投资潜力将被进一步挖掘。

(二) 中国对外直接投资组成结构变化

对外直接投资的主要形式包括开办合资企业、并购、设立子(分)公司和少量投资但不参与企业经营。在 2010 年以前,并购是中国企业对外投资活动的主要形式。图 7 - 3 展示了 2004—2018 年中国并购额占当年对外直接投资流量总额的比重。2010 年以前,因并购流出的投资额占比平均超过 40%,且 2004、2005 与 2008 年超过一半的对外直接投资资金从事并购活动;2011—2018 年 8 年中,参与并购活动的对外直接投资额平均不到对外直接投资总额的 30%。根据《2018 年度中国对外直接投资统计公报》,2018 年中国企业对"一带一路"沿线国家实施并购项目 79 起,沿线国家的并购额占并购总额的 13.5%。对外直接投资投资结构的变化说明近 10 年中国企业参与国际投资活

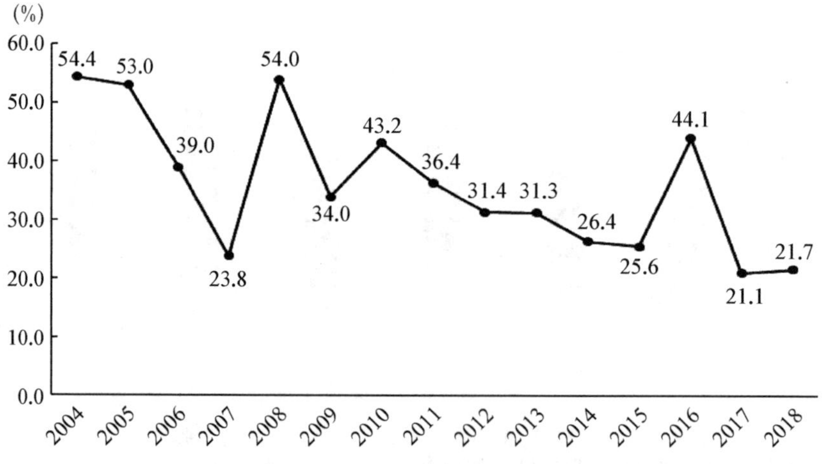

图 7 - 3　中国并购额占当年对外直接投资流量总额的比重(2004—2018 年)

资料来源:中华人民共和国商务部、国家统计局、国家外汇管理局:《2018 年度中国对外直接投资统计公报》,2019 年 10 月。

动的主要方式不再是并购，而是通过设立子（分）公司、合资等方式进入海外。一方面，这是由于中国企业家和投资者对国外市场的了解逐渐加深——并购是企业进入海外市场风险相对较小的一种方式，能够有效避免企业出现“水土不服”的情况，且被收购企业原有的市场基础也能为投资企业进入新的海外市场打下良好基础。中国企业对通过并购进入海外市场的需求不如以往，反映出中国投资者对进入海外市场的信心在增强。另一方面，这也表明中国企业在海外扎根的能力有所提升，不再高度依赖并购进入他国市场。

（三）中国对外直接投资区域、产业分布

近些年来，随着全球经济发展的变化和“一带一路”倡议的推进，中国企业在海外投资的重心逐渐从欧洲国家转向美洲及“一带一路”沿线国家。根据《2018 年度中国对外直接投资统计公报》，2018 年中国对外直接投资最主要的去向在亚洲，流向亚洲的投资额占对外直接投资总额的 73.8%，但对亚洲的投资有下降趋势，2018 年流向亚洲的投资同比下降 4.1%；对非洲和北美洲、拉丁美洲的投资增速较快，其中流向非洲的投资额同比增长 31.5%，流向北美洲和拉丁美洲的投资额分别同比增长 34.2%和 3.8%，流向非洲和美洲的对外直接投资投资额占总额的 20.1%；对欧洲的投资数量同比下降 64.3%，下降明显，且欧洲对外直接投资流量仅占当年总额的 4.6%，该数值在 2017 年为 11.7%，2018 年流向欧洲的对外直接投资流量占比不足 2017 年的一半。分地区来看，中国有超过 80%的对外直接投资流向中国香港、东盟、欧盟、美国、澳大利亚和俄罗斯，虽然对非洲、中亚、西亚和拉美等地区的总投资额增长较快，但占投资总额的比重仍较低。

目前，“一带一路”沿线国家已成为中国对外直接投资的主要流向目的地。2018 年中国对外直接投资流量前 20 的国家（地区）中，约一半位于“一带一路”沿线（见表 7－1）。然而，流向“一带一路”沿线地区的对外直接投资表现出明显的区域偏好。如表 7－1 所示，2018 年中国对外直接投资流量前 20 位国家包括的 8 个“一带一路”沿线国家中，有 7 个国家属于东（南）亚地区，仅阿联酋位于西亚，非洲地区国家均未入列。政治、经济、法律、文化等因素是影响中国投资者偏好的主要因素。一般来说，东（南）亚地区国家的经济结构、政治形势、法律制度等更加稳定，且地理位置离中国更近，因而投资风险较中亚、西亚、非洲等地区更低，从而更加吸引中国投资者。同时，中西亚和非洲大部分地区的基础设施较为落后，隐形增加了企业在这些地区投资的成本，这可能也是导致中国企业较少在这些地区投资的重要原因。同时，2018 年有 60.7%的对外直接投资流向中国香港地区,表明目前中国香港仍是中国大陆投资者参与海外投资活动的重要媒介。

表 7-1 2018 年中国对外直接投资流量前 20 的国家(地区)

序 号	国家(地区)	是否“一带一路”沿线国家	占总额比重(%)
1	中国香港	否	60.7
2	美国	否	5.2
3	英属维尔京群岛	否	5.0
4	新加坡	是	4.5
5	开曼群岛	否	3.8
6	卢森堡	否	1.7
7	澳大利亚	否	1.4
8	印度尼西亚	是	1.3
9	马来西亚	是	1.2
10	加拿大	否	1.1
11	德国	否	1.0
12	老挝	是	0.9
13	越南	是	0.8
14	阿拉伯联合酋长国	是	0.8
15	瑞典	否	0.7
16	荷兰	否	0.7
17	韩国	是	0.7
18	英国	否	0.7
19	中国澳门	否	0.6
20	柬埔寨	是	0.6

资料来源:中华人民共和国商务部、国家统计局、国家外汇管理局:《2018 年度中国对外直接投资统计公报》,2019 年 10 月。

发展至今,中国投资者投资的行业分布已十分广泛,在服务业、制造业、采矿业、文化体育和娱乐业、卫生和社会工作等 18 个产业均有涉猎,投资产业结构呈现多元化趋势。2018 年,中国对外直接投资超过一半流向租赁和商务服务业、批发和零售业、金融业，投资去向以服务业为主。作为“一带一路”沿线国家中吸引中国对外直接投资的主力，东盟十国吸引中国对外直接投资的行业呈现出与对外直接投资总去向不同的趋势。根据《2018 年度中国对外直接投资统计公报》，中国对东盟直接投资总额的 20.8%流入制造业，占比超过其他行业。这可能是因为制造业投资的重地印度尼西亚、马来西亚、越南、泰国等国家劳动力价格相对较低、自然资源丰富，同时基础设施相对完善，在这些地区投资生产有利于制造业企业降低生产成本，故吸引中国投资者投资制造业生产。

无独有偶，中国对“一带一路”沿线国家的直接投资总体也以制造业为主。2018 年，流向“一带一路”沿线国家的中国对外直接投资有 32.9%进入制造业，高于其他行业；流向批发和零售业的占总额 20.7%；流向电力生产和供应业的占总额 9.4%；尽管流向科学研究和技术服务业的直接投资额仅占总额的 9.4%，但其涨势显著，同比增长 45.7%，仅次于电力生产和供应业，从侧面反映出中国企业与“一带一路”沿线国家在科技合作领域的合作趋势加强。

二、中国对外贸易现状分析

（一）中国对外贸易规模趋势

近年来，由于中国劳动力密集型产业生产成本上涨等原因导致的企业工厂向外转移，以及如中美经贸摩擦等严峻的外部环境，中国对外贸易形势发生很大变化。对外贸易包括对外货物贸易和对外服务贸易，此处简要介绍近年中国对外货物和服务贸易的规模发展情况及其趋势。

图 7-4 和图 7-5 分别展示了 2012 年 1 月—2020 年 3 月中国月度货物贸易（包括进口和出口）金额的同比变化和中国月度货物进口、出口金额的同比变化。2015 年以前，中国的货物外贸活动基本上始终处于较为活跃的水平，进出口贸易金额平均每月同比增长约 6.7%；2015 年 1 月至 2016 年 10 月，对外贸易的活跃程度进入平缓期，进出口贸易金额平均每月同比下降约 6.7%，同比变化率在 2016 年 2 月达到最低值−20.8%；此后，虽然 2016 年末至 2018 年末进出口贸易额与往年同期相比再次进入增长阶段，逐步恢复以往的活跃度，同比增长率于 2018 年 2 月达到最高值 24.5%，但 2019 年起货物对外贸易活跃度的同比变化率出现正负波动的现象。具体地看，货物进口和出口的同比变化率方向较为一致，进口额同比表现为增长时出口额在多数情况下也表现为增长，进口额同比表现为下降时出口额在多数情况下也表现为下降（具体

如图 7-5 所示)。根据商务数据中心的数据,除 2012 年 2 月与 2018 年 3 外,各月份中国货物对外贸易皆为顺差。

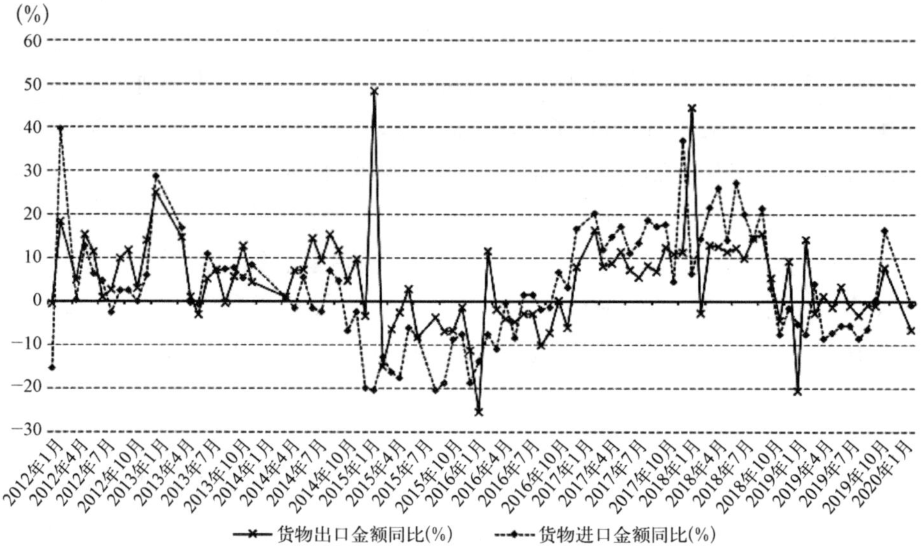

图 7-4 中国月度货物进口、出口金额同比(2012 年 1 月—2020 年 3 月)

资料来源:商务数据中心,http://data.mofcom.gov.cn/hwmy/imexmonth.shtml。

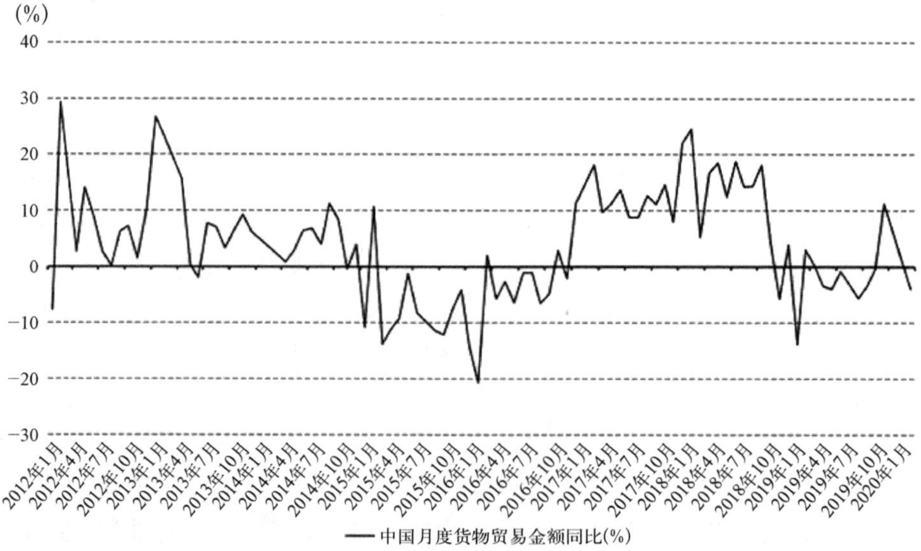

图 7-5 中国月度货物贸易金额同比(2012 年 1 月—2020 年 3 月)

资料来源:商务数据中心,http://data.mofcom.gov.cn/hwmy/imexmouth.shtml。

图 7-6 和图 7-7 分别展示了 2010 年—2017 年 8 年间中国年度服务进出口额的同比变化以及中国年度进口、出口额的同比变化。在 2010—2017 年间，中国服务进出口总额保持增长，该增长主要得益于服务进口的增长。如图 7-7所示，平均而言，中国服务进口的同比增长高于出口，且 2012 年服务出口同比下降约 5%时，服务进口同比增长约 8%，最终 2012 年的服务进出口表现为同比增长约 3%。根据商务数据中心的数据，2010 年至 2017 年间中国对外服务贸易皆为逆差。受 2019 年新冠肺炎疫情的影响，2020 年及其后数年的对外货物和服务贸易或将受较大负面影响，中国与其他国家贸易活动的活跃

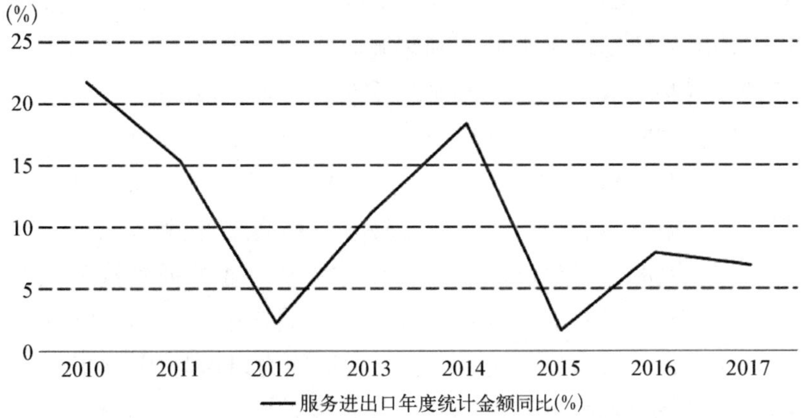

图 7-6 中国年度服务进出口额同比(2010—2017 年)

资料来源：商务数据中心，http://data.mofcom.gov.cn/。

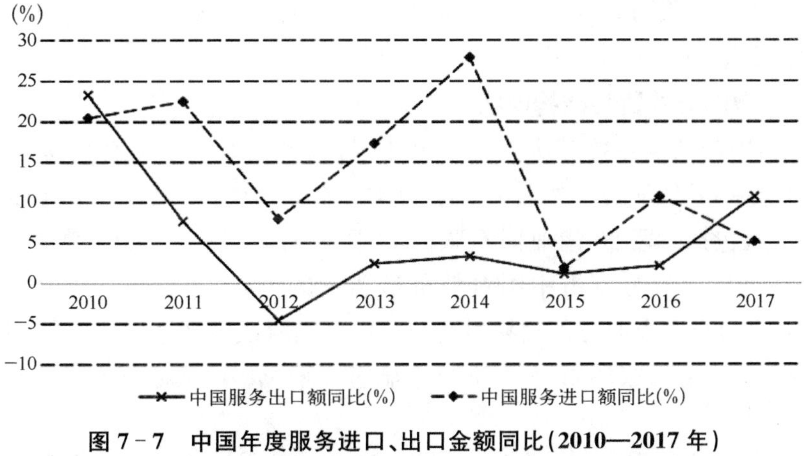

图 7-7 中国年度服务进口、出口金额同比(2010—2017 年)

资料来源：商务数据中心，http://data.mofcom.gov.cn/fwmy/overtheyears.shtml。

度可能有较大下降。

2020年上半年,受新冠肺炎疫情影响,各国经济面临大幅下滑风险,国际商品需求萎缩,中国外贸面临严峻挑战。根据国际货币基金组织(IMF)2020年4月发布的《世界经济展望报告》,2020年全球经济预计萎缩3%。同时,根据联合国2020年5月发布的《2020年中期世界经济形势与展望》,2020年世界贸易将收缩近15%。除疫情外,贸易保护主义也在世界各国有加速蔓延的趋势。根据《中国对外贸易形势报告(2020年春季)》,2018年10月至2019年10月世界贸易组织(WTO)成员采取的新贸易限制措施达102项。无疑,无论是疫情还是贸易保护主义情绪的蔓延都将对中国对外贸易活动造成重大负面影响。

为应对国际局势变动带来的不利影响,中国政府出台八个方面的稳外贸措施以保护外贸基本盘①。第一,更加精准帮扶企业,推动包括保险、信贷投放在内的金融服务同时覆盖龙头外贸企业和中小微外贸企业,满足企业贸易融资需求。第二,积极筹备第127届广交会和第三届中国国际进口博览会,优化国际市场布局。第三,培育贸易新业态新模式,推动监管、贸易、营销等活动线上化。第四,支持加工贸易发展,调整对加工贸易企业的征税额和征税范围。第五,促进外贸产品内销,通过内部需求消耗外贸产品。第六,利用中欧班列稳定国际产业链、供应链,并优化国际航空货运能力以保障国际物流需求得到满足。第七,加强贸易促进服务。第八,加强疫情防控的国际合作,营造良好外部环境。通过以上措施,中国政府最小化疫情对对外贸易带来的负面影响,或可减少中国在对外贸易中的损失。但由于国际经济不可避免地面临衰退,国际和国内需求很可能在一段时期内将较往年有所紧缩,中国的进出口活动将受到负面影响。

(二) 中国对外贸易结构现状

目前,中国的国际贸易伙伴遍布全球,与各大洲的国家均有贸易往来,市场多元化战略成效显著。如图7-8所示,2019年与中国贸易往来规模最大的国家和地区包括欧盟、东南亚国家联盟、美国和日本,这4个国家和地区与中国的贸易进出口额分别占中国对外贸易总额的15.4%、14.0%、11.8%以及6.9%,中国约有一半的对外贸易活动与这4个国家或地区进行。此外,中国与“一带一路”沿线国家的贸易活动增速显著。根据《中国对外贸易形势报告

---

① 以下八方面措施整理自中华人民共和国商务部、国际贸易经济合作研究院:《中国对外贸易形势报告(2020年春季)》,2020年第6月。

(2020年春季)》,2019年,中国与“一带一路”沿线国家进出口贸易往来占进出口总额29.4%,较2018年提高两个百分点,且进出口贸易额较2018年增加10.8%,高于总体进出口额的增速7.4%。这意味着“一带一路”沿线国家与中国贸易发展势头良好,贸易合作程度逐步加深。

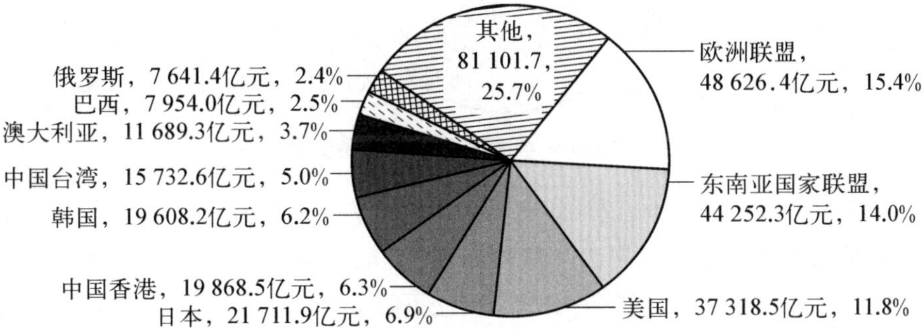

图7-8 2019年中国对主要贸易伙伴进出口金额及占比

在国内进出口贸易上,中西部地区和民营企业的力量正在逐步释放。根据《中国对外贸易形势报告(2020年春季)》,2019年中部和西部地区民营企业的进出口额同比分别增长28.3%和22.4%,与此同时东部地区民营企业进出口额同比增长8.8%,中西部地区民营企业的增长速度显著高于东部民营企业。此外,民营企业在数量上逐渐成为进出口贸易的主要群体。2019年,有进出口实绩的外贸企业达49.9万家,其中40.6万家为民营企业,参与进出口贸易的民营企业数量比2018年高8.7%。在外贸规模上,民营企业的对外贸易规模在2019年占总进出口规模的43.2%,首次超过外商投资企业成为最大进出口主体。

当前,中国出口品主要以机电产品和劳动密集型产品为主。据统计,2019年有58.4%的出口品为包括电器及电子产品、机械设备、太阳能电池、半导体器件等在内的机电产品;有19.2%的出口品为纺织品、服装、鞋类、箱包、玩具、家具、塑料制品等劳动密集型产品(如图7-9所示)。同时,服务贸易结构得到显著优化,知识密集型服务进出口比重显著上升。2019年,知识密集型服务进出口占总体服务进出口的34.7%,其增速达10.8%,显著高于整体服务进出口额增速(该年服务进出口整体增速为2.8%)。具体地看,知识密集型服务规模快速增长的来源有三,包括个人文化娱乐服务、电信计算机和信息服务、金融服务①。

① 中华人民共和国商务部、国际贸易经济合作研究院:《中国对外贸易形势报告(2020年春季)》,2020年6月。

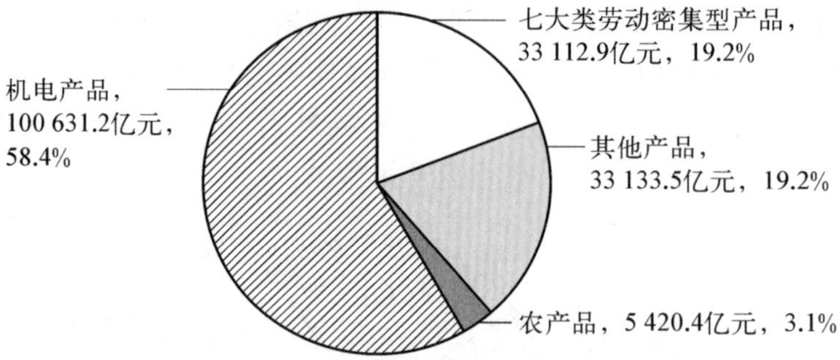

图 7-9　2019 年中国主要出口商品金额及占比

在进出口贸易方式上，以一般贸易为主的趋势不断强化。如图 7-10 所示，2019 年进出口总额的 59.0%为一般贸易，较上年增加 1.2%；25.2%的进出口总额来源于加工贸易，加工贸易进出口额同比下降 5.1%。加工贸易依然是中国与其他国家贸易往来的主要方式之一，但其对对外贸易的贡献度逐渐让位于一般贸易。相对而言，一般贸易的产业链更长、附加值更高，一般贸易在各种贸易方式中不断增长的趋势表明中国企业的自主发展能力和国际竞争力在持续增强。

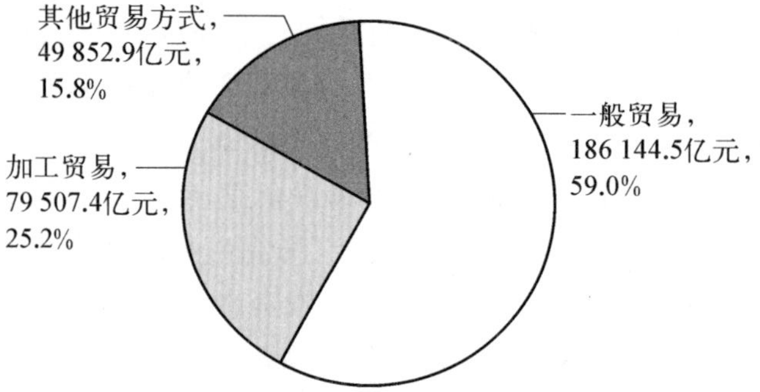

图 7-10　2019 年中国进出口贸易方式结构

资料来源：中华人民共和国商务部、国际贸易经济合作研究院：《中国对外贸易形势报告(2020 年春季)》，2020 年 6 月。

第二节　跨境园区建设的发展逻辑

第二次世界大战以后，由于世界政治、经济局势的变化，跨国公司这一群体逐渐发展起来，其规模和数量迅速扩张，跨国公司通过直接投资的方式开拓海外市场、扩张全球市场份额成为行业巨头的主流。早期的对外直接投资活动方式以单家企业或少数企业在海外进行工厂性投资为主。由于园区建设需花费更高的人力、物力成本，尽管园区能够为企业带来产业集聚和规模效应，以跨境园区的方式抱团“走出去”仍然不是企业和投资者的首选。鉴于跨境园区建设对资金、人力资源等的要求更高，少有企业能够独自承担建设过程中的成本和风险，因而跨境园区建设只有在强有力的组织的支持和充分的规划下才有可能成事，这也是近年来园区成为中国企业“走出去”的重要方式的原因——“一带一路”建设的推动使得企业和投资者能够得到更多中国和东道国政府的支持，便于进行园区建设的相关活动。从全球范围来看，制造业企业的国际直接投资活动仍以工厂性投资为主。但是，园区投资具有为企业带来集聚规模效应、降低海外投资风险等优势，能够有效弥补单纯工厂性投资的短板，对推动世界投资贸易具有重大价值。

一、工厂性投资出现的原由及优势

对于企业为什么在海外设厂进行生产性活动的解释有三种主流理论，即垄断优势理论、内部化理论和国际生产折衷理论。垄断优势理论的奠基人通常认为是加拿大经济学家 Hymer，该理论基于产业组织理论发展而来，认为在市场不完全的情况下，市场的不完全特征为某些垄断和寡头企业带来特定优势，从而使他们得以通过对外直接投资在海外设立组织进行生产性活动，并在国际市场利用这种优势获取利润。基于对美国跨国公司对外直接投资行为的调查研究，Hymer 认为，企业之所以要有位于国外市场的企业的所有权，是为了移除国外企业间的竞争，以获得垄断力量①。经过 Hymer、Kindleberger、Johnson、Caves 等学者的研究，垄断优势理论的观点可归纳为，由商品市场和要素市场的不完全、内外部规模经济的存在、政府对进出口的管制等因素导致的市场不完全，技术、知识、劳动力、资本等生产材料不能在各国之间完全流动，从而企业在海外投资进行生产性活动有助于其获得在知识资产、信息等方面的垄断优势，且有助于其生产差异化产品，使企业具备与东道国企业竞争的能力②。

与垄断优势理论从外部市场条件出发讨论企业进行对外直接投资活动的动

---

① Hymer S.H., *The International Operations of National Firms: A Study of Direct Foreign Investment*, *Cambridge*: The MIT R Press, 1976.

② Kindlerger C. D., *American Business Abroad: Six Lectures on Direct Investment*, New Haven: Yale University Prss 1969.

机不同,内部化理论认为产生跨国公司的原因是企业需要内部化交易成本,通过同步化来获得所有权优势。“内部化”概念起源于科斯(Ronald H. Coase)在1937年发表的《企业的本质》一文。Coase指出,市场的运营是有成本的,这些成本来自价格机制。一个最显而易见的例子就是为了发现与生产相关的价格,企业会产生相应的成本。除此以外还有合同的谈判成本等。Buckley和Casson将科斯的理论应用到国际直接投资领域,提出企业为了避免外部市场的不完全带来的成本,而选择对外直接投资以内部化市场。在Buckley和Casson的理论中,不完全的市场更多指的是中间品市场,当且仅当内部化中间品市场的收益大于成本时才会出现跨国公司。在这里,中间品市场不仅指生产过程中的半成品,也指不同类型的由人力资本、专利带来的知识和专业技能。同时,在考虑了区位选择理论后,他们指出鉴于不同地区生产成本不同(如原材料的成本、中间品的成本等),企业在选择对外直接投资地区时倾向于选择能够最小化生产成本的市场进行投资。总结而言,内部化理论认为企业直接在海外投资进行生产性活动的根本原因在于减少生产过程中的成本,当对外投资生产并销售的成本小于国际贸易的成本时,企业就产生了进行对外直接投资的动机。

国际生产折衷理论起源于Dunning①,该理论综合了垄断优势理论和内部化理论的要点,同时考虑企业的所有权优势、区位优势和内部化优势,认为企业只有在同时具备这三种优势时才会直接投资在海外进行生产活动,其中所有权优势指源于生产规模、垄断、资源禀赋的优势,子公司相对于新企业的优势,以及作为跨国公司本身具有的运营性优势;区位优势指企业在东道国进行投资时由于东道国地理位置、资源禀赋等为企业带来的优势;内部化优势既包括内部化理论讨论的内部化交易成本带来的优势,也包括垄断优势理论讨论的市场不完全带来的优势。

总体而言,上述每种理论都认为企业在海外进行直接投资的动因在于在海外进行生产性活动能够为其带来优势,从而相对于国际贸易,国际投资的成本更低、收益更高。各理论之间的差别在于对企业因对外直接投资而获得优势来源的解释。从这些理论解释中可概括出单个企业或少数企业合作在海外投资进行生产活动,或者说厂房性投资的特点。一般来说,企业单独或与其他少数企业合作在海外投资与国际贸易相比能够获得在市场上的区位优势和内

① J. H. Dunning, Trade “Location of Economic Activity and the MNE: A Search for an Eclectic Approach”, in B. Ohlin et al., *The International Allocation of Economic Activity*, London: Palgrave Macmillan, 1977, pp.395 - 418.

部化优势，从而尽管固定成本可能高于参加国际贸易活动，且在设立厂房过程中可能产生高额沉没成本，但一旦在海外立足，完成生产活动前期必要的建设(租赁)厂房、雇用劳动力等过程后，在生产、流通、销售等方面的可变成本往往都低于企业立足母国进行国际贸易时在这些方面产生的可变成本，从而在长期有利于企业在海外扩张市场份额。同时，与希望通过国际贸易进入或已经在东道国邻近地区具有一定市场份额的竞争对手相比，在东道国进行厂房性投资有助于企业获得区位优势，降低生产经营成本，且在东道国进行生产经营活动通常更易帮助企业获得当地消费者的信任，有利于企业扩展在当地的知名度。此外，与东道国同行业的竞争对手相比，跨国公司在知识、技术上拥有差异化的优势，具备通过差异化产品线提高市场份额的能力。

二、从工厂性投资到跨境园区建设

在中国以前，已有国家推动国内企业以园区的方式进入海外国家或地区。20 世纪 90 年代，新加坡政府抓住亚洲新兴工业化国家的发展投资机遇实施“区域化 2000”计划(Regionalization 2000)，以将本国低附加值的生产环节转移到海外，为本土发展知识密集型长野和总部经济腾出发展空间。目前，新加坡已在中国、印度尼西亚、越南和印度等国建立十多个海外工业园区①。当前，在推动“一带一路”建设过程中，中国政府也鼓励企业以园区方式进入沿线国家。国家推动本土企业以园区的方式走出去的原因在于，园区相较于工厂性对外投资有两方面优势，正是这两方面优势使得在“一带一路”建设中跨境园区建设较工厂性投资更有吸引力。

第一，跨境园区具有产业集聚优势。经济学家对产业集聚效应的解释可以追溯到 19 世纪末 20 世纪初马歇尔(Marshall A.)提出的外部经济和规模报酬递增理论②。马歇尔将企业提升效率和节约成本的路径分为内部经济和外部经济两类。内部经济产生于企业内部的经济化。企业的规模化能够为企业带来众多优势，包括为企业提升利用具有更高生产力的机器设备来降低成本的能力，使企业在融资、销售、运营、管理等方面更加专业化等。外部经济则产生于企业外部，且通常取决于行业的总体发展。当行业发展到一定阶段，材料

---

① 沈桂龙、张晓娣等：《中国“一带一路”跨境园区发展报告》，上海社会科学院出版社 2018 年版，第 176—178 页。

② A. Marshall, *Principles of Economics*, London: Macmillan, 1890; Marshall A., *Industry and Trade: A Study of Industrial Technique and Business Organization*, London: Macmillan, 1919.

供应商会在该行业企业集聚的地区附近建厂以满足不断上升的需求，从而降低材料从生产地运输到客户所在地的成本[①]。

在马歇尔之后，经过多代学者的发展，企业集聚为企业带来的外部性优势可总结为五个方面：首先，一条产业链中的企业位于同一区域，地理位置很近时，上下游企业间的交易成本和企业间谈判、交流的成本将得以控制；其次，企业集聚意味着包括劳动力要素在内的生产要素的聚集，从而方便劳动力和其他生产要素供需双方都能以更高的效率和更低的成本满足自己的需求；再次，集聚使得企业间具有交流知识和商业信息的机会，从而产生知识溢出效应，日积月累之下达到加强整个集聚区的竞争优势的效果；此外，生产者集聚在一个区域有利于企业间达成商业同盟；最后，集聚有利于推动区域基础设施的建设。基础设施建设的成本通常较为高昂，但同时对于企业产品的生产、交换、流通来说是不可或缺的。当企业聚集在同一区域，这些企业能够共同分担建设基础设施的成本。这意味着相对于企业单独发展时建设基础设施，平均来说集聚在同一区域的企业将承担更低的成本。除外部性优势外，集聚也能够促进企业的生产规模，带来规模递增效应。

第二，跨境园区具有降低企业风险的优势。跨境园区建设包括承建企业和入驻园区的企业两个主体。通常，承建企业自身也入驻园区，即承建企业不仅规划、建设园区，同时也在园区内进行生产性活动。对于承建企业来说，它能够通过出租土地、厂房等方式收取租金，租金收入为该企业在基建初期就带来回报，有利于缓解因投资周期长、初期收入低导致最终无法完成园区建设的风险。对于入驻园区的企业来说，园区提供的"一站式"服务、咨询服务等有助于其了解东道国的政策、法律法规、文化、社会条件等软环境，降低因对政策、社会环境不熟悉导致经营失败的风险。另外，园区集聚企业的优势也有助于入驻企业降低与东道国企业交易时的搜寻成本和谈判成本，降低经营性风险。

事实上，跨境园区建设的可行性在于其外部性和政府支持，产业集聚优势和降低企业风险的优势都是其对加入园区企业产生的外部性。假设建设园区的企业不将园区对外开放，园区内仅有该企业自身的生产、服务业务，此时企业需要承担的成本包括园区内(有时也包括园区外附近地区)的道路、交通、水电力等基础设施建设成本，厂房和办公楼的建设成本，熟悉当地法律、文化、社

---

① 关于马歇尔对内部经济与外部经济的论述，参考 Brue S L，Grant R R：《经济思想史》，邸晓燕等译，北京大学出版社 2014 年版，第 265—266 页。

会环境的成本等。而如果建园企业将园区对外开放，允许其他企业通过租赁厂房、办公楼的方式加入园区建设，此时建园企业的成本除了不将园区对外开放时需要承担的成本外，还包括吸引企业入驻的营销宣传成本、与有意向企业洽谈的成本、规划园区产业分布的成本、为入驻企业提供咨询服务的成本等。由于建园企业能够通过收取租赁费、入园费、服务费等方式覆盖招商带来的额外成本，创造额外营收，因此对于建园企业来说通过招收其他企业入园是能够比不招收其他企业而言更加得利的。跨境园区为其他企业产生的产业集聚优势和降低企业风险的外部性有利于园区其他企业，尤其是中小企业，具有吸引力，从而建园企业能够招到企业入园。

然而，由于跨境园区建设初期对资金要求较高，且回报周期长，风险高，即使企业有能力投资建设跨境园区，企业决策者也可能缺乏足够的激励投资建园。在这种情况下，政府支持能够在一定程度上减少企业的顾虑。目前，在“一带一路”倡议的背景下，中国政府与“一带一路”沿线国家政府均对企业建设跨境园区有如减税、免税、便利化营业准入执照办理流程等鼓励性政策，大幅降低了建园企业的成本。母国与东道国政府的鼓励政策为大量企业通过跨境园区建设的方式进入海外提供了更高的可能性，这也是“一带一路”倡议提出后跨境园区建设数量大幅提高的主要原因。跨境园区的外部性和政府支持共同为企业从工厂性投资转为园区投资提供了条件。

三、跨境园区对工厂性投资的补充

作为对外直接投资的两种方式，工厂性投资和跨境园区投资各有特点。工厂性投资有利于原本在母国具有垄断地位的企业在海外也获取垄断地位，获取的方式如上文所言，通过在海外投资建设工厂进行生产、流通、销售活动来降低进入海外市场的成本，扩大海外市场份额，提高从海外市场能够获取的收益。通过参与跨境园区进入海外市场进行生产、流通、销售活动则有利于自身实力不足以支撑单独在海外设厂以完成整个生产销售过程的企业进入海外市场。由于园区具备的集聚优势和降低企业风险的优势，进入园区的企业能够享受到比单打独斗更低的交易、物流、招工等成本和更低的经营性风险。因此，相比于工厂性投资，跨境园区适合作为中小型企业入驻海外市场的一种方式。

跨境园区建设将会促进国际直接投资进入发展中国家，同时促进这些发展中国家与中国的贸易往来。虽然很多发展中国家具有良好的市场潜力，存在巨大的投资空白领域，但由于这些国家通常政治社会环境不稳定，行政效率低,基础设施欠缺,少有跨国公司有意愿入驻这些国家进行长期投资①。跨境园区对工厂性投资在集聚、规模生产、降低风险等方面的弥补能够有效地降低企业对于基础设施、政治社会环境方面的顾虑,吸引企业入驻。而当跨境园区发展至一定阶段,或许将吸引更多的企业进入该国市场,包括以跨境园区的方式和工厂性投资的方式进入该国,从而进一步带动国际直接投资,形成良性循环。此外,在通过跨境园区进入海外后,厂商将通过出口的方式将生产出的产品售往世界各地,尤其是中国,从而在促进国际直接投资外促进世界贸易发展。

第三节　跨境园区建设对中国对外直接投资和对外贸易的影响

鉴于跨境园区相对于工厂性投资具有降低进入海外的成本和风险的优势,在未来可以预期有较多中小型企业将通过跨境园区的方式"走出去",从而对中国对外直接投资和对外贸易产生长远影响。本节将分别分析跨境园区对中国对外直接投资和对外贸易具体有哪些影响。

一、跨境园区对中国对外直接投资的影响

(一) 对直接投资方式和目标国的影响

如上文所述,2004 年至今中国对外直接投资中并购的占比呈现下降趋势(见图 7 - 3),推动跨境园区建设或将进一步降低并购在对外直接投资总流量中的占比。作为对外直接投资的一种方式,并购可直接购得被收购或合并企业的厂房、品牌、人力、生产技术、市场份额等有形和无形资产,因此通过并购可大大降低企业进入一个新的市场(包括进入新的海外市场和进入新的产品市场)的成本,对希望进入海外市场以及降低生产成本的企业来说十分具有吸引力。然而,并购也有其缺点。如果一家企业计划并购一家海外的企业,该企业需要付出寻找合适企业的搜寻成本、谈判成本和出资收购、合并的成本,且通常并购的价格较高,因而并购企业适合具有一定资本实力的企业而不适合中小企业。

跨境园区建设很好地弥补了并购的不足之处。跨境园区具备的集聚优势和

① 沈桂龙、张晓娣等:《中国"一带一路"跨境园区发展报告》,上海社会科学院出版社 2018 年版,第 176—178 页。

为企业降低在海外投资风险的优势一定程度上降低了企业进入海外的成本，使得有意向的中小企业也有机会进行对外直接投资活动。同时，对于承建跨境园区的企业来说，建设跨境园区使其有能力通过收取租金的方式获取回报。因此，虽然承建跨境园区的企业一般具有从事并购活动的实力，跨境园区建设带来的租金收入也将削弱并购对其的吸引力，改为通过设立分(子)公司建设跨境园区的方式进入海外市场。这也就是说，跨境园区建设不仅将吸引中小企业通过参与园区的方式进入海外，也将吸引大型企业通过并购以外的方式进入海外，即跨境园区建设或将进一步降低并购在对外直接投资流量总额中的占比。

除对并购在对外直接投资流量总额中的占比以外，跨境园区建设也可能促进中国对外直接投资更多地流向发展中国家，特别是“一带一路”沿线国家。目前，跨境园区类投资的主要流入地为发展中国家。虽然发达国家也有少部分跨境园区在其处投入建设，如中国海尔公司在美国建设了海尔工业园区，但总体为数不多①。跨境园区很少在发达国家投入建设的主要原因在于发达国家的基础设施相对较好，法律法规也更完善，企业单独或少数企业合作进入发达国家市场的成本相对较低，导致有实力开展园区建设的企业没有动力在发达国家建设园区。

与此相对，发展中国家基础设施落后，政府缺乏组织基建的能力。对于进行直接投资的企业来说，进入这些国家必须通过园区建设，解决道路、电力、厂房等基础设施建设问题，导致有实力开展园区建设的企业更有动力通过建设跨境园区的方式进入发展中国家。同时，跨境园区建设的资金投入周期长，前期回报低，使得园区方有动机在出租土地、厂房方面保持开放性以收取租金的方式获取回报，从而吸引更多国内企业，尤其是中小企业，通过参与跨境园区建设的方式进入海外。随着跨境园区建设的推进，将有越来越多的企业参与其中，流向发展中国家的对外直接投资比例也就随之上升。“一带一路”沿线国家大都基础设施较为落后，促使大型企业有更高的意愿在沿线国家建设跨境园区，加上中国及沿线国家政府在推动“一带一路”沿线国家间国际投资活动上的努力，未来中国将有更多投资以参与跨境园区建设的方式进入沿线国家。

(二) 对外直接投资产业结构的影响

目前，中国在海外建设的跨境园区类型以加工业园区为主，主要进行制造

① 沈桂龙、张晓娣等：《中国“一带一路”跨境园区发展报告》，上海社会科学院出版社 2018 年版，第 176—178 页。

业生产运营活动。如表 7－2 所示,23 个“一带一路”沿线国家级跨境园区中有 14 个园区为加工业园区。由于“一带一路”沿线国家多为发展中国家,其劳动力、资本、土地等生产要素价格较低,更易吸引劳动密集型产业的企业投资于此,因此相比其他行业,以劳动力为主的制造业企业更倾向于在沿线国家投资建设跨境园区。随着跨境园区建设的进一步推进,将有越来越多制造业企业通过园区进入沿线国家,制造业在中国对外直接投资流量额中的占比将进一步提高。虽然如前文所述,2018 年中国对外直接投资以服务业为主,但在未来,伴随着“一带一路”建设的推行,制造业投资或将成为中国对外直接投资主力。

表 7－2 “一带一路”沿线国家级境外园区名录

序号	境外园区名称	地区	国别	获批时间	园区类型及主导产业
1	泰国泰中罗勇工业区	东南亚	泰国	2006	加工业园区,主导产业为汽配、机械、家电和电子、建材等
2	柬埔寨西哈努克港经济特区		柬埔寨	2006	加工业园区,主导产业为纺织服装、箱包皮具、五金机械、木业制品等
3	越南龙江工业园		越南	2007	加工业园区,主导产业为纺织轻工、机械电子、建材化工等
4	中国・印尼经贸合作区		印度尼西亚	2007	加工业园区,主导产业为家电、精细化工、生物制药、农产品精深加工、机械制造及新材料等
5	老挝万象赛色塔综合开发区		老挝	2012	综合性产业园区,主导产业为能源化工、农畜产品加工、电力产品制造、饲料加工、烟草加工、建材科技、物流仓储等
6	马来西亚—中国关丹产业园区		马来西亚	2013	综合性产业园区,主导产业为钢铁、铝材深加工、棕榈油加工、石化、汽车装配、橡胶、清真食品加工等,信息通信、电器电子、环保等,金融保险、物流、研发展示等
7	中国印尼综合产业园区青山园区		印度尼西亚	2016	加工业园区,主导产业为镍铁、不锈钢等
8	中国・印尼聚龙农业产业合作区		印度尼西亚	2016	农业园区,主导产业为油棕种植开发、精深加工、收购、仓储物流等

续表

序号	境外园区名称	地区	国别	获批时间	园区类型及主导产业
9	巴基斯坦海尔—鲁巴经济区	南亚	巴基斯坦	2006	加工业园区，主导产业为建材、家电、纺织等
10	中国—乌兹别克斯坦“鹏盛”工业园	中亚	乌兹别克斯坦	2009	加工业园区，主导产业为建材、真皮制品、灯具和五金制品、电机电器、农用机械、轻纺等
11	吉尔吉斯斯坦亚洲之星农业产业合作区	中亚	吉尔吉斯斯坦	2016	农业园区，主导产业为种植、养殖、屠宰加工、食品深加工等
12	俄罗斯乌苏里斯克经贸合作区	东欧	俄罗斯	2006	加工业园区，主导产业为轻工、机电、木业等
13	中俄托木斯克木材工贸合作区	东欧	俄罗斯	2007	综合性产业园区，主导产业为森林抚育采伐、木材深加工、商贸物流等
14	中匈宝思德经贸合作区	东欧	匈牙利	2011	加工业园区，主导产业为化工、生物化工、加工制造等
15	匈牙利中欧商贸物流合作园	东欧	匈牙利	2012	服务业园区，主导产业为商贸、物流等
16	中国—白俄罗斯工业园	东欧	白俄罗斯	2014	加工业园区，主导产业为机械制造、精细化工、生物医药、电子技术、新材料、物流运输等
17	俄罗斯龙跃林业经贸合作区	东欧	俄罗斯	2015	加工业园区，主导产业为森林培育、林木采伐、粗深加工、林产品展销交易、跨境物流运输等
18	中俄(滨海边疆区)农业产业合作区	东欧	俄罗斯	2015	农业园区，主导产业为种植、养殖、农产品加工等
19	埃塞俄比亚东方工业园	北非	埃塞俄比亚	2007	加工业园区，主导产业为纺织、皮革、农产品加工、冶金、建材、机电等
20	埃及苏伊士经贸合作区	北非	埃及	2007	加工业园区，主导产业为纺织服装、石油装备、新型建材及精细化工等
21	尼日利亚广东经贸合作区	西非	尼日利亚	2006	加工业园区，主导产业为家具、建材、陶瓷、五金、医药、电子等

续表

序号	境外园区名称	地区	国别	获批时间	园区类型及主导产业
22	尼日利亚莱基自由贸易区	西非	尼日利亚	2007	综合性产业园区,主导产业为加工制造、仓储物流等
23	赞比亚中国经贸合作区	中非	赞比亚	2006	综合性产业园区,主导产业为金属冶炼、商贸服务、加工制造等

资料来源:沈桂龙:《中国“一带一路”跨境园区发展报告(2019)》,上海社会科学院出版社 2020 年版。

此外,除了加工业园区外,也有多个跨境园区以种植、养殖、农产品加工、物流仓储、商贸为主要产业。定位多元的跨境园区将吸引各类行业的企业共同参与建设,带动更多行业的企业走向海外,从而对外投资的领域也将更加多元,对外投资产业结构将更加细化。

(三) 跨境园区建设对中国企业全球价值链布局的影响

跨境园区建设在推动各类企业进入海外进行生产、流通、销售活动的同时,也促进了这些企业将原本集中在中国的经营活动分拆到不同国家和地区,从而促进中国企业全球价值链(Global Value Chain, GVC)布局发生变动。作为对外直接投资和产业集聚相结合的产物,跨境园区建设帮助企业降低和减少了进入全球价值链的成本和壁垒。一般来说,中国企业出于市场寻求和资源寻求的目的进入“一带一路”沿线国家。无论出于哪种目的,参与跨境园区建设都能够帮助这些企业或嵌入原有的全球价值链,或形成以中国企业为领导的新全球(区域)价值链①。这意味着跨境园区的建设不仅有助于中国企业脱离原有价值链形成新的价值链,也有助于中国企业在价值链中拥有更高的话语权。

出于市场寻求动机的企业投资进入跨境园区时,通常会将最终品生产线建设在东道国的园区内,以便生产完成后直接销往目标市场,达到降低出口涉及的运输、营销成本、回避跨境贸易壁垒的目的。在这个过程中,企业转移的通常只是最终品的加工、组装线,中间品生产线、研发部门等仍保持在原有地区②。

① 沈桂龙等:《中国“一带一路”跨境园区发展报告》,上海社会科学出版社 2020 年,第 159—162 页。

② 此处仅考虑在投资建设跨境园区前完全置身于全球价值链之外的企业,即生产所需的原材料、中间品均不涉及进口。

在这种情况下，沿线国家跨境园区内的厂商需从中国母公司或其他公司进口东道国缺乏的原材料、中间品来加工组装为最终品，中国—东道国—市场的区域价值链分工体系就此形成。当这样的区域价值链发展成熟后，企业能够以更低的成本将最终品或中间品的生产体系转移到其他国家，即其他国家加入同一条价值链中，新的全球价值链分工体系就此形成。

出于资源寻求目的进入跨境园区的企业可分为自然资源寻求型和人力资源寻求型两类。自然资源寻求型企业投资进入跨境园区后，往往在将开采自然资源的生产线转移海外的同时，也会将初、中级加工生产线也转移到海外，以此减少自然资源在运输途中的损耗，同时降低由运输产生的维护成本。经过初、中级加工生产后，中间品会被运输至中国以生产面向最终消费者的最终产品。东道国—中国—市场的区域价值链由此形成。寻求人力资源的企业投资进入跨境园区后，为了降低成本，劳动密集型产品的生产线也会同时转移至跨境园区。因而，类似自然资源寻求型企业，形成东道国—中国—市场的区域价值链；如果原材料来自中国，则形成的是中国—东道国—中国—市场的区域价值链。同市场寻求型企业进入跨境园区一样，无论是自然资源寻求型企业还是人力资源寻求型企业，产品线发展成熟后都能借跨境园区形成新的全球价值链分工体系。与对外直接投资相比，在嵌入或形成全球价值链的跨境园区的优势在于，通过减免税收等政策优势及产业集聚优势帮助企业降低形成区域价值链的成本和阻力，以更容易的方式形成或嵌入全球价值链中。此外，与非园区企业不同，园区企业并不独自嵌入全球价值链。园区内的原材料开采和搜集、初级和中级产品的加工可能不由一家企业独自完成，而是由与之相关的产业链上、下游企业共同完成。因此，通常园区内的企业依托于园区，以由园区内多家企业组成的价值链中的一个节点的形式嵌入全球价值链。这也就是说，中国企业在海外投资建设跨境园区或许会降低中国企业进入全球价值链的难度，促进企业加入全球价值链。而降低中国企业进入全球价值链的难度就意味着或许中国企业能够提高其在全球价值链中的竞争力和话语权。

二、跨境园区建设对中国对外贸易的影响

（一）跨境园区建设对中国对外贸易规模的影响

通过参与建设跨境园区走向海外的企业动机与通过工厂性投资走出去的企业动机相同，主要包括市场寻求动机、资源寻求动机和技术寻求动机。目前，中国企业建设的跨境园区大都坐落于“一带一路”沿线国家中的发展中国

家,企业进入这些国家的目的以市场寻求和资源寻求为主,从而极可能扩大中国与园区所在国的对外贸易规模。

1. 市场寻求型企业对对外贸易规模的影响

市场寻求型企业通过跨境园区进入其他国家的目的在于进入东道国的产品市场,获取其产品所在市场的市场份额,如中国和尼日利亚合作在尼日利亚投资建设的莱基自由贸易区、中国和白俄罗斯合作在白俄罗斯开发的中白工业园区等园区的目标招商企业多为市场寻求型企业。由于通过出口到东道国的方式进入东道国可能会遇到贸易壁垒、东道国消费者对外来产品的厌恶情绪、对东道国消费者偏好不了解等问题,希望在当地具有较高市场份额的企业倾向于直接在当地生产最终产品,从而避免国际贸易带来的问题,获取更高利润和市场份额。在跨境园区建设流行以前,能够进入东道国进行生产活动的企业通常具有一定规模,跨境园区使得中小企业进入东道国成为可能。正因如此,从市场寻求角度讨论跨境园区对中国对外贸易的影响可分为两方面,即原本就与东道国有贸易往来的企业通过跨境园区走出去对中国对外贸易带来的影响,和原本与东道国没有贸易往来的企业通过跨境园区走出去对中国对外贸易带来的影响。

就原本与东道国有国际贸易往来的企业(下称 Y 类企业)而言,这些企业进入东道国后,虽然原本从中国出口至东道国的完成品出口线将不再存在,但这未必代表中国对其贸易规模将大幅下降。一般来说,一件产品从原材料发展至最终到消费者手中的完成品需要经过多个步骤。Y 类企业进入东道国后中国与东道国在完成品上的贸易规模减小,却可能增加中间品的贸易量。对于 Y 类企业来说,如果能够从东道国获取所有生产产品所需的中间品、人力、技术也就罢了,但如果不能获取这些中间品、人力、技术,则为了生产出最终品,Y 类企业必须从东道国以外的地区获取必要的材料,此时便涉及进出口贸易。如果 Y 类企业原本在中国国内生产时从其他国家或地区进口中间品,则企业进入东道国后依然能够从这些国家或地区进口中间品,中国对外贸易规模减小。而如果 Y 类企业原本在中国进行的生产活动所涉及的中间品来自本土,且在东道国无法找到替代品,则会增加中国与东道国之间的中间品贸易往来,减缓中国由完成品出口量下降带来的对外贸易规模缩小。通常,中间品生产涉及的原材料可能无法在东道国找到替代,且涉及的人力资本与技术未必能够转移到东道国。因此,Y 类企业通过跨境园区的方式进入东道国很可能会增加中国与园区所在国之间的中间品进出口贸易。

对于原本与东道国无贸易往来的企业(下称N类企业),情况是类似的。N类企业生产产品所需的中间品同样能够分为从中国以外地区获取和从中国本土获取。如果N类企业原本在中国国内生产时从其他国家或地区进口中间品,则企业进入东道国后依然能够从这些国家或地区获取中间品。而如果N类企业原本在中国进行的生产活动所涉及的中间品来自本土,且在东道国无法找到替代品,则会增加中国与东道国之间的中间品贸易往来。当东道国无法提供中间品生产所需的生产材料、人力、技术时,N类企业通过跨境园区的方式进入东道国会增加中国与园区所在国之间的中间品进出口贸易。

2. 资源寻求型企业对对外贸易规模的影响

资源寻求型企业进入东道国的目的在于获取数量多、价格低的自然资源和劳动力,这类园区目前有吉尔吉斯斯坦亚洲之星农业产业合作区、印尼西加里曼丹铝加工园区等。因此,资源寻求型企业通过跨境园区进入东道国后将通过国际贸易的方式把原材料、初级加工品等资源和劳动力密集型产品出口至中国,增加中国与东道国的国际贸易往来。资源寻求型企业对中国对外贸易规模的影响可体现在两方面。第一,资源寻求型企业会促进中国与东道国之间的贸易往来。资源寻求型企业进入东道国获取的为未经加工的原材料或经过初步加工的中间品,东道国未必具备进行深度加工所需的技术和人力,且企业转移其技术往往需要较高成本,因此资源寻求型企业倾向于将这些原材料和中间品转移至母国进行后续加工生产,即将原材料和中间品从东道国出口至中国。中国与东道国之间的贸易往来由此增加。

第二,资源寻求型企业或将促进中国与东道国以外的国家和地区之间的对外贸易。现考虑在东道国获取资源后将资源运输到中国进行后续加工生产的企业,这些企业最终产品的成本必然低于未进入东道国时的成本,否则企业将没有动力进入东道国。因此,加入园区后企业的最终产品进入市场时能够以更低的价格出售,这也意味着企业在国际同类产品市场上比不进入东道国时拥有更大的价格优势,这为企业进入其他国家的市场创造了可能。也就是说,企业通过进入东道国降低其生产成本,除了能够在国内市场拥有价格优势外,在国际市场同样能够拥有价格优势,从而开始出口(或出口更多)产品到国际市场,扩大中国与东道国以外国家和地区的贸易往来规模。

3. 技术寻求型企业对对外贸易规模的影响

技术寻求型企业进入东道国的目的在于学习东道国同行业企业的技术,提高自身产品的附加值。目前,虽然“一带一路”沿线国家多为发展中国家,跨境园区的招商目标企业中技术寻求型企业不多,但仍有少量园区以技术开发为主。例如,由中国湖北省和比利时瓦隆大区合作共建的中国—比利时科技园区以吸引对高科技有需求的企业为主,该园区建设的目的是为中国企业与比利时企业、高校高科技研发合作提供平台,推动科研成果转化,驱使科学技术为现实消费需求服务。技术寻求型企业进入其他国家同样可能扩大中国与国际市场的对外贸易规模。

一方面,技术寻求型企业在中国本土的机构与未入驻东道国时相比更有能力在国际市场上占有一席之地,进而扩大中国对外贸易规模。当企业在东道国习得更先进技术并将之市场化后,鉴于技术寻求型企业所在国的物料、人力成本可能更高,企业往往会将生产线安置于中国。这样,该类企业最终投入市场的产品较以往将有更高的技术含量,而更高的技术含量通常意味着更高的附加值和更强的竞争力,使得企业能够与国际市场上的同行业竞争者竞争,开拓国际市场,拥有更多进出口往来业务。

另一方面,技术寻求型企业拥有更先进的可投入市场使用的技术后,将辐射国内同行业的其他企业,使得其他企业在国际市场上也拥有较以往更高的竞争力,整体行业的对外贸易规模扩大。当技术寻求型企业获得更先进的技术(包括生产技术、管理方式、产品理念等)并在国内投入应用后,若其产品获得消费者青睐,则必将引起同行业竞争者的模仿。同行业竞争者或通过钻研该企业的产品自行研发类似技术,或通过聘请该企业相关人员协助研发,或通过与该企业合作交流学习其技术。无论通过哪种方式,结果都将是市场中将出现多家拥有类似技术的企业,整体行业的技术水平得到提升。长此以往,中国该行业企业在国际市场的竞争力得到提升,或将拥有更多出口业务。

跨境园区建设影响中国对外贸易规模的方式与传统工厂性投资影响中国对外贸易规模相同,影响路径都可分为市场寻求型、资源寻求型和技术寻求型三类企业入驻东道国对中国对外贸易产生影响。跨境园区建设与传统企业“出海”方式不同之处在于参与企业数量。通过传统方式入驻东道国对企业规模、资质要求较高,否则企业将无法承担成为跨国公司所需要的时间、资金成本,因此只有少数大型企业会入驻海外。跨境园区由于其降低企业成本、风险的优势,将吸引众多中小企业进入跨境园区,积少成多地影响中国对外贸易规模。虽然市场寻求型、资源寻求型和技术寻求型三类企业入驻跨境园区对中国对外贸易规模的影响有正有负,但总体而言正面影响中国对外贸易规模的途径更多,因而跨境园区建设很可能将进一步扩大中国对外贸易规模。

(二) 跨境园区建设对中国对外贸易结构的影响

除了可能对中国对外贸易规模产生影响,跨境园区建设同样可能对中国对外贸易结构产生影响。首先,跨境园区建设的推动在总体上将对中国对外贸易结构产生影响。其次,与贸易规模相同,市场寻求型、资源寻求型、技术寻求型企业进入海外将从不同途径影响中国对外贸易结构。

1. 跨境园区建设总体对中国对外贸易的影响

跨境园区建设可对中国对外贸易的两方面造成影响,包括对贸易伙伴构成的影响和对贸易产业结构的影响。目前,中国主要贸易伙伴集中在欧盟、东南亚、美国、日本等地(见图 7－8),与除东盟外的“一带一路”沿线国家贸易往来较少,跨境园区建设或将改变这一情形。大部分“一带一路”跨境园区建设在东南亚和欧洲沿线以外的国家,例如,根据资料,目前 80 个有记录的园区中有 47 个园区建设于南亚、中亚、西亚、非洲、俄罗斯等“一带一路”沿线国家①,这些国家或地区当前与中国的贸易往来规模相对较小。随着跨境园区建设的推进,有越来越多的企业进入这些国家或地区后,如上文分析,中国或将与其有更多贸易业务往来,从而这些国家或地区可能成为中国对外贸易伙伴构成中重要的组成部分。

此外,跨境园区建设也可能对中国对外贸易的产业结构产生影响。在建设跨境园区过程中,不可缺少的一环就是对投资企业的金融支持。企业进入海外市场往往需要较大资金支持,需要自行规划、建设园区内基础设施、办公及生产等职能设施的跨境园区对资金要求更高。为解决建园企业融资难、融资贵的问题,需要金融机构的参与支持。目前,包括“工农中建”、中国进出口银行、亚洲基础设施投资银行、世界银行等国内国际银行和金融机构都为“一带一路”建设提供了强有力的借贷、债券融资、私募基金、项目融资等金融支持。随着“一带一路”建设和跨境园区建设的进一步推进,中国与沿线国家之间的金融服务体系必将趋于完善,从而带动更多金融机构参与其中,为园区建设提供保障。因此,在这个过程中中国与沿线国家之间的金融服务规模将不断扩大,金融服务在中国对外贸易总额中的比重也将提升,加快中国服务贸易逆差收窄的趋势。

2. 市场寻求型企业对对外贸易结构的影响

如上文所述,市场寻求型企业可能对中国的中间品对外贸易规模产生正

---

① 具体园区名录见境外产业园区信息服务平台 https://zoip.ccpit.org/ent/parkNew/138。

面影响,也因此,市场寻求型企业将通过同样的路径影响中国对外贸易的产业结构和贸易方式结构。由于市场寻求型企业进入海外可能引起国际市场对中国相关行业中间品的需求增长,而市场寻求型企业又以制造业企业为主,因此该类企业通过跨境园区进入海外将提高制造类产品的中间品出口比重。此外,市场寻求型企业在海外与中国本土企业进行贸易时,是由中国本土企业将中间品出口给这些企业,并由该类企业进行后续加工生产完成品后出售给当地消费者,属一般贸易。这意味着大量市场寻求型企业通过跨境园区进入海外国家将增加中国一般贸易进出口的规模和比重。

3. 资源寻求型企业对对外贸易结构的影响

资源寻求型企业在东道国获取原材料或经过初级加工制成商品后出口至中国,这个过程同样分别对中国对外贸易的产业结构和贸易方式结构产生影响。资源寻求型企业寻求的资源集中在矿产、原油、天然气、农产品等行业,该类型企业进入海外的数量越多,中国进口相关行业产品的数量也就越多。2019 年,中国原油、天然气、铁矿砂等大宗商品进口数量分别增长 9.5%、6.9% 和 0.5%①。资源寻求型企业通过跨境园区进入海外将进一步推动这些产品的进口数量增长,进而中国进口贸易结构发生变动。此外,如前文所述,除增加中国与东道国的贸易规模外,该类企业也可能增加中国与其他国家之间的贸易往来,尤其是中国对其他国家的出口规模。因此,资源寻求型企业同样会扩大相关原材料涉及的相关制造产品的出口数量。资源寻求型企业进口原料、材料或零件后经加工生产再将完成品出口至别国,因此该类型企业的国际贸易活动将增加加工贸易的规模,提高加工贸易在对外贸易方式中的比重。

4. 技术寻求型企业对对外贸易结构的影响

技术寻求型企业对中国对外贸易结构的影响主要体现在产业结构上。由于技术寻求型企业生产所需的原料既可能源于国际市场又可能源于国内市场,因此该类企业对对外贸易方式结构的影响较难断定。技术寻求型企业有助于中国提高对外贸易产业中知识密集型产业的占比。以中国—比利时科技园为例,该园区的目标招商行业集中在医药制造业、计算机、互联网和相关服务、软件和信息技术服务等技术含量较高的行业。当入园企业积累一定的技术水平回国投入生产后,正如上文所分析的,国内相关行业的企业在技术上都

① 中华人民共和国商务部、国际贸易经济合作研究院:《中国对外贸易形势报告(2020 年春季)》2020 年 6 月。

将有所得益，且相关行业在国际市场上将更具竞争力。长此以往，中国出口品中的技术含量将日趋提高，知识密集型产业占比增加。

以上对各类型的企业参与跨境园区建设对中国对外贸易的影响的分析皆基于其他类型企业未入园的情形。例如，技术寻求型企业会增加知识密集型产业在总对外贸易额中占比的结论，是基于没有市场寻求型企业和资源寻求型企业参与跨境园区建设得到的。当考虑所有情形时，由于各类型企业对对外贸易的影响途径都将发生作用，因而跨境园区对中国对外贸易的综合影响将不定，具体影响程度取决于各类型企业参与园区的数量和规模，数量和规模更大的企业对中国对外贸易的影响将占主导作用。

（三）跨境园区建设对国内国际“双循环”发展格局的影响

2020 年 5 月 14 日，在新冠肺炎疫情流行、全球贸易保护主义抬头、中美贸易摩擦加剧的背景下，中共中央政治局常委会会议首次提出要“构建国内国际双循环相互促进的新发展格局”。在随后的 2020 年“两会”期间和 7 月召开的企业家座谈会中，习近平总书记再次强调要逐步形成以国内大循环为主体，国内国际双循环相互促进的新发展格局。“双循环”发展格局的核心是依靠扩大内需，促进国内产业链、供应链升级来完善国内循环，同时国际市场与国内市场协同发展，实现两个循环相互促进。“一带一路”跨境园区建设将在构建国内国际双循环（以下简称“双循环”）发展格局中发挥重要作用。

首先，跨境园区建设可推动完善国内循环体系。在经济发展的过程中，中国经济存在内需增长不如外贸增长的现象。在资源寻求型企业和技术寻求型企业的共同作用下，跨境园区存在促进内需扩大的潜力。一方面，资源寻求型企业通过以更低成本得到生产涉及的资源，降低生产成本，从而可在保持产品品质不变的情况下以更低的价格出售，吸引更多消费者。另一方面，技术寻求型企业为企业和行业带来的技术优势有助于国内企业进行产业链和价值链升级，满足国内消费者对具有更高品质和更完善服务的产品的需求，扩大内需。同时，技术寻求型企业为整个行业带来的知识溢出效应也有利于提高相关行业的自主创新能力，进一步为产业链、价值链升级提供支持。

其次，跨境园区建设可推动完善国际循环体系。无论是市场寻求型企业、资源寻求型企业还是技术寻求型企业，在生产过程中都可能对国际（或在东道国对国内）市场的中间品产生需求以达到以更低的成本生产至少和当前生产的产品具有相同品质的产品。“一带一路”跨境园区建设将促进中国与沿线国家的商贸投资往来，从而推动“一带一路”沿线形成区域型循环体系。此外，在跨境园区推动国内市场需求、完善国内循环的前提下，国内企业对沿线国家的原料需求将更大，因此园区所在的东道国市场需求也将进一步扩大，从而实现国内国际“双循环”相互促进，中国与沿线国家投资、贸易进入良性循环。

跨境园区建设通过满足国内、“一带一路”沿线国家两个市场，集合多国资源，推动“双循环”新发展格局形成。长远来看，这将促进中国与伙伴国家形成经济发展良性循环，共同走向更高质量的可持续发展道路，实现互利共赢。

目前，中国跨境园区建设仍处于起步阶段，其对中国对外直接投资和对外贸易的积极影响仍需等待时间检验。对此，跨境园区建设有多方面值得改善。第一，在跨境园区发挥其对对外直接投资影响的过程中，政府可加强对金融机构的政策扶持，鼓励金融机构支持“一带一路”跨境园区建设。融资难、成本高始终是园区建设过程中面临的最大难题，由于园区投资规模大、周期长、回报低，仅靠市场力量可能难以使市场中多余资金流向园区建设投资，需要政府出台相关补贴政策和相应金融开放措施引导冗余资金流向境外园区建设。第二，政府也可推动其他国家和地区的市场主体共同参与跨境园区建设。招商难，园区难以按照初期规划打造园区产业链是跨境园区建设面临的另一难题。如果能够吸引其他国家的企业共同参与建设跨境园区，将有效缓解这一问题，实现园区和企业共赢。第三，对于建园企业来说，科学、合理地规划园区建设必不可少。园区的主要优势在于其产生的集聚效应，如果企业能够科学、合理地对园区主导产业和布局进行规划，有效发挥园区优势，此后的园区建设将事半功倍。

附　　录

附表 1　纳入统计范围的境外经济贸易合作区

序号	合作区名称	实施企业	所在国家	企业所在省市	“一带一路”	通过考核
1	埃及苏伊士经贸合作区	中非泰达投资股份有限公司	埃及	天津	是	
2	埃塞俄比亚东方工业园	江苏永元投资有限公司	埃塞俄比亚	江苏	是	是
3	华坚埃塞俄比亚轻工业城	赣州华坚国际鞋城有限公司	埃塞俄比亚	江西		
4	海尔—鲁巴经济区	海尔集团电器产业有限公司	巴基斯坦	山东	是	是
5	奇瑞巴西工业园区	奇瑞汽车股份有限公司	巴西	安徽		
6	中白工业园	中工国际股份有限公司	白俄罗斯	央企	是	
7	俄中托木斯克木材工贸合作区	中航林业有限公司	俄罗斯联邦	央企	是	是
8	俄罗斯乌苏里斯克经贸区	康吉国际投资有限公司	俄罗斯联邦	黑龙江	是	是
9	黑河北丰中俄阿穆尔农业(畜牧)产业园区	黑河市北丰农业科技服务有限公司	俄罗斯联邦	黑龙江		
10	俄罗斯龙跃林业经贸合作区	黑龙江省牡丹江龙跃经贸有限公司	俄罗斯联邦	黑龙江	是	是
11	中俄(滨海边疆区)农业产业合作区	黑龙江东宁华信经济贸易有限责任公司	俄罗斯联邦	黑龙江	是	是
12	俄罗斯泰源农业与牧业产业园区	黑龙江华宇工贸(集团)有限责任公司	俄罗斯联邦	黑龙江		
13	华洋境外绿色农业合作园区	东宁华洋贸易有限公司	俄罗斯联邦	黑龙江		
14	跃进高科技产业园区	绥芬河市跃进经贸公司	俄罗斯联邦	黑龙江		

续表

序号	合作区名称	实施企业	所在国家	企业所在省市	“一带一路”	通过考核
15	俄罗斯阿穆尔州别列佐夫卡石化建材加工园区	梦兰星河能源股份有限公司	俄罗斯联邦	黑龙江		
16	俄罗斯华泰林业木材加工园区	嘉荫县华泰经济贸易有限公司	俄罗斯联邦	黑龙江		
17	中俄农牧业产业示范园区	黑龙江牡丹江新友谊农垦农业经济技术开发有限公司	俄罗斯联邦	黑龙江		
18	中俄坎斯克森林资源经贸合作区	哈尔滨亚布力木业有限公司	俄罗斯联邦	黑龙江		
19	俄罗斯泰源农业与牧业产业园区	吉林省泰源农牧科技股份有限公司	俄罗斯联邦	吉林		
20	俄罗斯中俄国际商贸城	江西省中格进出口贸易有限公司	俄罗斯联邦	江西		
21	俄罗斯北极星林业经贸合作区	黑龙江兴邦国际资源投资股份有限公司	俄罗斯联邦	黑龙江		
22	华凌国际经济特区	华山投资有限公司	格鲁吉亚	新疆		
23	华凌自由工业园区	新疆华顺工贸有限公司	格鲁吉亚	新疆		
24	吉尔吉斯斯坦亚洲之星农业产业合作区	商丘贵友食品有限公司	吉尔吉斯斯坦	河南	是	是
25	福隆盛中柬工业园	福建中柬投资有限公司	柬埔寨	福建		
26	西哈努克港经济特区	江苏太湖柬埔寨国际经济合作区投资有限公司	柬埔寨	江苏	是	是
27	柬埔寨山东桑莎(柴桢)经济特区	诸城服装针织进出口有限责任公司	柬埔寨	山东	是	
28	柬埔寨桔井省斯努经济特区	中启控股集团股份有限公司	柬埔寨	山东	是	
29	华锦矿业经贸园区	福建新侨商贸有限公司	津巴布韦	福建		

续表

序号	合作区名称	实施企业	所在国家	企业所在省市	“一带一路”	通过考核
30	中国—肯尼亚(东非)经济贸易合作区	中国武夷实业股份有限公司	肯尼亚	福建		
31	老中甘蒙钾盐综合开发区	四川省开元集团有限公司	老挝	四川		
32	老挝万象赛色塔综合开发区	云南省海外投资有限公司	老挝	云南	是	是
33	老挝磨丁经济开发专区	云南海诚实业集团股份有限公司	老挝	云南	是	
34	罗马尼亚麦道工业园区	营口玉原实业有限公司	罗马尼亚	辽宁		
35	马中关丹产业园	广西北部湾东盟投资有限公司	马来西亚	广西	是	
36	江西(马来西亚)现代农业科技产业园	江西省华美食品工业有限公司	马来西亚	江西		
37	毛里求斯晋非经贸合作区	山西晋非投资有限公司	毛里求斯	山西	是	
38	中毛(宏东)海洋经济合作园	福建宏东远洋渔业有限公司	毛里塔尼亚	福建		
39	莫桑比克贝拉经贸合作区	安徽省外经建设(集团)有限公司	莫桑比克	福建	是	
40	海信南非开普敦亚特兰蒂斯工业园区	青岛海信中非控股股份有限公司	南非	山东	是	
41	尼日利亚广东经贸合作区	广东新广国际集团中非投资有限公司	尼日利亚	广东	是	
42	越美(尼日利亚)纺织工业园	越美集团有限公司	尼日利亚	浙江	是	是
43	尼日利亚莱基自由贸易区	中非莱基投资有限公司	尼日利亚	央企	是	是
44	塞尔维亚贝尔麦克商贸物流园区	温州外贸工业品有限公司	塞尔维亚	浙江	是	
45	国基工贸园区	河南国基实业集团有限公司	塞拉利昂	河南		
46	中苏农业开发区	山东国际经济技术合作公司	苏丹	山东	是	

续表

序号	合作区名称	实施企业	所在国家	企业所在省市	“一带一路”	通过考核
47	中泰新丝路塔吉克斯坦农业产业园	新疆中泰新丝路农业投资有限公司	塔吉克斯坦	新疆		
48	中塔工业园区	新疆塔城国际资源有限公司	塔吉克斯坦	新疆	是	
49	泰中罗勇工业园	华立产业集团有限公司	泰国	浙江	是	是
50	江苏—新阳嘎农工贸现代产业园	江苏海企技术工程有限公司	坦桑尼亚	江苏		
51	大摩拉岛石油炼化工业园	浙江恒逸石化有限公司	文莱	浙江	是	
52	非洲(乌干达)山东工业园	昌邑德明进出口有限公司	乌干达	山东	是	
53	乌兹别克斯坦“鹏盛”工业园	温州市金盛贸易有限公司	乌兹别克斯坦	浙江	是	是
54	中匈宝思德经贸合作区	烟台新益投资有限公司	匈牙利	山东	是	是
55	匈牙利中欧商贸物流园	山东帝豪国际投资有限公司	匈牙利	山东	是	是
56	特变电工(印度)绿色能源产业园	特变电工沈阳变压器集团有限公司	印度	辽宁	是	
57	中国·印尼经贸合作区	广西农垦集团有限责任公司	印度尼西亚	广西	是	是
58	印度尼西亚东加里曼丹岛农工贸经济合作区	如皋市双马化工有限公司	印度尼西亚	江苏	是	
59	印度尼西亚苏拉威西镍铁工业园	青岛市恒顺众昇集团股份有限公司	印度尼西亚	山东	是	
60	中国印尼综合产业园区青山园区	上海鼎信投资(集团)有限公司	印度尼西亚	上海	是	是
61	印尼西加里曼丹铝加工园区	杭州锦江集团有限公司	印度尼西亚	浙江	是	
62	中国—印尼肯达里工业区	中国港湾(印尼)有限公司	印度尼西亚	央企		
63	罕王—富域产业园	罕王实业集团有限公司	印度尼西亚	辽宁		

续表

序号	合作区名称	实施企业	所在国家	企业所在省市	“一带一路”	通过考核
64	中国·印度尼西亚聚龙农业产业合作区	天津聚龙集团	印度尼西亚	天津	是	是
65	越南铃中加工出口区和工业区	中国电气进出口有限公司	越南	北京		
66	越南中国(海防深圳)经贸合作区	深圳市深越联合投资有限公司	越南	广东	是	
67	越南北江省云中工业园区	江苏通州四建集团有限公司	越南	江苏	是	
68	越南龙江工业园	前江投资管理有限责任公司	越南	浙江	是	是
69	圣力(越南)经贸合作区	圣力(福建)投资发展有限公司	越南	福建		
70	赞比亚国际投资贸易合作区	江西国际经济技术合作公司	赞比亚	江西		
71	赞比亚农产品加工合作园区	青岛瑞昌棉业有限公司	赞比亚	山东		
72	赞比亚中国经济贸易合作区	中国有色矿业集团有限公司	赞比亚	央企	是	是
73	中法经济贸易合作区	北京洲联伟业投资有限公司	法国	北京	是	
74	阿治曼中国城	海湾中国贸易公司	阿联酋	湖南		
75	中非现代畜牧业循环经济工业区有限公司	新乡市币港皮业有限公司	埃塞俄比亚	河南		
76	中国—比利时科技园	湖北省联投控股有限公司	比利时	湖北	是	
77	帕希姆中欧空港产业园(德国)	河南林德国际物流有限公司	德国	河南		
78	阿穆尔综合园区	阿穆尔工业有限责任公司(中铁龙兴投资发展有限公司)	俄罗斯联邦	黑龙江		
79	春天农业产业经贸合作区(俄罗斯)	牡丹江盛弘源经贸有限公司	俄罗斯联邦	黑龙江		

续表

序号	合作区名称	实施企业	所在国家	企业所在省市	“一带一路”	通过考核
80	阿穆尔州和兴商贸物流园	黑河和兴经贸有限公司	俄罗斯联邦	黑龙江		
81	鹏瑞境外林业采伐加工区	绥芬河鹏瑞经贸有限责任公司	俄罗斯联邦	黑龙江		
82	中俄远东经贸合作区	绥芬河曲美木业发展有限公司	俄罗斯联邦	黑龙江		
83	俄罗斯伊尔库茨克诚林农产品商贸物流园区	满洲里诚林贸易有限责任公司	俄罗斯联邦	内蒙古		
84	俄罗斯“尚圣龙”木材合作园区	满洲里桐维经贸有限责任公司	俄罗斯联邦	内蒙古		
85	新吉马资源利用园区	满洲里松海贸易有限公司	俄罗斯联邦	内蒙古		
86	金穗境外农业合作区	满洲里恒升粮油食品进出口有限公司	俄罗斯联邦	内蒙古		
87	钰森克拉斯诺亚尔斯克林业合作区	满洲里钰森经贸有限公司	俄罗斯联邦	内蒙古		
88	中俄林业坎斯克园区	满洲里新越经贸有限责任公司	俄罗斯联邦	内蒙古		
89	北欧湖南农业产业园	湖南北欧投资管理有限公司	芬兰	湖南		
90	中哈金土地高科技产业园区	大庆金土地节水工程设备有限公司	哈萨克斯坦	黑龙江		
91	中韩科技创新经济园区	金跃集团有限公司	韩国	黑龙江		
92	华岳柬埔寨绿色农业产业园	华岳集团有限公司	柬埔寨	山东	是	
93	柬埔寨齐鲁经济特区	淄博众德投资发展有限公司	柬埔寨	山东	是	
94	中国龙大市场(沙特)	绥芬河昊泽经贸有限公司	沙特阿拉伯	黑龙江		
95	中塔(河南)农业产业科技示范园区	河南省黄泛区实业集团有限公司	塔吉克斯坦	河南		
96	泰国湖南工业园	邵东隆源贸易有限责任公司	泰国	湖南		

续表

序号	合作区名称	实施企业	所在国家	企业所在省市	“一带一路”	通过考核
97	中乌农业科技示范园区	河南省黄泛区实业集团有限公司	乌克兰	河南		
98	安集延纺织园区(乌兹别克斯坦)	南阳木兰花实业有限公司	乌兹别克斯坦	河南		
99	浙减中意工业园区	浙减威奥斯图有限公司	意大利	河南		
100	印尼海洋渔业发展有限公司	春申股份有限公司	印度尼西亚	福建		
101	北汽福田汽车工业园(印度)	北汽福田汽车股份有限公司	印度	北京	是	
102	奇瑞汽车产业园(伊朗)	奇瑞汽车股份有限公司	伊朗	安徽		

注：原序号 18 信息经核实有误，已删除。

资料来源：中国境外经贸合作区促投办公室。

附表 2 “一带一路”沿线重点园区名录

序号	所在洲	地区	国家	园区名称	始建年份	园区类型
1	非洲	南非	赞比亚	赞比亚中垦非洲农业产业园	1993	农业产业园区
2	欧洲	北欧亚	俄罗斯	中俄(滨海边疆区)现代农业经济合作区	2004	农业产业园区
3	非洲	西非	尼日利亚	尼日利亚卡拉巴汇鸿开发区	2005	工业产业园区
4	欧洲	北欧亚	俄罗斯	俄罗斯圣彼得堡波罗的海经济贸易合作区	2005	综合产业园区
5	非洲	西非	尼日利亚	尼日利亚广东经贸合作区	2006	综合产业园区
6	非洲	西非	尼日利亚	尼日利亚莱基自由贸易区	2006	综合产业园区

续表

序号	所在洲	地　区	国　家	园　区　名　称	始建年份	园区类型
7	欧洲	北欧亚	俄罗斯	俄罗斯乌苏里斯克经贸合作区	2006	工业产业园区
8	亚洲	东南亚	泰国	泰中罗勇工业园	2006	综合产业园区
9	亚洲	南亚	巴基斯坦	巴基斯坦海尔—鲁巴经济区	2006	工业产业园区
10	亚洲	中亚	哈萨克斯坦	中哈霍尔果斯国际边境合作中心	2006	综合产业园区
11	非洲	东非	埃塞俄比亚	埃塞俄比亚东方工业园	2007	综合产业园区
12	非洲	西非	尼日利亚	尼日利亚宁波工业园区	2007	工业产业园区
13	非洲	西非	尼日利亚	越美尼日利亚纺织工业园	2007	工业产业园区
14	欧洲	北欧亚	俄罗斯	中俄—托森斯克工贸合作区	2007	农业产业园区
15	亚洲	东南亚	柬埔寨	柬埔寨西哈努克港经济特区	2007	工业产业园区
16	亚洲	东南亚	印度尼西亚	中国—印尼经贸合作区	2007	综合产业园区
17	非洲	北非	阿尔及利亚	中国江铃经济贸易合作区	2008	工业产业园区
18	非洲	北非	埃及	埃及苏伊士经贸合作区	2008	综合产业园区
19	欧洲	北欧亚	俄罗斯	俄中托木斯克木材工贸合作区	2008	农业产业园区
20	亚洲	东南亚	印度尼西亚	广西印尼沃诺吉利经贸合作区	2008	综合产业园区
21	亚洲	东南亚	越南	越南龙江工业园	2008	综合产业园区
22	非洲	南非	毛里求斯	毛里求斯晋非经贸合作区	2009	综合产业园区
23	非洲	南非	赞比亚	赞比亚—中国经济贸易合作区	2009	综合产业园区

续表

序号	所在洲	地 区	国 家	园 区 名 称	始建年份	园区类型
24	亚洲	中亚	乌兹别克斯坦	乌兹别克斯坦鹏盛工业园	2009	工业产业园区
25	亚洲	东南亚	柬埔寨	华岳柬埔寨绿色农业产业园	2010	农业产业园区
26	亚洲	东南亚	老挝	老挝万象赛色塔综合开发区	2010	综合产业园区
27	亚洲	东南亚	老挝	老挝云橡产业园	2010	农业产业园区
28	非洲	南非	津巴布韦	中津经贸合作区	2011	农业产业园区
29	非洲	南非	莫桑比克	莫桑比克贝拉经贸合作区	2011	综合产业园区
30	非洲	西非	塞拉利昂	塞拉利昂农业产业园	2011	农业产业园区
31	欧洲	中欧	匈牙利	中匈宝思德经贸合作区	2011	工业产业园区
32	亚洲	中亚	吉尔吉斯斯坦	吉尔吉斯斯坦亚洲之星农业产业合作区	2011	农业产业园区
33	非洲	南非	莫桑比克	莫桑比克万宝产业园	2012	农业产业园区
34	欧洲	东欧	白俄罗斯	中国—白俄罗斯工业园	2012	综合产业园区
35	欧洲	西欧	法国	中法经济贸易合作区	2012	高新技术园区
36	欧洲	中欧	匈牙利	中欧商贸物流合作园区	2012	物流合作园区
37	非洲	东非	乌干达	非洲(乌干达)山东工业园	2013	工业产业园区
38	非洲	南非	南非	海信南非开普敦亚特兰蒂斯工业园区	2013	工业产业园区
39	欧洲	北欧亚	俄罗斯	俄罗斯龙跃林业经贸合作区	2013	农业产业园区
40	亚洲	东南亚	柬埔寨	柬埔寨桔井省斯努经济特区	2013	综合产业园区

续表

序号	所在洲	地 区	国 家	园 区 名 称	始建年份	园区类型
41	亚洲	东南亚	柬埔寨	柬埔寨山东桑莎(柴桢)经济特区	2013	工业产业园区
42	亚洲	东南亚	马来西亚	马来西亚马中关丹产业园	2013	综合产业园区
43	亚洲	东南亚	文莱	文莱大摩拉岛石油炼化工业园	2013	工业产业园区
44	亚洲	东南亚	印度尼西亚	印度尼西亚西加里曼丹铝加工园区	2013	工业产业园区
45	亚洲	东南亚	印度尼西亚	中国印尼综合产业园区青山园区	2013	工业产业园区
46	亚洲	东南亚	越南	越南北江省云中工业园区	2013	高新技术园区
47	亚洲	南亚	巴基斯坦	巴基斯坦瓜达尔自贸区	2013	综合产业园区
48	欧洲	东欧	塞尔维亚	塞尔维亚贝尔麦克商贸物流园	2014	物流合作园区
49	欧洲	西欧	比利时	中国—比利时科技园	2014	高新技术园区
50	亚洲	东南亚	印度尼西亚	印度尼西亚东加里曼丹岛农工贸经济合作区	2014	农业产业园区
51	亚洲	东南亚	印度尼西亚	印度尼西亚苏拉威西镍铁工业园	2014	工业产业园区
52	亚洲	南亚	斯里兰卡	斯里兰卡科伦坡港口城	2014	综合产业园区
53	亚洲	南亚	印度	特变电工(印度)绿色能源产业园	2014	工业产业园区
54	亚洲	南亚	印度	印度马哈拉施特拉邦汽车产业园	2014	工业产业园区
55	亚洲	中亚	哈萨克斯坦	哈萨克斯坦中国工业园	2014	工业产业园区
56	亚洲	中亚	塔吉克斯坦	中塔工业园区	2014	工业产业园区
57	非洲	东非	坦桑尼亚	江苏—新阳嘎农工贸现代产业园	2015	农业产业园区

续表

序号	所在洲	地　区	国　家	园　区　名　称	始建年份	园区类型
58	非洲	东非	坦桑尼亚	坦桑尼亚巴加莫约经济特区	2015	综合产业园区
59	非洲	东非	乌干达	乌干达辽沈工业园	2015	综合产业园区
60	非洲	南非	赞比亚	中材赞比亚建材工业园	2015	工业产业园区
61	亚洲	东南亚	老挝	老挝磨丁经济开发专区	2015	综合产业园区
62	亚洲	东南亚	泰国	中国—东盟北斗科技城	2015	高新技术园区
63	亚洲	东南亚	印度尼西亚	中国—印尼聚龙农业产业合作区	2015	农业产业园区
64	亚洲	东南亚	印度尼西亚	中民投印尼产业园	2015	综合产业园区
65	亚洲	西亚	格鲁吉亚	格鲁吉亚华凌自由工业园	2015	综合产业园区
66	亚洲	中亚	塔吉克斯坦	中塔农业纺织产业园	2015	农业产业园区
67	非洲	北非	苏丹	中苏农业开发区	2016	农业产业园区
68	非洲	东非	埃塞俄比亚	埃塞中交工业园区	2016	工业产业园区
69	亚洲	东南亚	缅甸	缅甸皎漂特区工业园	2016	综合产业园区
70	亚洲	东南亚	越南	越南中国(海防深圳)经贸合作区	2016	工业产业园区
71	亚洲	南亚	印度	万达印度产业园	2016	综合产业园区
72	亚洲	西亚	阿曼	中国阿曼产业园	2016	综合产业园区
73	非洲	东非	埃塞俄比亚	埃塞俄比亚—湖南工业园	2017	综合产业园区
74	非洲	东非	吉布提	吉布提国际自贸区	2017	综合产业园区

续表

序号	所在洲	地　区	国　家	园　区　名　称	始建年份	园区类型
75	亚洲	东南亚	柬埔寨	柬埔寨齐鲁经济特区	2017	工业产业园区
76	亚洲	东南亚	印度尼西亚	华夏幸福印尼卡拉旺产业园	2017	综合产业园区
77	亚洲	西亚	阿联酋	阿联酋中阿产能合作示范园	2017	综合产业园区
78	欧洲	东欧	塞尔维亚	塞尔维亚中国工业园	2018	综合产业园区

注：上述列示的园区名单参考中国投资指南网(http://www.fdi.gov.cn/selfBuild/1584862931997/33509818952612412.html)。仅为“一带一路”沿线部分园区名录。

资料来源：中国投资指南网;部分园区数据来源于：李祜梅、邬明权、牛铮、李旗：《1992—2018 年中国境外产业园区信息数据集》,Science Data Bank,2019,DOI：10.11922/sciencedb.797。

附表 3　老挝磨丁经济特区招商引资项目列表(部分)

项目名称	所属行业	合作方式	项目规模	项　目　内　容	投资额(人民币元)	建设性质
特区水库扩容、自来水厂及管网配套、污水处理厂及管网配套、垃圾处理厂	水利	持股合作 特许经营	指定区域	1. 对磨丁水源涵养地——磨丁湖进行加高,扩充库容量,城市发展高峰期磨丁特区的用水需要。2. 对特区现有自来水厂、供水管网进行升级改造,改造后覆盖特区五大产业区域,并满足各产业区域发展高峰区的用水需求。3. 对特区现有排污管网进行升级改造,并结合五大产业板块的实际情况新建污水处理厂,保证各产业区域污水排放得到有效管理和净化。4. 结合五大产业板块的实际情况新建垃圾处理厂,保证各产业区域的生活、施工、工作垃圾处理得到有效管理和处理	5 000 万以上	改扩建

续表

项目名称	所属行业	合作方式	项目规模	项 目 内 容	投资额（人民币元）	建设性质
特区电网改扩建工程	电力	持股合作 特许经营	覆盖全区	对特区现有电网进行升级改造，改造后覆盖特区五大产业区域，并满足各产业区域发展高峰区的用电需求	2 000 万以上	改扩建
医院	医疗	独资经营 合资经营	指定区域	鼓励在特区内开办设施现代化、机械国际化、技术精湛、服务到位的私营医院，可享受土地价格优惠、税费减免、材料设备免税等多重优惠	1 000 万以上	新建
学校	教育	独资经营 合资经营	指定区域	鼓励在特区内开设幼儿园、中英或中老双语中小学校、职业技术学院等教育机构，可享受土地价格优惠、税费减免、材料设备免税等多重优惠	200 万以上	新建
银行、金融机构	金融	独资经营 合资经营	在特区设分行、网点	针对中国、老挝银行及全球金融机构进行招商	5 000 万以上	新建购置/租赁
旅游商业项目(旅游商品集散中心及特色旅游街区、商城等)	旅游商业	独资经营 合资经营	5 000—20 000 平方米商场	针对珠宝、玉石、黄金、旅游纪念品、红木家具(工艺品)等运营商招商，自建、自购或租赁方式开展旅游相关产品的批发及零售或展示加工	1 000 万以上	新建购置/租赁
免税商品交易中心	旅游商业	独资经营 合资经营	7 000—20 000 平方米商场	结合特区政策及交通因素，面向世界招商，各大知名品牌商品入住国际商业中心	2 000 万以上	新建购置/租赁
国际旅游集散中心及国际班车站	旅游服务	独资经营 合资经营	15 000 平方米	集游客集散、旅游信息发布、票务和导游预订、旅游咨询、旅游线路展示与预订、旅游政务于一体的大型国际旅游集散综合体，总建筑面积约 15 000 平方米。打造对接国际综合运输的枢纽站，高效衔接中、老、泰三国的客运资源，成为不可替代的国际客运班车中转站	2 000 万以上	新建购置/租赁

续表

项目名称	所属行业	合作方式	项目规模	项目内容	投资额（人民币元）	建设性质
仓储中心	物流	购地自建 委托建设 持股合作	20 000—30 000平方米	主要建设公共仓储设施，借助磨丁特区的自贸区政策，为商贸企业、物流企业、流通加工企业、大宗国际中转物资提供仓库，仓储设施形式可根据需求多样化，可建设封闭式仓库、冷藏冷冻仓库、棚库以及露天堆场等	1 000万—3 000万	新建
物流金融平台	物流	独资 持股合作	金融服务	为物流企业、商贸企业、加工型企业提供资金融通、结算、保险等服务的金融业务，包括发生在物流、交易过程中的各种存款、贷款、投资、信托、租赁、抵押、贴现、保险、担保等业务，以及其他金融机构所办理的各类涉及物流、商贸、加工业的中间业务等	3 000万以上	新建
汽车机电（配件）市场	商贸	购地自建 委托建设 持股合作	20 000—30 000平方米	辐射中老泰，以汽车、机电设备、工程机械及配件、各类工具交易批发为主的专业市场	1 000万—4 000万	新建
建材市场	商贸	购地自建 委托建设 持股合作	20 000—30 000平方米	辐射老挝、泰国北部等区域，以中国的建筑材料、工程材料、装修装饰材料、老挝泰国民族装饰材料为主的交易及批发市场	1 000万—4 000万	新建
中老泰商品批发市场	商贸	购地自建 委托建设 持股合作	20 000—60 000平方米	辐射中老泰，以商品展示、批发为主的交易市场，主要为中老泰特色水果、老挝农副产品及手工艺品、泰国工艺品及食品、中国优质商品等提供批发经营场地，并为这些商品提供仓储、流通、运输、通关等服务，实现商贸物流的一体化功能	2 000万—5 000万	新建

续表

项目名称	所属行业	合作方式	项目规模	项　目　内　容	投资额（人民币元）	建设性质
农林产业园区	加工制造	购地自建 委托建设	130 000 平方米	涵盖果蔬、粮油、畜禽等农副产品，精选老挝泰国的无公害绿色优质农产品资源进入园区，采用国内先进技术进行加工，以老挝制造的方式出口到国内或者欧美发达国家市场；通过农林产品加工，提升老挝优质农产品资源的附加值和品牌影响力。同时结合东南亚优质林业资源，吸引木材加工、家具制造型企业入驻园区	5 000 万—2 亿	新建
高新产业园区	加工制造	购地自建 委托建设	130 000—260 000 平方米	利用磨丁税费自主、老挝制造出口等优势，吸引海内外车辆制造、机械加工、生物医药、光电新能源、生态环保、新型材料、电子信息、橡胶加工等行业制造和研发型企业入驻园区研发、生产或者组装产品，以老挝制造的名义出口，获得发达国家的最惠国待遇	5 000 万—4 亿	新建/购置/租赁
中小型加工企业孵化园	加工制造	购置厂房 租赁厂房	130 000—260 000 平方米	主要针对生产面积在 5 000 平方米以下的小型加工企业，面对所有行业（无污染），提供定制厂房的服务，以低税收、可使用大量中国技术工人的方式吸引国内的小型加工制造型企业入住园区开展组装、加工制造业务。同样可以老挝制造的名义向发达国家出口，为中小型企业提供一个低成本、便捷化的组装出口平台	5 000 万—3 亿	新建
园区商务办公及配套服务	项目开发	购地自建 委托建设 持股合作	20 000 平方米	为园区内企业提供商务办公、商务洽谈等服务，为邮政、银行金融、税务、保险等公共服务机构提供办公场地。为过往的司机及商务人员、务工人员提供住宿、餐饮、超市、洗浴等服务，完善园区的配套功能，同时也为园区内从业人员提供生活便利	5 000 万—8 000 万	新建

资料来源：《老挝磨丁经济特区规划发展报告》。

参考文献

Buckley, P. J., M. Casson, *The Future of the Multinational Enterprise*. London: The Macmillan Press LTD, 1976.

Caves, R. E., "International Corporations: The Industrial Economics of Foreign Investment", *Economica*, 1971, Vol.38, pp.1 - 27.

Coase, R. H., The Nature of the Firm, *Economica*, 1937, 16(4): 386 - 405.

Dunning, J. H., Trade, "Location of Economic Activity and the MNE: A Search for an Eclectic Approach", in Ohlin B. et al, *The International Allocation of Economic Activity*, London: Palgrave Macmillan, 1977, pp.395 - 418.

Farole, T., G. Akinci, eds., *Special Economic Zones: Progress, Emerging Challenges, and Future Directions*, Washington, DC: World Bank, 2011.

Hymer, S. H., *The International Operations of National Firms: A Study of Direct Foreign Investment*, Cambridge: The MIT Press, 1960 (published by The MIT Press under the same title in 1976).

Johnson, H. G., "The Efficiency and Welfare Implications of the International Corporation", in Kindleberger C. P., *The International Corporation*, Cambridge: The MIT Press, 1970.

Kindleberger C. P., *American Business Abroad: Six Lectures on Direct Investment*, New Haven: Yale University Press, 1969.

阿拉德纳·阿加瓦尔:《经济特区的演化:国际经验和教训》,深圳大学中国经济特区研究中心:《中国经济特区研究》2015 年第 1 期。

艾永中:《西方区位理论在我国区域经济发展中的应用》,《财经理论与实践》1994 年第 5 期。

白玉华:《疫情冲击下中国制造业对越南投资的困境与对策》,《国际贸易》2020 年第 7 期。

保建云:《企业区位理论的古典基础——韦伯工业区位理论体系述评》,《人文杂志》2002 年第 4 期。

陈梦、周明璐:《"一带一路"沿线境外经贸合作区建设及发展研究》,《安徽广播电视大学学报》2019 年第 4 期。
陈琦：《解析“一带一路”战略下产业园区发展新机遇》，金融界网站。
楚天骄：《跨国公司在发展中国家 R[&]D 投资的区位模式研究》，华东师范大学，2004 年。
崔军：《中国加入世贸两年发生五大变化》，《金融信息参考》2004 年第 1 期。
崔玉斌：《“十一五”：我国边境园区建设大发展的时期》，《中国外资》2011 年第 9 期。
丁一凡：《大潮流　经济全球化与中国面临的挑战》，中国发展出版社 1998 年版。
董琪：《我国境外经贸合作区的建设与发展研究》，江苏大学，2009 年。
冯兴艳：《中非经贸合作区的特点、作用及发展战略》，《非洲研究》2011 年第 2 期。
高悦、李孔明：《“变形的杜能环”及其现实意义》，《安徽文学(下半月)》2008 年第 6 期。
管梓妤：《中越跨境经济合作区经济效应研究》，广西大学，2019 年。
郭朝先、刘芳：《“一带一路”产能合作新进展与高质量发展研究》，《社会科学文摘》2020 年第 8 期。
郭京花：《巴黎中国城——访法中经济技术交流中心》，《瞭望周刊》1992 年第 42 期。
韩雪、方新：《中国软件产业差距分析和战略对策思考》，《科学学与科学技术管理》2002 年第 11 期。
黄梅波、唐露萍：《中非经贸合作区的建立及其面临的挑战》，《国际经济合作》2012 年第 6 期。
黄志勇、曾林阳：《印度班加罗尔软件园成功之路》，《价格月刊》2004 年第 1 期。
江淑文：《阿尔弗雷德·韦伯的工业区位理论述评》，《台声(新视角)》2005 年第 1 期。
江小涓：《高度联通社会中的资源重组与服务业增长》，《经济研究》2017 年第 3 期。
姜鑫、罗佳：《从区位理论到增长极和产业集群理论的演进研究》，《山东经济》2009 年第 1 期。
金相郁：《20 世纪区位理论的五个发展阶段及其评述》，《经济地理》2004 年第 3 期。
康荣平、柯银斌：《全球化条件下的中国企业成长战略初探》，《经济界》2009 年第 3 期。
赖国栋：《布罗代尔的“经济世界”与沃勒斯坦的“世界经济”》，《古代文明》2010 年第 3 期。
赖四清：《疫情凸显境外经贸合作区关键作用》，《中国投资》2020 年第 11 期。
李春顶：《境外经贸合作区建设与我国企业“走出去”》，《国际经济合作》2008 年第 7 期。
李定纲、蔡东明：《关于设立海外学人科技园区的设想》，《新东方》1995 年第 3 期。
李红：《澳门产业横向多元化的探索——以珠澳跨境工业园区为例》，《国际经贸探索》2009 年第 7 期。
李红燕、汤长安、周玉姣：《区域经济学基础理论的局限性与微观基础构建》，《湖南商学院学报》2015 年第 3 期。
李祜梅、邬明权、牛铮、李旗：《1992—2018 年中国境外产业园区信息数据集》，《中国科学数据(中英文网络版)》，2019 年第 4 期。
李杰：《中国、印度软件产业国家创新系统对比研究》，内蒙古大学，2005 年。

李君华、彭玉兰:《产业布局与集聚理论述评》,《经济评论》2007 年第 2 期。
李鲁、刘乃全、刘学华:《园区出海服务“一带一路”的逻辑与对策:以上海为例》,《外国经济与管理》2017 年第 7 期。
李明欢:《欧洲华人商城经济研究》,《世界民族》2013 年第 3 期。
李青:《我国境外经贸合作区区位选择研究》,天津财经大学,2012 年。
林泉礼、王鲁志:《迈向国际性开发与合作的一步——珲春边境经济合作区总体规划》,《城市规划》1993 年第 3 期。
林拓、蔡永记:《打造“一带一路”前行航标 新时代中国海外园区再出发》,中国社会科学出版社 2018 年版。
刘佳骏、汪川:《“一带一路”沿线中国海外合作园区建设与发展趋势》,《清华金融评论》2019 年第 9 期。
刘双云:《印度班加罗尔科技园的发展特点与经验借鉴》,《理工高教研究》2006 年第 6 期。
刘晓丹、张兵:《“一带一路”倡议能否提升企业投资效率?》,《世界经济研究》2020 年第 9 期。
刘志成:《境外园区服务“一带一路”建设的战略思考》,《开发性金融研究》2018 年第 5 期。
柳思思:《“一带一路”:跨境次区域合作理论研究的新进路》,《南亚研究》2014 年第 2 期。
龙大为、张洪云、登高:《从边缘走向主流——新移民与北美华人经济发展新动向》,《华侨华人历史研究》2011 年第 2 期。
卢进勇、裴秋蕊:《境外经贸合作区高质量发展问题研究》,《国际经济合作》2019 年第 4 期。
卢雅莉:《中国境外经贸合作区发展策略研究》,中南财经政法大学,2019 年。
马兰、张曦:《农业区位论及其现实意义》,《云南农业科技》2003 年第 3 期。
马述忠、房超、梁银锋:《数字贸易及其时代价值与研究展望》,《国际贸易问题》2018 年第 10 期。
马述忠、郭继文、贺歌:《跨境电商助推外贸转型》,《中国外汇》2020 年第 10 期。
马述忠、潘钢健:《从跨境电子商务到全球数字贸易——新冠肺炎疫情全球大流行下的再审视》,《湖北大学学报(哲学社会科学版)》2020 年第 5 期。
毛峥:《后疫情时代,产业园区何去何从——2020 年产业园区发展报告》,《中国科技产业》2021 年第 2 期。
欧阳峣:《基于“大国综合优势”的中国对外直接投资战略》,《财贸经济》2006 年第 5 期。
潘峰:《“一带一路”建设中境外产业园区共建模式选择研究》,上海社会科学院,2019 年。
潘文秀、吴爱祥、王贻明、徐恒、李芳芳:《基于区位理论的境外经贸合作区风险研究》,《铜业工程》2018 年第 3 期。
裴长洪、倪江飞、李越:《数字经济的政治经济学分析》,《财贸经济》2018 年第 9 期。
綦建红、李丽:《贸易中介研究的最新进展与评述》,《国际贸易问题》2016 年第 2 期。
钱伟:《区位理论三大学派的分析与评价》,《科技创业月刊》2006 年第 2 期。

乔敏健：《对外直接投资带动东道国产业升级的效果分析——来自“一带一路”国家的经验证据》，《亚太经济》2019 年第 5 期。

屈秋邑：《产业链视角下中国境外经贸合作区发展模式研究——以“泰达海外模式”为例》，西南财经大学，2019 年。

茹玉骢、李燕：《电子商务与中国企业出口行为：基于世界银行微观数据的分析》，《国际贸易问题》2014 年第 12 期。

商务部电子商务和信息化司：《中国电子商务报告(2019)》，商务印书馆 2020 年版。

尚可：《亚洲新“硅谷”——记印度班加罗尔高科技园》，《时代经贸》2006 年第 9 期。

沈桂龙等：《中国“一带一路”跨境园区发展报告(2019)》，上海社会科学院出版社 2020 年版，第 159—162 页。

沈桂龙、张晓娣等：《中国“一带一路”跨境园区发展报告》，上海社会科学院出版社 2018 年版，第 176—178 页。

石良平、王素云、王晶晶：《从存量到流量的经济学分析：流量经济理论框架的构建》，《学术月刊》2019 年第 1 期。

苏海鑫：《印度软件业发展及其政策探析》，《西部皮革》2018 年第 8 期。

孙平：《一带一路境外园区进入高质量发展新阶段》，《中国社会科学报》，2020 年 9 月 10 日。

覃主元：《战后东南亚经济史》，民族出版社 2007 年版。

汤敏：《论亚太区域经济合作的新趋势及我国应采取的策略》，《特区与港澳经济》1995 年第 4 期。

唐喜政：《建立周边经济合作区的构想》，《学习论坛》2000 年第 3 期。

唐晓阳、唐溪源：《从政府推动走向市场主导：海外产业园区的可持续发展路径》，《外交评论(外交学院学报)》2019 年第 6 期。

王德禄：《班加罗尔科技园的经验和启示》，《中关村》2015 年第 10 期。

王素云：《互联网与我国对外贸易发展：动因、机制与效应研究》，上海社会科学院，2019 年。

王素云、沈桂龙：《论国际贸易投资发展新动向下的海南自贸港建设》，《南海学刊》2019 年第 2 期。

王素云、沈桂龙：《制造业服务化内涵重释：从价值增值到价值创造》，《学习与探索》2019 年第 10 期。

王维、庄尚文：《网络平台主导的贸易消费一体化机理与产业升级》，《现代经济探讨》2018 年第 10 期。

王艳萍、冯正强、潘攀：《东道国制度对中国“一带一路”投资效率的影响研究》，《财经问题研究》2020 年第 9 期。

卫玲、戴江伟：《丝绸之路经济带：超越地理空间的内涵识别及其当代解读》，《兰州大学学报(社会科学版)》2014 年第 1 期。
魏威:《我国工业园区发展障碍及对策研究》,《科技管理研究》2011 年第 3 期。
温建东、李永宁:《全球联动解决防疫物资供应长短期矛盾》,《第一财经日报》2020 年 4 月 8 日。
乌家培:《要重视信息化中经济与管理问题的研究》,《中外管理导报》2002 年第 11 期。
乌家培:《正确处理信息化与工业化的关系》,《经济研究》1993 年第 12 期。
吴林海:《中国科技园区域创新能力论》,中国经济出版社 2000 年版。
徐强:《我国吸引外资政策的模式转换与格局调整》,《经济管理》2006 年第 1 期。
徐阳、苏兵:《区位理论的发展沿袭与应用》,《商业时代》2012 年第 33 期。
徐振鑫、莫长炜、陈其林:《制造业服务化:我国制造业升级的一个现实性选择》,《经济学家》2016 年第 9 期。
徐志尧、刘德君:《边境经贸合作升级的战略举措——关于黑河市与布拉戈维申斯克市之间辟建中俄跨国经济合作区》,《黑河学刊》1993 年第 3 期。
许宝成:《加速推动中国高铁走出去》,《施工企业管理》2015 年第 4 期。
薛荣久:《入世在中国改革开放中的意义、作用与维护》,《国际贸易问题》2018 年第 10 期。
叶尔肯·吾扎提、张薇、刘志高:《我国在“一带一路”沿线海外园区建设模式研究》,《中国科学院院刊》2017 年第 4 期。
佚名:《中国—东盟合作:1991—2011》,《新华月报》2012 年第 1 期。
殷世聪:《印度信息技术政策及发展现状》,《国际科技交流》1987 年第 1 期。
岳云嵩、李兵:《电子商务平台应用与中国制造业企业出口绩效——基于“阿里巴巴”大数据的经验研究》,《中国工业经济》2018 年第 8 期。
曾刚、赵海、胡浩:《“一带一路”倡议下中国海外园区建设与发展报告 2018》,中国社会科学出版社 2018 年版。
张兵、盛强、汤建中:《云南省跨国界次区域经济合作发展构想》,《经济地理》1999 年第 6 期。
张健:《迅猛发展的印度计算机软件业》,《国际展望》1995 年第 9 期。
张劲松:《后疫情时代抗疫常态化与经济社会发展》,《江汉论坛》2020 年第 8 期。
张世国:《发展境外经贸合作区建设的几点设想》,《大经贸》2007 年第 1 期。
张文忠、刘继生:《关于区位论发展的探讨》,《人文地理》1992 年第 3 期。
张旭昆:《杜能经济理论简介》,《经济思想史评论》2007 年第 1 期。
张宇燕、卢锋、张礼卿、佟家栋、盛斌、胡鞍钢、赵忠秀、曹天予、余永定、姚枝仲、张斌、路风、宋泓、张维迎、崔之元、徐以升、丁一凡、雷达、王鲁军、钟伟、沈丹阳:《中国入世十周年:总结与展望》,《国际经济评论》2011 年第 5 期。
赵梦莹:《“一带一路”沿线境外经贸合作区运营风险及其应对策略研究》,江西财经大学,2020 年。

赵明亮、臧旭恒：《国际贸易新动能塑造与全球价值链重构》，《改革》2018年第7期。

赵亚婷：《中国参与大湄公河次区域经济合作研究》，2009年。

郑春：《区位理论：回顾与前瞻》，《经济论坛》2006年第15期。

郑丽媛：《海外科技园区建设模式研究》，对外经济贸易大学，2018年。

郑亚莉、戴小红、张若洲：《关于新冠肺炎疫情对跨境电商发展的影响与对策建议》，民建中央网站。

中国互联网信息中心：《第45次中国互联网络发展状况统计报告》，2020年4月。

中国商务部等：《2018年度中国对外直接投资统计公报》，2019年10月。

中国商务部综合司、国际贸易经济合作研究院：《中国对外贸易形势报告(2020年春季)》，2020年6月。

中国信息通信研究院：《数字贸易发展与影响白皮书(2019)》，2019年12月。

周家高：《印度软件业何以崛起》，《发展研究》2000年第6期。

周颖、陈林莉、潘松挺：《我国境外经济贸易合作区发展研究》，《西安电子科技大学学报(社会科学版)》2008年第5期。

邹昊飞、杜贞利、段京新：《"一带一路"战略下境外经贸合作区发展研究》，《国际经济合作》2016年第10期。

邹昆仑：《集群式对外直接投资的产业选择和政策安排》，《山东财政学院学报》2007年第3期。

后　　记

《中国"一带一路"跨境园区发展报告（2020）》是继2017年以来开展跨境园区研究后的第三份报告，也是中国国际经济交流中心上海分中心2019年立项并开展的相关研究成果。这本书延续了2019年中国"一带一路"跨境园区研究的特点，即不是一般情况的梳理和实践总结，更为侧重理论研究，特别是对跨境园区背后的经济理论分析。作为不同于一般研究报告的理论分析，本书聚焦跨境园区的历史演变、区位布局、模式变化及其背后对经济发展和投资贸易的影响。但作为年度性研究报告，也对时代性重大变量和突发事件对跨境园区的影响进行了研究和分析。

本书得到上海社会科学院原院长、上海社会科学界联合会主席王战的多次指导，得到陆军荣研究员的具体帮助。本书具体策划和全书统稿由沈桂龙负责，成柠茜对后期全稿的修改与完善付出了智慧和心血。具体章节内容分工如下：第一章由王玉负责；第二章由王素云负责；第三章由李佳颖负责；第四章由谢一青负责；第五章由余海燕负责；第六章由刘慧负责；第七章由梅晓颖负责。

本书努力在已有研究基础上进一步拓展和深化，力图在跨境园区研究的理论和实践上有新的突破，但由于能力和知识所限，难免出现缺憾和不足，期待本书读者提出宝贵意见。

沈桂龙
上海社会科学院世界中国学研究所

图书在版编目(CIP)数据

中国"一带一路"跨境园区发展报告 . 2020 / 沈桂龙等合著 .— 上海 : 上海社会科学院出版社, 2021
ISBN 978-7-5520-3678-7

Ⅰ.①中… Ⅱ.①沈… Ⅲ.①"一带一路"—国际合作—研究报告—中国—2020 Ⅳ.①F125.5

中国版本图书馆 CIP 数据核字(2021)第 174276 号

中国"一带一路"跨境园区发展报告(2020)

著　　者：沈桂龙 等
责任编辑：应韶荃
封面设计：周清华
出版发行：上海社会科学院出版社
　　　　　上海顺昌路 622 号　邮编 200025
　　　　　电话总机 021-63315947　销售热线 021-53063735
　　　　　http://www.sassp.cn　E-mail:sassp@sassp.cn
排　　版：南京展望文化发展有限公司
印　　刷：上海龙腾印务有限公司
开　　本：710 毫米×1010 毫米　1/16
印　　张：12.75
字　　数：212 千
版　　次：2021 年 10 月第 1 版　　2021 年 10 月第 1 次印刷

ISBN 978-7-5520-3678-7/F·681　　定价：68.00 元